FIQUE RICO OPERANDO OPÇÕES

FIQUE RICO OPERANDO OPÇÕES

Segunda Edição

Estratégias vencedoras dos traders profissionais

LEE LOWELL

ALTA BOOKS
EDITORA
Rio de Janeiro, 2018

Fique Rico Operando Opções — Estratégias Vencedoras dos Traders Profissionais

 ISBN: 978-85-508-0221-3

Impresso no Brasil — 2018 — Edição revisada conforme o Acordo Ortográfico da Língua Portuguesa de 2009.

Publique seu livro com a Alta Books. Para mais informações envie um e-mail para autoria@altabooks.com.br

Obra disponível para venda corporativa e/ou personalizada. Para mais informações, fale com projetos@altabooks.com.br

Produção Editorial
Editora Alta Books

Gerência Editorial
Anderson Vieira

Produtor Editorial
Thiê Alves

Assistente Editorial
Adriano Barros

Produtor Editorial (Design)
Aurélio Corrêa

Marketing Editorial
Silas Amaro
marketing@altabooks.com.br

Ouvidoria
ouvidoria@altabooks.com.br

Vendas Atacado e Varejo
Daniele Fonseca
Viviane Paiva
comercial@altabooks.com.br

Equipe Editorial
Aline Vieira
Bianca Teodoro
Ian Verçosa
Illysabelle Trajano
Juliana de Oliveira
Kelry Oliveira
Paulo Gomes
Thales Silva
Viviane Rodrigues

Tradução (1ª Edição)
Mauricio Hissa

Copi com Trad. (2ª Edição)
Fernanda Lufti

Revisão Gramatical (2ª Edição)
Hellen Suzuki

Diagramação (2ª Edição)
Luisa Maria Gomes

Dados Internacionais de Catalogação na Publicação (CIP) de acordo com ISBD

L914r Lowell, Lee

Fique Rico Operando Opções: estratégias vencedoras dos traders profissionais / Lee Lowell ; traduzido por Mauricio Hissa. - 2. ed. - Rio de Janeiro : Alta Books, 2018.
272 p. ; il. ; 17cm x 24cm.

Tradução de: Get Rich With Options
ISBN: 978-85-508-0221-3

1. Administração. 2. Traders. 3. Estratégias. I. Hissa, Mauricio. II. Título.

2018-852 CDD 658.4063
CDU 658.012.2

Elaborado por Vagner Rodolfo da Silva - CRB-8/9410

ALTA BOOKS EDITORA

Rua Viúva Cláudio, 291 — Bairro Industrial do Jacaré
CEP: 20970-031 — Rio de Janeiro - RJ
Tels.: (21) 3278-8069 / 3278-8419
www.altabooks.com.br — altabooks@altabooks.com.br
www.facebook.com/altabooks

Para minha esposa, Amy, e meus três filhos – Sydney, Josie e Griffin. Amo-os mais do que qualquer coisa no mundo.

AGRADECIMENTOS

Gostaria de agradecer às pessoas tão gentis da Agora (Estados Unidos) e da John Wiley & Sons por me darem a oportunidade de publicar este livro.

PREFÁCIO PARA A SEGUNDA EDIÇÃO

Recentemente, quando fui abordado pelo time da John Wiley & Sons sobre escrever uma versão revisada para este livro, eu já estava pensando em como e o que eu mudaria se me dessem a oportunidade. Agora que a consegui, vou deixá-los cientes do que pode ser esperado essa versão.

Antes de dizer o que mudou, gostaria de agradecer a meus amigos e colegas por suas observações sobre o que gostariam de ver diferente caso o livro fosse revisto. Mas, preciso dizer, a maior contribuição no que eu precisava reformular veio de críticas de leitores randômicos que foram gentis o suficiente para postar suas opiniões no site Amazon.com. Sim, é verdade. Até a presente data, existem 44 críticas do meu livro na Amazon. Todas me auxiliaram.

Os comentários mais comuns dentre aqueles poucos leitores que não acharam meu livro lá essas coisas foram os problemas que tiveram com o título (de todas as coisas!) Eles se sentiram enganados pelo título e pelo fato de o livro não lhes mostrar formas de enriquecer com opções.

Coloquei todo o meu conhecimento e experiência neste livro para ensinar às pessoas "comuns" como utilizar opções da mesma maneira que me trouxe sucesso ao longo dos últimos 17 anos. De fato, você pode ficar rico negociando opções, mas precisa fazê-lo corretamente. No entanto, estou convencido de que estes leitores apenas não conectaram o título com o quanto as estratégias realmente funcionam para aumentar seu patrimônio. Como você vai ler em meu livro, o único fato que continuo sempre defendendo é que você precisa estar do lado da venda na negociação de opções.

Acredito que alguns dos opositores ao meu livro não entenderam realmente o conceito de vender opções como forma de gerar receita imediata através da especulação segura e das técnicas de transações. Talvez não tenham entendido de verdade como fazer, ou podem ter falhado no passado ao vender opções incorretamente.

Meu objetivo foi mostrar como negociar opções corretamente, através de quatro estratégias (e uma quinta, bônus, ao final do livro) que utilizei continuamente ao longo de anos. Todo o dinheiro que você conseguir trazer para sua conta com a venda de opções pode somar uma incrível quantia com o tempo. Pare para pensar no que você estaria deixando de lado se nunca vendesse opções em primeiro lugar — você estaria deixando grandes quantias de dinheiro para outra pessoa pegar.

Então, nesta nota, vou enfatizar ainda mais nesta edição como você pode ficar fico com opções. Nenhuma das estratégias que discutirei é diferente daquelas da primeira edição do livro. Elas ainda são tão boas quanto eram no dia em que as escrevi pela primeira vez. Vou ser apenas mais detalhista em como a negociação de opções pode engordar sua carteira.

Você também verá mais exemplos de duas de minhas estratégias favoritas — travas no crédito e a venda de opções. Como agora tenho dois serviços de consultoria de opções que focam especificamente nessas duas estratégias, estou incluindo recomendações da vida real, que mostram aos meus membros quais negócios fazer e quando recolher os lucros.

Pediram-me também para discutir em maiores detalhes as maneiras pelas quais encontro as ações ou commodities em que negocio opções, assim como estratégias de saída durante negociações lucrativas e não lucrativas. Como o objetivo deste livro era apenas ensinar o leitor como negociar opções lucrativas, uma vez escolhida a ação ou mercado de commodity, a discussão sobre como encontrar ações ou commodities foi mantida no mínimo. Digo isso: a maioria das minhas decisões sobre como escolher ações ou commodities é baseada, principalmente, em padrões de gráficos e, em menor grau, nos fundamentos da estrutura.

Há partes no livro em que discuti brevemente como seleciono as estruturas que escolhi, mas fiz o esforço de expandir o assunto nesta edição revisada. Atualmente, há muitos bons livros que podem ensiná-lo sobre técnicas e análises fundamentais para ajudá-lo a estar apto a começar a escolher a estrutura, mas essas lições estão além do escopo deste livro. No que diz respeito às estratégias de saída, também falo sobre isso o máximo que posso ao discutirmos cada estratégia individualmente.

A última coisa que gostaria de falar sobre as críticas recebidas é o fato de não ser possível agradar a todos. Alguém sempre encontrará falhas em qualquer coisa que você faça — o que se aplica à vida em geral, não apenas no meu livro.

Eu tentei fazer este livro da maneira mais completa possível para deixá-lo no caminho para sobreviver e lucrar no mercado de opções. Sob nenhuma hipótese este livro é o princípio e o fim de todos os livros de opções. Ninguém poderá prover isto a você, não importa qual a experiência ou formação do consultor. O encorajo a usar este livro como um ótimo ponto de partida, e use-o como referência no futuro.

Espero que você decida ficar por aqui e ler (ou reler) meu livro, porque eu realmente tentei fazê-lo o mais divertido e agradável possível para que você pudesse aprender sobre negociação de opções, e como você pode colocar as mãos em parte da riqueza que está disponível para ser conquistada nessa arena.

—LEE LOWELL

Janeiro de 2009

SUMÁRIO

PARTE UM

FUNDAMENTOS DAS OPÇÕES

CAPÍTULO 1

TUDO SE RESUME A CALLS E PUTS

Começaremos pelo começo. Só há dois tipos de opções — *calls* e *puts*.[1] É realmente bem simples e não precisa ser mais complicado do que isso. Opções de compra e de venda são uma forma direta de investimento e devem ser vistas como tal. Você pode alcançar tudo que esperaria de um investimento com as opções, assim como com qualquer ação, título ou fundo de investimento. Esse fato é muito importante e deve ser sempre lembrado.

Toda posição que é montada utilizando opções é composta somente de opções de compra, de venda ou de uma combinação das duas. Uma coisa que um bom *trader*[2] de opções tem consciência é o fato de ser possível vender op-

[1] *Nota do Tradutor*: *Calls* são opções de compra, e *puts*, opções de venda. Muitas vezes frases como "comprar opções de compra" ou outras combinações semelhantes soam estranhas, então mantive ao longo do texto os termos *call* e *put*. Quando possível, coloquei os termos da língua portuguesa: *opção de compra* e *opção de venda*. De qualquer maneira, é importante o leitor se familiarizar com os termos da língua inglesa, muitas vezes utilizados no mercado.

[2] *Nota do Tradutor: Trade* quer dizer operação ou transação no mercado e *trader* é aquele que a opera, ou operador. Qualquer investidor que faça uma operação naquele momento é um *trader*. Os termos foram incorporados ao linguajar do nosso mercado. Sempre que possível, substituí por operação, operador, transação, negociação etc. mas muitas vezes fui obrigado a deixar em inglês para que o sentido do texto não se perdesse.

ções tão facilmente quanto é comprá-las. Este será um dos temas principais deste livro, já que você perceberá que grande parte de meus trades envolve a venda de opções. Não se preocupe se ouviu que a venda de opções abrange risco muito elevado. A forma como faço apresenta risco limitado. Um dos grandes aspectos sobre os mercados financeiros é que você pode vender algo que ainda não possui. Em vez do usual "compre barato, venda caro", podemos inverter: "venda caro, compre barato". Nesse caso, a operação de venda vem primeiro.

O que são opções de compra (calls) e de venda (puts)? De forma resumida, as opções são um ativo financeiro que pode ser comprado ou vendido, assim como uma ação, um título ou uma *commodity*.[3] Elas são classificadas como "derivativas" porque o valor de uma opção é derivado de outro ativo, que abordaremos mais adiante. Se você ler alguma das principais publicações sobre opções, verá os exemplos sob o ponto de vista do comprador no mercado. Quero que você saiba que ensinarei a operar pelo lado da venda (*short*), assim como pelo lado da compra (*long*) de um contrato de opções. Por que se limitar a apenas um lado do mercado?

O principal objetivo ao comprar opções é conseguir alavancagem em seu investimento e diminuir o gasto de capital inicial. Essa é uma forma inteligente de usar o dinheiro. As opções permitem que você assuma uma posição direcional no ativo subjacente[4] (também chamado de ativo-objeto), pagando um valor bem menor. A recompensa é o potencial de um ganho grande. É como comprar uma casa pagando apenas o sinal de 10%; você só tem que colocar uma fração do preço, mas, ainda assim, assume toda a casa. Em termos simples, você utiliza opções como substitutos da ação ou da commodity, mas é preciso saber como escolhê-las corretamente para maximizar os ganhos potenciais. E como descobri que a maioria dos compradores de ação não faz isso corretamente, é por isso que estou aqui para ajudar.

---

[3] *Nota do Tradutor: Commodities* são mercadorias que podem ser transacionadas em mercados futuros, como café, cacau, boi gordo, petróleo etc. Apesar de a tradução literal ser mercadorias, no mercado brasileiro usa-se mais comumente o termo *commodities* (*commmodity*, no singular); portanto, manterei a expressão original no livro. Apesar de ser mais comum em nosso mercado, especialmente para os pequenos investidores, operar opções de ações, existem as opções de commodities na Bolsa de Mercadoria e Futuros, por isso manterei no texto commodities.

[4] *Nota do Tradutor:* Ativo subjacente ou ativo-objeto é aquele sob o qual as opções da transação específica estão relacionadas, isto é, derivam. Exemplo: as opções da Petrobras PN derivam da ação Petrobras PN (PETR4), que é o ativo subjacente quando se operam opções da Petrobras PN.

COMPRADORES DE OPÇÕES TÊM DIREITOS; VENDEDORES DE OPÇÕES TÊM OBRIGAÇÕES

Como as opções funcionam? Em resumo, um comprador de uma call (opção de compra) tem a expectativa de que o ativo subjacente se moverá para cima (subirá de preço). Quando menciono ativo subjacente, estou me referindo à ação ou commodity da qual se está negociando opções. O comprador de uma call tem o direito de controlar uma posição direcional de alta do ativo específico do qual a opção deriva, de 100 ações[5] (no caso de opções de ações), por um período específico de tempo (até a data de vencimento das opções) a um determinado preço de exercício (o preço pelo qual você comprará a ação se a opção for exercida). O comprador paga uma taxa ao vendedor da opção por esse direito, que é chamado de "prêmio". No caso das opções de commodities, o comprador da opção de compra (call) tem o direito de controlar um contrato de futuro por um período específico de tempo a determinado nível de preços. O comprador não tem obrigação de exercer o contrato de opção e transformá-lo em posição comprada no ativo subjacente, se isso não for financeiramente interessante para ele. O comprador de calls (opções de compra) tem risco de perda limitado ao preço pago pela opção, mas também tem potencial ilimitado de ganho na alta.

O comprador de puts (opções de venda) tem a expectativa de que o ativo subjacente se moverá para baixo (queda de preço). Um comprador de opções de venda (puts) tem o direito de controlar uma posição direcional de queda do ativo específico, do qual a opção deriva da venda de 100 ações (no caso de opções de ações), por um período específico de tempo a um determinado nível de preços. O comprador de puts (opções de venda) não tem nenhuma obrigação de exercer o contrato de opções e transformá-lo em uma venda do ativo subjacente se isso não for lucrativo para ele. O comprador de opções de venda (puts) tem um risco de perda limitado igual ao preço pago pela opção e potencial de ganho ilimitado.

Às vezes é difícil compreender as compras de opções de venda (puts). A maioria das pessoas entende a compra de calls (opções de compra) porque está acostumada a operar no mercado por meio da compra. Acredito que as pessoas se complicam com a terminologia **comprar o direito de vender**.

---

[5] *Nota do Tradutor:* No Brasil a quantidade mínima de opções que podem ser compradas ou vendidas é também 100. Entretanto, em nosso mercado, quando se fala de um lote ou de um quilo se está referindo a mil opções, devido ao símbolo para mil (K de kilogram).

Soa meio confuso. Quando você compra uma put, está adquirindo o direito de vender algo a determinado preço por um período específico de tempo, não importando onde está o preço da garantia subjacente. Como já mencionei, os mercados financeiros permitem vender algo que inicialmente não se possui. Esse é um conceito difícil de absorver. Se você possui uma ação e pretende vendê-la, pode simplesmente vender as ações, mas pode também comprar um contrato de opção de venda (put), que permite que você escolha o preço a que pode querer vender a ação, bem como a data de vencimento em que pretende fazê-lo.[6]

Do outro lado da moeda, vendedores de calls (opção de compra) e puts (opção de venda) possuem diferentes pontos de vista e obrigações. O vendedor de uma call tem a expectativa de que o ativo subjacente não suba[7] e tem a obrigação de preencher os requisitos do contrato se o comprador da opção (comprado) decide exercer o contrato da opção. O vendedor de uma put tem a expectativa de que o preço do ativo subjacente não caia[8], e tem a obrigação de preencher os termos do contrato se o comprador da opção decide exercer o contrato da opção. Resumindo, o vendedor de opções está nas mãos do comprador de opções no que diz respeito ao exercício do contrato da opção. O vendedor de opções (vendido) tem potencial de ganho limitado igual ao preço pago pela opção pelo comprador, mas também tem potencial ilimitado de riscos.

---

[6] *Nota do Tradutor:* Até o momento do lançamento deste livro, as opções de venda, ou puts, não possuem liquidez no Brasil e não são acessíveis ao pequeno investidor. Com a maturidade e o crescimento de nosso mercado (inclusive com a primeira tentativa de uso das puts pelo pequeno investidor por meio do POP lançado pela Bovespa em 2007), é de se esperar que as puts passem a ser negociadas aqui também. Por essa razão, e devido à grande curiosidade que as cerca e, por que não, para ajudar na popularização destas, acredito que vale a pena ler as partes sobre puts deste livro, que não são muitas, restringindo-se praticamente a um capítulo e a uma estratégia.

[7] *Nota do Tradutor:* O autor usa termos comuns do mercado americano: mercado *bull* (alta), *bear* (queda) e *neutral* (mercado de lado). Para evitar confusão, prefiro utilizar alta, queda e mercado de lado. Os termos em inglês são comuns em nosso meio e é importante que o leitor os conheça. Deve-se compreender que o autor considera que o vendedor tem uma expectativa de mercado *bear* (queda) ou *neutral* (de lado), pois, para o vendedor ter lucro basta que não haja alta, por isso, traduzi como *mercado não suba*.

[8] *Nota do Tradutor:* Da mesma forma, o autor coloca a expectativa como *neutral* (de lado) ou *bullish* (alta), pois são as duas situações em que o vendedor de uma put normalmente tem lucro. Traduzi, então, como expectativa de que o *mercado não caia*.

A PROBABILIDADE É A CHAVE

Por que alguém iria querer vender opções se o potencial de perdas é ilimitado? Essa é uma boa questão que é trazida quase toda vez que discuto operações com opções. A razão pela qual a venda de opções é uma estratégia tão útil, se utilizada corretamente, é devida às probabilidades envolvidas. Operar opções é totalmente baseado em probabilidades e estatísticas. Muitos investidores ou compradores de opções tendem a ver as opções como uma loteria em que sabem que lhes custará somente poucos reais para jogar. Se a ação ou a commodity faz um movimento intenso de alta, então eles estão indo para *Easy Street.*[9] Mas quantas vezes isso acontece? Tantas vezes quanto você ganha na loteria: praticamente nunca.

Esses são trades de baixa probabilidade de ganho e a maioria deles envolve opções "bem fora do dinheiro (OTM) e próxima do vencimento". Mas as pessoas ainda são atraídas pela mentalidade do jogador, que é, obviamente, divertida de tempos em tempos; mas se você perde continuamente, não permanecerá no jogo por muito tempo. Como bons vendedores de opções, queremos ser os que ficam do outro lado das operações desses perdedores de baixas probabilidades e transformá-los em vencedores para nós. Reiterando, vender opções pode ser lucrativo por causa da alta probabilidade de sucesso, se utilizado corretamente. Três das quatro estratégias que mostrarei neste livro consistem em vendas, e darei muitos exemplos disso mais à frente.

A compra de opções fora do dinheiro (OTM), ou seja, com preço de exercício bem superior ao preço da ação, é pura e simplesmente um jogo de especulação (não se preocupe, explicarei mais adiante o que OTM significa). Todos nós gostamos de especular porque o lucro pode ser enorme, especialmente com opções onde a alavancagem tem função importante. Onde mais você pode jogar $100 e controlar algumas centenas de ações por um período de tempo? Isso é o mercado de opções. Você controla algo bem grande com uma pequena quantia de dinheiro. Infelizmente, é aqui que acho que a propaganda do mercado de opções sai da linha. A grande maioria das pessoas só vê a compra de opções como um investimento do tipo loteria e continua a se concentrar nos trades de baixa probabilidade de ganho.

Você precisa lembrar que as opções não são um investimento por si só. O valor de uma opção é derivado de outras fontes; logo, são consideradas investimentos derivativos. A mais importante dessas outras fontes é a expectativa da

[9] *Nota do Tradutor:* Não há uma boa tradução para a expressão *Easy Street* em português. A tradução literal seria *Rua Fácil,* mas a ideia que a expressão pretende passar é a do ganho de dinheiro fácil e da riqueza súbita.

direção que você pensa que o ativo subjacente irá tomar dentro do período de tempo anterior ao vencimento da opção. Por uma ou outra razão, muitos investidores acreditam que podem prever para onde uma ação ou commodity estará indo em um curto período de tempo. Eles são enfeitiçados por esse pressentimento e terminam por comprar as opções de baixo valor que têm pouca chance de sucesso. Então, mais uma vez, vamos nos ater a como podemos nos aproveitar dessas probabilidades e transformar oportunidades em ganhos.

Ainda que eu goste de me concentrar na venda de opções para me aproveitar da baixa probabilidade do comprador ter lucros, também sei comprar opções corretamente, como forma de investimento. Há uma forma correta de comprar opções como substituta a uma ação ou commodity e, quando estou interessado em comprar opções, só há uma forma de fazê-lo: comprando opções **D ITM (dentro do dinheiro)**, que eu explicarei a seguir.

UM EXEMPLO COM OPÇÕES

Vamos apresentar um exemplo do que fazer quando você tem uma ideia sobre uma ação e deseja testar as opções. Estamos com perspectiva de alta na ação da Intel (INTC) e queremos usar as opções para alavancar nosso dinheiro. É uma grande ideia, mas temos que decidir qual preço de exercício e mês de vencimento devemos usar. A INTC está cotada a $21 e optamos por comprar uma opção que tem cinco meses de vida para o vencimento[10], com um preço de exercício de $25 (vencimento para fevereiro de 2006). Essa opção está cotada no mercado a $0,35 por contrato de opção (veja o livro de ofertas de opções na Figura 1.1). O preço das opções tem um multiplicador de $100, então, nossa opção fictícia custa $40 ($0,40 × $100).[11] Como cada contrato de op-

---

[10] *Nota do Tradutor:* No Brasil, até a data do lançamento deste livro ao menos, operamos opções de um a dois meses para o vencimento, três meses no máximo. Os exemplos do autor, devido às características do mercado norte-americano, que utiliza opções mais longas, trazem, às vezes, opções de cinco, oito ou até mais meses. Adaptando ao mercado brasileiro, sempre pode-se dividir pela metade os prazos que ele coloca. O que representa quatro meses lá, por exemplo, aqui representaria em torno de dois meses.

[11] *Nota do Tradutor:* No Brasil, quando vemos a cotação de uma opção, por exemplo, $1, no quadro de ofertas e preços, isso significa também o preço de uma única opção. Como a compra mínima é de 100 opções, devemos também multiplicar por 100 para a compra de um lote de opções (100). Deve-se tomar cuidado porque muitos operadores chamam um lote de 1.000 opções, ou o chamado *Kilo,* devido à letra K que acompanha as ofertas de 1.000 opções.

ções equivale a 100 ações subjacentes, isso significa que assumiríamos o controle de 100 ações da INTC pelos próximos cinco meses a um custo de apenas $40. Para encontrarmos o *breakeven* (preço da ação a partir do qual, no vencimento, a operação estará dando lucro), adicionamos nosso custo (prêmio da opção) ao preço de exercício: $0,40 + $25 = $25,40. Se a opção é carregada até a data do vencimento não teremos lucro na posição, a não ser que a INTC esteja acima de $25,40. Se você planeja sair da posição antes do vencimento da opção então pode ter lucro, dependendo até onde a ação subir e com qual rapidez durante o período do trade. Mas quero focalizar a operação, mantendo a opção até a data de vencimento.

Calls									
Símbolo	Último	Variação	Pagão	Vendedor	VOL	OpInt		Strike	Símbolo
Jul 06 Calls	(162 dias para o vencimento)							INTC @ 21.00	
NQGC	6.40	+0.40	6.20	6.30	54	983	trade	15.00	NQSC
NQGW	4.10	+0.30	4.00	4.10	517	7,496	trade	17.50	NQSW
NQGD	2.25	+0.30	2.10	2.15	2,254	26,828	trade	20.00	NQSD
NQGX	0.90	+0.09	0.90	0.95	2,733	21,875	trade	22.50	NQSX
INQGE	0.35	+0.05	0.35	0.40	313	31,605	trade	25.00	INQSE
INQGY	0.15	0	0.10	0.15	360	25,552	trade	27.50	INQSY
INQGF	0.05	-0.05	0.05	0.10	16	13,728	trade	30.00	INQSF
INQGZ	0.05	0	0	0.05	0	2,826	trade	32.50	INQSZ
INQGG	0.05	0	0	0.05	0	299	trade	35.00	INQSG

Figura 1.1 Livro de ofertas das opções da INTC com vencimento em julho de 2006
Fonte: optionsXpress

A Figura 1.1 é um *screenshot* de uma típica série de opções de uma de minhas corretoras de opções, optionsXpress (www.optionsXpress.com). Os preços de exercício estão listados abaixo da coluna "Strike" e as ofertas de compra e de venda estão no meio da tabela. Nossa opção de cinco meses nos levaria até as opções de julho de 2006, onde a opção de compra de preço de exercício de $25 pode ser comprada por $0,40 (preço da melhor oferta de venda).

A vantagem de comprar opções em vez da ação é a alavancagem que se consegue. Você só precisa gastar um pouco de dinheiro para controlar as 100 ações. Em vez de pagar $2.100 para comprar 100 ações INTC diretamente, só temos que pagar $40 utilizando as opções. Essa é a chave.

Eventualmente, se a INTC ultrapassar o preço de corte (breakeven) de $25,40, teremos que tomar uma decisão: poderemos vender a opção de volta ao mercado e embolsar nosso lucro ou exercer a opção e transformá-la em ações.

Se decidirmos exercer a opção, teremos que pagar o valor total da ação. Seria como se estivéssemos pagando os juros ao final de um empréstimo. Nesse caso, teríamos que conseguir os $2.500 extras para pagar pelas 100 ações que exercemos. Discutirei isso em detalhes quando entrarmos no capítulo sobre compra de opções DITM.

Entretanto, você precisa entender que está comprando algo que não tem qualquer valor "real" logo de início. Está entrando em um contrato de compra da INTC por $25 cada ação. Por que comprar cada ação da INTC por $25 se você pode comprar hoje por $21? Boa pergunta. Acredito que a resposta se encontra na "esperança e barateza". Muitas pessoas não estão dispostas a gastar os $2.100 hoje para comprar INTC, mas elas se sentem bem gastando somente $40 pela chance de que a INTC possa ultrapassar o ponto de corte de $25,40 dentro dos próximos cinco meses. Algumas pessoas prefeririam gastar pouco dinheiro hoje na esperança de que a ação subisse e a operação se tornasse lucrativa do que comprar a ação aos preços de mercado atuais.

GRÁFICO DE PREJUÍZOS/LUCROS

Independentemente do preço de exercício que escolher, veremos como se parece o gráfico de prejuízos/lucros (P/L) para uma típica estratégia de compra de call (opção de compra). Visualize sua posição com o uso dos gráficos de P/L mostrados na Figura 1.2.

O gráfico de P/L demonstra nossa posição com o preço da ação embaixo (abscissas) e nosso ganho/perda potencial em dólares no lado esquerdo (coordenadas). A linha vertical representa o preço da ação hoje ($21) e a linha mais espessa representa nossa posição comprada na opção. Como a opção custou $40, isso é o máximo que podemos perder, como é indicado pela espessa linha horizontal que vai de $0 a $25. Como foi mencionado, quando você compra opções assume risco limitado, $40 neste caso, e tem um potencial de lucro ilimitado. A linha espessa começa a se inclinar para cima no preço de exercício da opção comprada ($25) e cruza o P/L $0 em $25,40 — que é nosso preço de corte (breakeven). Se a INTC ultrapassa $25,40, estamos fazendo cada vez mais dinheiro, e se ela continua subindo, nosso lucro cresce indefinidamente.

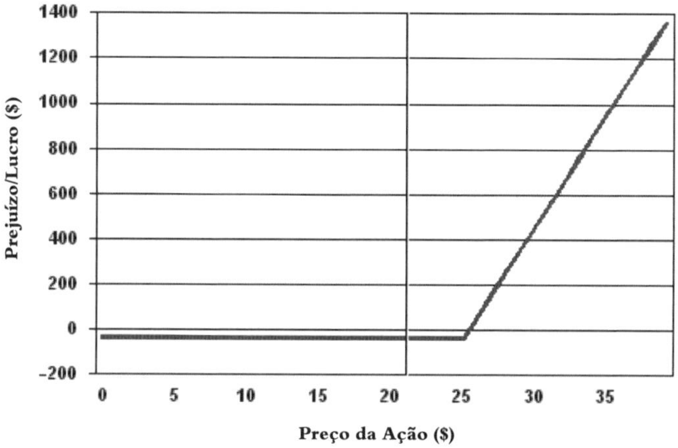

Figura 1.2 Gráfico de prejuízos/lucros de uma opção de compra

A questão é: a INTC vai ultrapassar os $25,40 no próximo mês? Ninguém sabe, mas é isso que você tem esperança que aconteça. Lembre-se da palavra "esperança". Você está em um investimento baseado em esperança? Quando você compra a call (opção de compra) INTC de preço de exercício $25, está carregando algo que não tem valor real naquele momento. Isso só passa a ter algum valor se a INTC ultrapassar o preço de corte de $25,40 (se carregada até o vencimento) — $4 mais alto do que a cotação atual. Então, você prefere pagar $2.100 para possuir 100 ações diretamente da INTC, ou prefere desembolsar míseros $40 e ter a esperança de que a INTC suba $4 no próximo mês? Só você pode tomar essa decisão. Claro, custa somente $40, mas qual é a probabilidade de a INTC chegar a seu preço de corte? Para nossa sorte, temos ferramentas que nos ajudam a calcular essa probabilidade. Com a minha calculadora de probabilidade, demonstrada na Figura 1.3, nossa opção de compra fictícia INTC a $25 tem 21,9% de chance de atingir o preço de corte (breakeven) no vencimento da opção. Essa é uma probabilidade alta o suficiente para você fazer o trade?

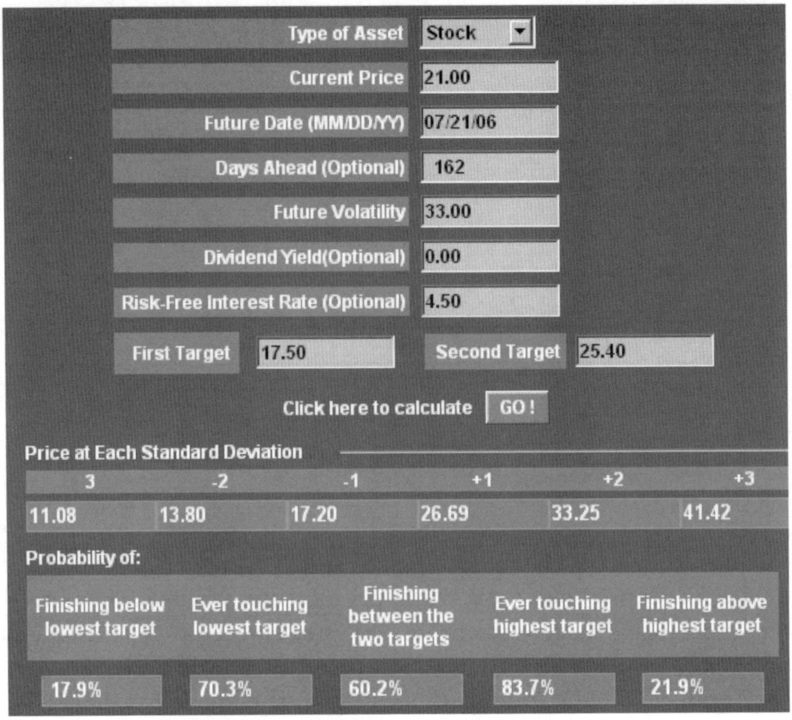

Figura 1.3 Calculadora de probabilidades

Fonte: © Copyright Optionvue Systems International, Inc.

Quando você olha para a calculadora de probabilidades na Figura 1.3, deve estar atento à caixa que diz: *Finishing above highest target* (Terminar acima do alvo superior). Essa é a seção que informa a chance de a INTC estar acima do nosso preço de corte de $25,40 na época do vencimento da opção, baseada no preço da INTC nos dias para o vencimento e no nível de volatilidade que existe no momento em que a operação é montada. (Quando chegarmos ao Capítulo 5 vou explicar por que é importante focar na seção que diz: "Ever touching highest target" [Sempre atingindo o alvo mais alto].)

Quando você vê a sua frente que seu investimento tem apenas 21,9% de chance de ser lucrativo, pode ser que pense duas vezes antes de entrar nele. Sei que são só $40, mas poderia ser mais do que isso em alguns casos, dependendo da ação, do preço de exercício e do tempo para o vencimento da opção. Faça isso um número de vezes suficiente com essas chances pequenas e você terminará indo embora desgostoso com o mercado financeiro.

O problema é que muitos investidores tendem a escolher *strikes* (preços de exercício)[12] muito distantes do preço atual da ação e/ou uma data de vencimento muito próxima. Esses investidores acham que podem prever movimentos de curto prazo com precisão milimétrica no pouco tempo disponível para o trade. Ninguém é tão bom assim. Mais adiante, apresentarei as opções DITM (Deep In The Money).[13] Vocês verão como eu as utilizo no lugar de comprar a ação e como você irá ganhar todo o movimento da ação, além da alavancagem e uma redução de ao menos 50% no risco da operação.

Vejamos agora como um gráfico de P/L se parece na estratégia de compra de put (Figura 1.4). Quando você compra uma opção de venda (put), está apostando na queda do preço da ação ou da commodity. Assim como na estratégia de compra de call (opção de compra), seu risco está limitado ao valor pago pela opção e seu retorno potencial é ilimitado até o ponto em que a ação ou commodity valha zero. Mas, assim como na compra de calls, os investidores tendem a se concentrar em comprar as opções de baixa probabilidade, OTM, próximas ao vencimento.

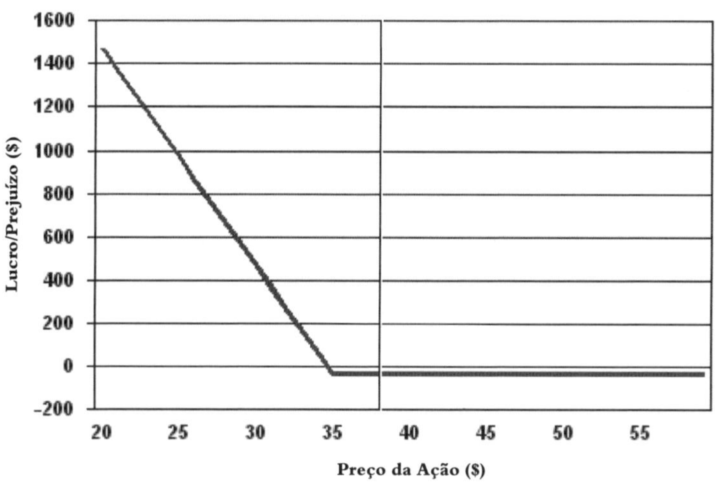

Figura 1.4 Gráfico de lucro/prejuízo de uma opção de venda

[12] *Nota do Tradutor:* Assim como trades, call e put, *strikes*, termo em inglês para preço de exercício, é de uso comum em nosso mercado, portanto, deixarei em inglês algumas vezes, quando fizer mais sentido.

[13] *Nota do Tradutor:* ITM (*In The Money*) significa dentro do dinheiro, ou as opções com preço de exercício abaixo do preço da ação. DITM, como o autor coloca, seria opções bem dentro do dinheiro, ou com preços de exercício bem abaixo do preço da ação. Manterei o termo DITM, pois é como o autor denomina a operação.

Neste caso, o gráfico parece invertido porque o lucro aumenta quando a ação cai de preço. Nesse exemplo de uma compra de put (opção de venda), a ação estava $38 e compramos uma opção de venda de strike de $35 por $0,35 ($35 pelo lote de 100 opções). A parte horizontal da linha espessa representa o máximo que podemos perder, que é $35. Não importa o quanto essa ação possa subir, nunca podemos perder mais do que $35. Já os lucros são ilimitados, como pode ser visto na linha espessa se estendendo para cima do lado esquerdo. Podemos fazer a maior quantidade possível de dinheiro até a ação cair a zero.

A RELAÇÃO ENTRE PREÇO DA AÇÃO E O PREÇO DE EXERCÍCIO

A próxima coisa que temos que entender sobre os conceitos básicos das operações com opções é a relação entre o preço de exercício que você escolhe e o preço atual do ativo subjacente. Você precisa conhecer três termos: *in-the-money* (ITM), *at-the-money* (ATM) e *out-of-the-money* (OTM).[14] Infelizmente, o jogo de opções tem o seu próprio linguajar, então, você precisa conhecer alguns desses termos para compreender como navegar pelo campo de batalha. Já citei alguns, mas quero dar uma definição de cada. Vamos apenas tocar a superfície desses termos e, mais à frente, vamos cavar mais profundamente para entender como eles podem afetar a lucratividade de seus trades.

Para as opções de compra (calls), se o preço de exercício é maior do que o preço da ação ou da commodity em determinado momento, a opção é denominada OTM (out-of-the-money ou fora do dinheiro). Por exemplo, se a INTC (Intel) está cotada a $20, todos os strikes (preços de exercício) acima de $20 são OTM. Qualquer strike próximo ao preço atual da ação é considerado ATM (at-the-money ou no dinheiro). As opções INTC de preço de exercício de $20 seriam consideradas ATM. Por último, todas as opções de compra com strike abaixo do preço atual da ação são ITM (in-the-money ou dentro

[14] *Nota do Tradutor:* Apesar de termos a tradução dentro do dinheiro, no dinheiro e fora do dinheiro, é mais comum, mesmo em nosso mercado, usar as siglas ITM, ATM e OTM. É importante que todos se acostumem com elas, que serão mantidas no livro, pois é a forma mais comum no Brasil.

do dinheiro). Se a INTC está a $20, todos os strikes abaixo são ITM. Estes seriam os strikes abaixo de $20.

Para as opções de venda (puts) acontece o oposto. Qualquer opção cujo preço de exercício (strike) seja abaixo do preço da ação ou commodity é considerada OTM. Por exemplo, se a INTC está a $20, todos os strikes abaixo de $20 são OTM. Qualquer strike próximo da cotação da ação é considerado OTM. As opções de venda da INTC de preço de exercício de $20 seriam consideradas ATM. Por último, qualquer preço de exercício acima do atual preço do ativo é considerado opção de venda (put) ITM. Se a INTC está a $20, todos os strikes acima desse preço seriam ITM.

É importante conhecer os termos porque cada um irá se comportar de forma diferente de acordo com o grau da opção, dentro, no ou fora do dinheiro. Veremos repetidamente como cada um desses tipos de opções pode afetar a lucratividade de sua posição. Também será de grande ajuda saber os termos, porque você pode estar trabalhando com um corretor que poderá ajudá-lo a moldar suas ideias de investimento em relação aos tipos de opção disponíveis.

RESUMO

Aprendemos o básico sobre as opções neste capítulo - especificamente o que são opções de call e de put. Elas podem ser usadas como substitutas para assumir uma posição definitiva no mercado de ações ou commodities.

A relação entre o preço da ação e o preço de exercício é a chave para determinar se a opção é fora do dinheiro (OTM), no dinheiro (ATM), ou dentro do dinheiro (ITM). Escolher corretamente o preço de exercício da opção irá ajudar a decidir a probabilidade de lucro de seu negócio — assunto em que vamos mergulhar mais profundamente nos próximos capítulos.

CAPÍTULO 2

COMO AS OPÇÕES SÃO PRECIFICADAS

As opções não são instrumentos independentes, por assim dizer. Sim, você pode comprá-las individualmente, mas seus valores são baseados e derivados de outras variáveis, sendo a mais importante o movimento do ativo subjacente. Desse modo, as opções são classificadas como produtos "derivativos".

Quando você decide comprar ou vender uma opção e vê o preço, alguma vez teve curiosidade de saber como foi calculado ou de onde veio? Se nunca fez isso, então você pode estar pagando demais quando compra ou recebendo menos quando vende. Há uma fórmula utilizada para calcular os prêmios das opções e, se você pretende ser um bom trader, precisa se familiarizar com a forma como as opções são precificadas. O preço das opções não surge do nada, como se fosse mágica. Os *market makers*[1] nos mercados de opções utilizam programas (softwares) para precificar cada opção de acordo com todas as condições que existem no momento.

---

[1] *Nota do Tradutor:* Agente de liquidez, facilitador de liquidez, promotor de negócios, especialista, *market maker* e *liquidity provider* são algumas designações atribuídas àqueles que se propõem a garantir liquidez mínima e referência de preço para ativos previamente credenciados, fatores de destaque na análise da eficiência no mercado de capitais (definição da Bovespa). Manteremos o termo *market maker* por ser mais utilizado no mercado brasileiro do que a sua tradução: formador de mercado.

O preço, ou "prêmio", de uma opção depende de diversas variáveis. São elas:

- Valor intrínseco:
  - Cotação (preço) do ativo subjacente (ação ou commodity)
  - Preço de exercício da opção
- Valor Extrínseco:
  - Dias que faltam para o vencimento da opção
  - Volatilidade (histórica ou implícita)
  - Taxas de juros
  - Dividendos (apenas opções de ações)[2]

Depois, você pega esses dados e coloca-os em uma calculadora de opções. A maioria das calculadoras de opções utiliza uma fórmula como o modelo de precificação de Black and Scholes, que é assim denominado devido a seus criadores: Fischer Black e Myron Scholes. O programa produzirá um resultado que lhe dirá quanto sua opção deve, teoricamente, custar. Digo "teoricamente" porque o preço que você recebe de sua calculadora de opções pode ser bem diferente da cotação da opção no mercado. Explicarei essa discrepância quando tratarmos de volatilidade.

Determinar esses números é simples, com exceção da volatilidade, que pode complicar um pouco; isso porque é o único dado dos necessários para precificar uma opção em que há discordância entre os participantes do mercado e que não é fixado pelas bolsas. Quando se utiliza uma calculadora de opções, é fácil encontrar todos os outros dados. Sempre podemos pegar em diversos lugares a cotação da ação ou commodity; as bolsas determinam os preços de exercício e as datas de vencimento, e as taxas de juros e os dividendos são de conhecimento de todos. Você pode encontrar tudo isso online ou em qualquer jornal de mercado financeiro. Para simplificar, estou aqui para lhe dizer que os primeiros dois itens, tanto intrínsecos quanto extrínsecos, são realmente importantes quando vamos precificar opções. Os dividendos e as taxas de juros têm participação tão pequena que não precisamos nos preocupar demais com eles.

[2] *Nota do Tradutor*: No Brasil, as opções são normalmente do tipo *protegidas* no que diz respeito a dividendos, ou seja, há diminuição nos preços de exercício de todas as opções que já tenham sido lançadas no momento em que a ação se tornou ex-dividendo, correspondente ao valor líquido que será distribuído em dividendos. Sendo assim, no Brasil, a influência dos dividendos nos prêmios das opções pode ser desconsiderada. Nos Estados Unidos, as opções normalmente não são *protegidas,* não havendo alteração nos preços de exercício devido aos dividendos, influenciando, assim, os prêmios das opções.

Preciso explicar mais dois jargões de opções que se relacionam precificação de opções: **valor intrínseco** e **valor extrínseco**.

O valor intrínseco explica a relação entre o preço do ativo subjacente e o preço de exercício da opção. Já classificamos as opções como fora do dinheiro (OTM), no dinheiro (ATM) e dentro do dinheiro (ITM). O valor intrínseco nos diz se uma opção tem algum valor "real" ou "verdadeiro" no seu preço. Somente as opções ITM (dentro do dinheiro), não importando se são calls (opções de compra) ou puts (opções de venda), podem ter valor intrínseco. Um exemplo deve ajudar:

A Microsoft (MSFT) está cotada a $27 por ação. A opção de compra ITM de strike de $25 está sendo negociada a $3, mas tem somente $2 de valor intrínseco. Como é isso? Simples. Tudo que você precisa fazer é subtrair o preço de exercício da opção (strike) do preço atual da ação ($27 - $25 = $2). A opção de compra de $25 tem seu prêmio constituído por $2 de valor intrínseco e $1 de valor extrínseco. Se você fizer o mesmo com uma opção de venda ITM de preço de exercício $30, que está cotada a $4 com MSFT a $27, haverá $3 de valor intrínseco ($30 - $27 = $3) e $1 de valor extrínseco.

O que é valor extrínseco? Valor extrínseco é o que sobra depois que você subtrai o valor intrínseco. Os quatro últimos itens da lista constituem a parte extrínseca de uma opção (dias para o vencimento, volatilidade, taxa de juros e dividendos).

Outra maneira de dizer se uma opção possui valor intrínseco é observando se ela teria qualquer valor *real* se fosse exercida. Exercer uma opção significa que você a transformou em ações verdadeiras (contratos futuros) do título de capital ou commodity.

Digamos que a INTC (Intel) ainda está $27 por ação. A opção de venda a $25 (que tem seu preço de exercício da opção abaixo do valor atual da INTC) pode ser exercida agora, o que significa que podemos comprar cada ação da INTC por $25 ($2 abaixo do preço atual). Se imediatamente vendêssemos estas ações no mercado aberto, poderíamos conseguir o mínimo de $2 por ação extra para nosso negócio. Portanto, esta opção tem $2 de valor intrínseco, ou *real*.

As opções ATM e OTM não têm valor intrínseco. São compostas totalmente de valor extrínseco. Como sabemos disso? Se tentássemos exercer uma opção ATM ou OTM perderíamos dinheiro. Novamente, suponha que a MSFT está a $27. A opção de compra ATM mais próxima seria a de preço de exercício de $27,50 e a opção de compra OTM mais próxima seria a de preço de exercício de $30. Se exercermos qualquer uma dessas duas opções, teremos que comprar 100 ações de MSFT ou por $27,50 ou por $30 cada ação. Por que você faria isso quando a MSFT está sendo vendida no mercado por $27? Você não faria. Então, todas as opções ATM e OTM não têm valor intrínseco, ou real.

Quanto vocabulário! Desculpa. Eu só precisava tirar isso tudo da frente, porque mais tarde, quando chegar às estratégias, precisarei desses princípios.

A ANATOMIA DE UM PRÊMIO

Seguindo em frente, vamos ver como os seis elementos geram o preço de uma opção. Veja na Figura 2.1 uma típica calculadora de opções que gosto de usar, cortesia de um de meus sites favoritos, www.ivolatility.com.

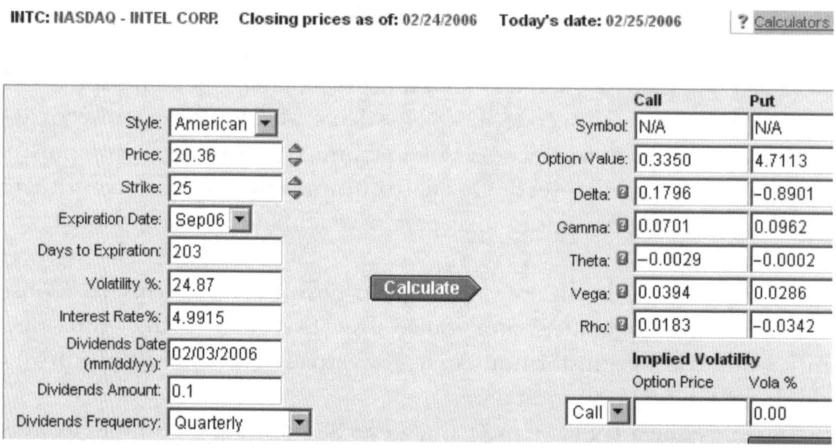

Figura 2.1 Calculadora de opções; opções da INTC (Intel)
Fonte: Cortesia de www.ivolatility.com

Precificamos as calls e puts com strike da Intel (INTC) em $25 e data de vencimento em fevereiro de 2006. O lado esquerdo da calculadora é onde você adiciona os dados e o lado direito é onde aparecem os resultados. O preço atual de INTC é $20,36, o preço de exercício das opções é $25, faltam 203 dias para o vencimento das opções (setembro de 2006) e as taxas de juros e os dividendos são automaticamente calculados pelo programa a 4,99% e $0,10, respectivamente. A volatilidade de 24,87% também é colocada automaticamente, mas esse é um número calculado pela equipe da IVolatility. Discutiremos volatilidade mais adiante; neste momento, quero explicar como funciona a calculadora.

Com os dados que fornecemos, podemos ver os preços teóricos calculados para as call e put de strike $25, para setembro de 2006, de $0,33 e $4,71, respectivamente. Isso nos dá uma breve estimativa de por quanto esses contratos de opções "deveriam" estar sendo negociados nos mercados neste momento. Como disse antes, o preço teórico não precisa ser semelhante ao preço que está sendo praticado pelo mercado, e isso normalmente se deve à volatilidade.

Uma calculadora de opções é também uma grande ferramenta para calcular "possíveis" cenários. Você pode trocar qualquer dado à esquerda e verificar como isso afeta os preços das opções no lado direito. Se estiver pretendendo comprar ou vender uma opção a determinado preço, pode mudar o preço do ativo subjacente, os dias que faltam para o vencimento, o preço de exercício ou a volatilidade até encontrar a combinação que lhe forneça o resultado desejado.

TEM MOVIMENTO?

Os outros itens listados abaixo de "Option Value" na calculadora (Figura 2.1) são os que chamamos de "Gregas". São subprodutos da fórmula de precificação de opções. Delta, gama, theta, vega e rho são atributos úteis, mas primordialmente para operadores de pregão e traders profissionais de opções. Conhecer duas das Gregas — delta e theta — é de suma importância para todos nós. São indicadores-chaves que têm função na maioria dos trades com opções e nas estratégias que lhes mostrarei mais adiante. Em resumo, o delta nos diz quanto o preço da opção irá variar em relação a um movimento de $1 no ativo subjacente e o theta nos mostra quanto o prêmio de uma opção irá decair diariamente. Não se assuste se esses conceitos parecem confusos agora; os dois itens serão bastante discutidos nos próximos capítulos.

De qualquer forma, deixe-me tocar em alguns aspectos do delta. Os valores de delta variam de 0 a 1,00, sendo 1,00 a maior correlação com o ativo subjacente. Delta é expresso em números percentuais, logo, varia de 0% a 100%, mas você vai vê-lo apresentado em decimais. Um contrato de opção que tenha um delta de 0,60, por exemplo, verá seu preço alterar 60% da variação do preço da ação ou commodity, assumindo que todos os outros fatores permanecem inalterados. Se uma opção de compra da IBM custa $4,50 com um delta de 0,60 e a ação da IBM sobe de $82 para $83, teoricamente, essa opção deve variar $0,60, para $5,10.

O que você precisa perguntar a si mesmo antes de comprar qualquer opção é: "Posso esperar um bom movimento da opção que escolhi em relação ao movimento da ação?" A maioria das pessoas não entende essa propriedade das opções. Elas acham que podem comprar qualquer call (opção de compra) no mercado e que esta irá variar expressivamente desde que a ação se movimente também. Não é sempre que isso acontece. Tenho certeza de que muitos de vocês já passaram por esta situação: você compra uma call que vence em poucas semanas e a ação começa a se movimentar bem para cima; ainda assim, sua opção não está ganhando nenhum valor. Por que isso acontece? Bem, isso ocorre, principalmente, porque sua opção não tem delta suficiente, o que é o usual nas opções OTM e nas que estão muito próximas do vencimento. As pessoas gostam dessas opções porque são baratas em termos absolutos. Você logo descobrirá que, ainda que sejam baratas, elas não estão dando o resultado esperado. Você deve focar em opções que tenham alta correlação com os movimentos da ação.

Minha estratégia DITM — opções muito dentro do dinheiro (assunto do Capítulo 6) explicará como utilizar o delta em todas as suas possibilidades, mas, apenas para uma pequena amostra, dê uma olhada nos três instantâneos sucessivos da calculadora de opções. Na Figura 2.2 precifiquei uma opção de compra muito ITM (DITM) da Microsoft de preço de exercício $15, que vence em janeiro de 2008, com Microsoft cotada a $26,66 e a opção avaliada pela calculadora em aproximadamente $12,35. A opção de compra de $15 é $11,66 dentro do dinheiro, dando a ela $11,66 de valor intrínseco. Vemos o delta ao nível bem alto de 0,9807 (lado direito da figura). Isso nos mostra que o preço da opção deve acompanhar praticamente qualquer movimento que a ação subjacente MSFT faça.

Na próxima imagem de tela (Figura 2.3), levamos MSFT acima, para $27,66. Viu o que vale a opção agora?

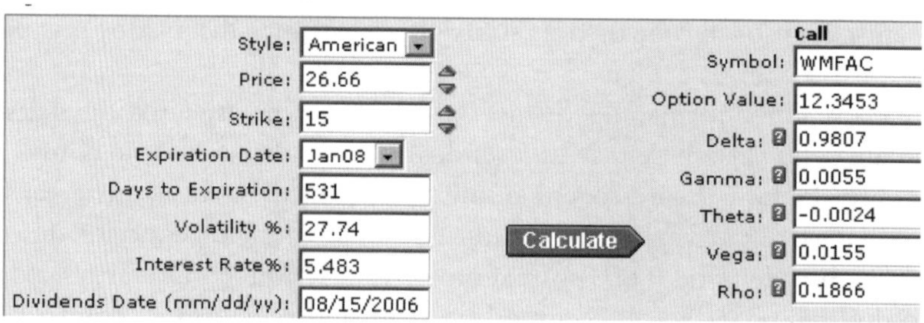

Figura 2.2 Calculadora de opções com MSFT a $26,66

Fonte: Cortesia de www.ivolatility.com

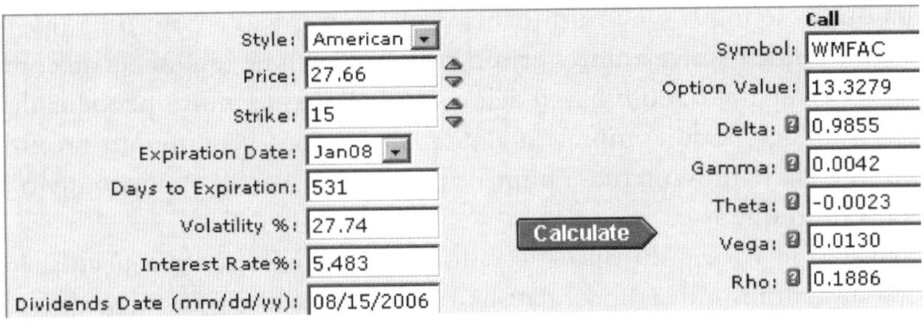

Figura 2.3 Calculadora de opções com MSFT a $27,66
Fonte: Cortesia de www.ivolatility.com

A call de strike de $15 também teve seu valor aumentado em quase $1 para um novo preço de $13,33. O delta está trabalhando como deveria. Seu movimento também funciona para baixo. Vejam a próxima imagem de tela, na Figura 2.4.

Novamente, com todos os outros dados mantidos constantes, levamos MSFT para baixo, para $25,66, e vemos que a call de strike de $15 perdeu quase $1 em valor, chegando a um novo prêmio de $11,37. O delta funciona, e você deve prestar atenção especial a ele devido a sua capacidade de avaliar como a opção se comportará em relação à variação de preço do ativo subjacente.

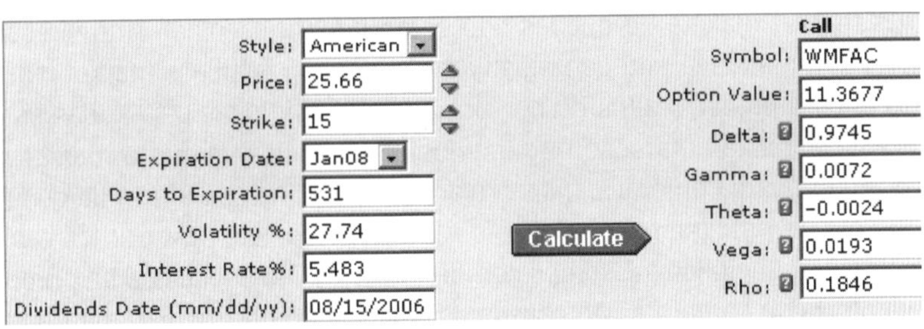

Figura 2.4 Calculadora de opções com MSFT a $25,66
Fonte: Cortesia de www.ivolatility.com

Se você é um investidor em ações e usa as opções como forma de obter mais alavancagem com menos capital, aderir às opções que possuem deltas maiores é o que trará mais retorno para seu dinheiro.[3] Você quer que o preço

[3] *Nota do Tradutor*: O autor usa a expressão *bang for your buck*, em que *bang* seria pancada, e *buck*, dólares. Não há a expressão correlata na língua portuguesa, mas o sentido seria exatamente aumentar o retorno do capital investido.

de sua opção se mova e a única forma de assegurar isso é com uma opção de delta alto. Onde os investidores erram com opções é na tendência de comprar opções OTM baratas, com baixo delta e probabilidade muito pequena de obter lucros. Você pode comprar qualquer opção com vencimento próximo e pensar que ela se movimentará ponto a ponto com a ação. As opções são mais complexas do que isso.

Agora, se você é do tipo apostador e está atrás de uma especulação divertida de tempos em tempos, não há nada de errado em testar sua sorte nas opções bem baratas e ter esperança de que elas subam como loucas. Não há problemas, desde que você saiba antecipadamente que suas chances de vencer são mínimas e que você pode perder 100% de seu investimento em opções.

O DELTA DO MARKET MAKER

Apenas como ilustração, quero lhes contar como costumávamos usar o delta na gestão de portfólios quando trabalhávamos como market makers no pregão da bolsa. O delta não só nos dizia quanto do preço da opção deveria mudar em relação à variação do contrato de futuro subjacente (commodities), mas também nos dizia quantos contratos de futuro eram necessários para contrabalançar qualquer risco direcional que tínhamos a partir de nossos trades com opções.

Os market makers de opções não estão lá para escolher uma direção e torcer para que a ação ou commodity mova em seu favor. Os market makers estão lá para prover ordens de compra e venda contínuas para todas as opções associadas a uma ação ou commodity específica. O que o market maker deseja fazer é comprar o mais próximo possível de sua oferta de compra, vender o mais próximo possível da oferta de venda dele e travar esses ganhos rapidamente. Se conseguíssemos comprar uma opção específica ao preço de nossa oferta de compra e não conseguíssemos vendê-la imediatamente a outra pessoa ao nosso preço de venda mais alto, então o que teríamos que fazer seria equiparar o risco direcional da opção com um trade em direção oposta no mercado de futuros. O delta nos mostrava exatamente quantos contratos futuros precisávamos comprar ou vender para contrabalançar nosso trade na opção. Market makers sempre querem estar delta neutros, o que significa que não tínhamos nenhum direcional em nossos trades; estávamos o tempo todo tentando capturar a pequena margem entre o que a opção valia e por quanto poderíamos comprá-la abaixo ou vendê-la acima do valor. Para poder fazer isso, utilizávamos planilhas de operações similares à mostrada na Figura 2.5.

O DELTA DO MARKET MAKER *(Continuação)*

Crude 10/21/2005			EXERCISE PRICES											
			62	62	63	63	64	64	65	65	66	66	67	67
Futures	VOL	P/C	Fair	Delta	Fair	Delta	Fair	Delta	Fair	Delta	Fair	Delta	Fair	Delta
65.45	36.0%	P	0.828	-0.25	1.143	-0.32	1.532	-0.40	1.998	-0.47	2.539	-0.55	3.155	-0.62
65.45	36.0%	C	3.973	0.74	3.290	0.68	2.681	0.60	2.147	0.53	1.691	0.45	1.308	0.38
65.45	37.0%	P	0.875	-0.26	1.195	-0.33	1.588	-0.40	2.055	-0.47	2.596	-0.55	3.210	-0.62
65.45	37.0%	C	4.019	0.74	3.342	0.67	2.736	0.60	2.205	0.53	1.748	0.45	1.363	0.38
65.45	38.0%	P	0.922	-0.26	1.248	-0.33	1.644	-0.40	2.113	-0.47	2.654	-0.54	3.265	-0.61
65.45	38.0%	C	4.067	0.73	3.394	0.67	2.792	0.60	2.262	0.53	1.805	0.45	1.418	0.39
65.45	39.0%	P	0.969	-0.27	1.300	-0.33	1.700	-0.40	2.170	-0.47	2.711	-0.54	3.320	-0.61
65.45	39.0%	C	4.114	0.73	3.447	0.67	2.848	0.60	2.320	0.53	1.862	0.46	1.473	0.39
65.50	35.0%	P	0.769	-0.25	1.076	-0.31	1.457	-0.39	1.917	-0.47	2.455	-0.55	3.069	-0.62
65.50	35.0%	C	3.964	0.75	3.272	0.68	2.655	0.61	2.116	0.53	1.656	0.45	1.271	0.38
65.50	36.0%	P	0.815	-0.25	1.127	-0.32	1.513	-0.39	1.974	-0.47	2.512	-0.54	3.124	-0.62
65.50	36.0%	C	4.010	0.75	3.324	0.68	2.711	0.61	2.174	0.53	1.713	0.45	1.327	0.38
65.50	37.0%	P	0.862	-0.26	1.179	-0.32	1.568	-0.39	2.032	-0.47	2.569	-0.54	3.179	-0.61
65.50	37.0%	C	4.057	0.74	3.376	0.68	2.766	0.60	2.231	0.53	1.771	0.46	1.382	0.39
65.50	38.0%	P	0.908	-0.26	1.231	-0.33	1.624	-0.40	2.089	-0.47	2.627	-0.54	3.234	-0.61
65.50	38.0%	C	4.103	0.74	3.428	0.67	2.822	0.60	2.289	0.53	1.828	0.46	1.437	0.39
65.50	39.0%	P	0.956	-0.27	1.284	-0.33	1.680	-0.40	2.147	-0.47	2.684	-0.54	3.290	-0.61
65.50	39.0%	C	4.151	0.73	3.480	0.67	2.878	0.60	2.346	0.53	1.885	0.46	1.493	0.39
65.55	35.0%	P	0.757	-0.24	1.060	-0.31	1.438	-0.39	1.893	-0.46	2.427	-0.54	3.038	-0.62
65.55	35.0%	C	4.002	0.76	3.307	0.69	2.686	0.61	2.143	0.53	1.679	0.46	1.290	0.38
65.55	36.0%	P	0.803	-0.25	1.112	-0.32	1.493	-0.39	1.951	-0.46	2.485	-0.54	3.093	-0.61
65.55	36.0%	C	4.048	0.75	3.358	0.68	2.741	0.61	2.200	0.53	1.736	0.46	1.346	0.38
65.55	37.0%	P	0.849	-0.25	1.163	-0.32	1.549	-0.39	2.008	-0.46	2.542	-0.54	3.148	-0.61
65.55	37.0%	C	4.094	0.75	3.410	0.68	2.797	0.61	2.258	0.53	1.793	0.46	1.401	0.39

Figura 2.5 Planilha de precificação de opções

A figura mostra uma versão bem simplificada do que parece uma "planilha de valores de preços justos" de um market maker de opções. Esta contém o preço justo e cálculos de delta para vários preços de contratos de futuros e de opções de óleo cru (petróleo) em 3 de outubro de 2005, com data de vencimento fictícia em 21 de outubro de 2005. Vejam como funciona. Do lado esquerdo estão os preços do mercado de contratos futuros de óleo cru (petróleo) para o mês seguinte em incrementos de $0,05. Nesse exemplo, estamos vendo preços para os futuros em $65,45, $65,50 e $65,55. Uma típica planilha de um trader teria muitos e muitos preços diferentes, então, você veria market makers entrando no pregão com grandes livros de planilhas de operações, às vezes para mais de uma commodity. Você veria como o chão da bolsa fica no fim do dia. Na verdade, você não conseguiria ver o chão, porque cada centímetro estaria coberto por planilhas obsoletas.

(continua)

O DELTA DO MARKET MAKER *(Continuação)*

A coluna "P/C" indica se você está olhando para uma put (opção de venda) ou uma call (opção de compra) e a coluna "VOL" representa o nível de volatilidade que você está usando para ajudar a precificar as opções. Ao longo da linha superior da planilha estão os preços de exercício disponíveis para trades naquela commodity em particular. Aqui vemos preços de exercício (strikes) para opções de petróleo variando de $62 a $67. As últimas peças do quebra-cabeça são as colunas "Fair" e "Delta". "Fair" representa o preço justo para cada opção de venda (put) ou de compra (call) nos correspondentes preços futuros, ao longo do lado esquerdo. A coluna "Delta" permite que o trader saiba quantos contratos futuros são necessários para *hedgear*[4] qualquer trade com opções, contrabalançando o risco direcional.

Um corretor pergunta pelo mercado nas opções de compra de $66,00 e vemos que os futuros estão sendo negociados a $65,50 neste momento. Consultamos nossa planilha no lado esquerdo para as opções de compra (calls) ao preço de $65,50 com uma volatilidade de 38% e nos movemos ao longo do topo da planilha até chegarmos ao strike de $66 da coluna "Fair" (preço justo). Vemos que o preço justo da call de $66,00, a um preço de futuros correspondente de $65,50, seria $1,828.

Um market maker atento no boxe de opções da bolsa gritaria para o agente da corretora: "$1,80 a $1,85." Isso significa que os market makers estão querendo comprar aquela opção a $1,80 ou vendê-la a $1,85. Nesse momento, não sabemos se o corretor é um comprador ou vendedor, então, sempre temos que lhe oferecer os dois lados do mercado (não nos importamos se compramos ou vendemos). Agora, se o corretor decide comprar a nossa opção por $1,85, temos que dizer para ele quantos contratos estamos dispostos a vender. Para simplificar, as planilhas de delta são baseadas em trades de 100 contratos. Se tivermos sorte de vender os 100 contratos ao corretor, olhamos nossas planilhas novamente e vemos que o delta é 0,46. Para hedgear (contrabalancear) nosso risco direcional inicial, faríamos um sinal com as mãos para nosso agente comprar 46 contratos futuros. Como estamos vendendo opções para o corretor, nosso delta inicial é negativo em 46 contratos futuros potenciais, logo, temos que comprar 46 contratos futuros para manter nosso delta em zero.

Conforme mencionei, o market maker está procurando uma pequena margem de ganho entre as ofertas de compra e de venda, e não um trade direcional. Se aquela opção de compra de $66,00 está avaliada em aproximadamente $1,83 e conseguimos vendê-la por $1,85, então isso é o que chamamos de obter uma pequena vantagem. Nosso melhor cenário é quando alguém quer vender a opção agora e conseguimos comprá-la por $1,80. É assim que os market makers tentam fazer seu dinheiro, tentando continuamente comprar por menos do que as planilhas estão avaliando as opções e vender por mais do que está na planilha. Infelizmente, não é assim tão fácil, mas essa é a principal força propulsora do trabalho do market maker.

RESUMO

Completamos a precificação de opções. O que quis fazer neste capítulo foi familiarizá-lo com os dados que geram o preço de uma opção. Os market makers nos mercados de opções utilizam programas de última geração, que lhes fornecem constantemente cotações durante todo o dia, atualizando-as sempre que as condições do mercado se modificam. Alterar qualquer dado de entrada na fórmula de precificação de opções fará com que o preço teórico da opção também se altere, mas os dados mais importantes são o preço do ativo subjacente, o tempo para o vencimento das opções e a volatilidade. Como a volatilidade é um dado meio confuso e esotérico, dedico o próximo capítulo inteiramente ao assunto. Os reais ganhos no mercado pagarão pelo tempo gasto aprendendo como a volatilidade tem função primordial na precificação das opções.

---

[4] *Nota do Tradutor:* Os termos na língua inglesa *hedge* e *hedgear* são de uso comum no mercado brasileiro e, portanto, deixarei assim durante o livro. *Hedge* significa, literalmente, defesa, e hedgear, limitar. Na prática, é quando o investidor faz uma operação no sentido contrário em termos de direção do mercado à operação original.

CAPÍTULO 3

VOLATILIDADE DAS OPÇÕES

Como mencionamos no capítulo anterior sobre precificação de opções, há diversos itens que determinam o preço de uma opção. Destes, a "volatilidade" tem importância enorme e é o mais evasivo, confuso e difícil para os participantes do mercado compreenderem. Muitas pessoas parecem não conseguir captar a ideia do que é volatilidade e de que modo ela se relaciona às operações com opções. Nos velhos tempos de operador de pregão da NYMEX (New York Merchantile Exchange), a volatilidade era a base de todo o nosso trading e nossa lucratividade dependia da compreensão da volatilidade e da capacidade de utilizá-la ao máximo em nosso favor. Como trader de escritório (fora do pregão da bolsa), a volatilidade, ainda assim, tem papel muito importante no que concerne ao sucesso, então, por isso, gostaria de dedicar algum tempo explicando o conceito. No final deste capítulo você verá a importância de ser capaz de entender e identificar como utilizar a volatilidade em suas próprias operações.

O QUE É VOLATILIDADE?

Em termos simples, a volatilidade é uma medida estatística de quão instável as variações de preço de uma ação ou commodity foram no passado e o quão errática se espera que sejam no futuro. Ter visão dos movimentos de preço passados de uma ação ou commodity e das variações esperadas para o futuro o ajudarão a ser um jogador melhor no mundo das opções, pois você saberá os efeitos que a volatilidade deve produzir nos preços de uma opção. Esses níveis de volatilidade são introduzidos no modelo de precificação de opções junto com outras variáveis para ajudá-lo a dar um preço às opções.

Há dois tipos de volatilidade que se aplicam às operações com opções:

1. Volatilidade ***Histórica (VH)*** mede quão volátil ou instável foram as variações de preço da ação ou commodity no passado.
2. Volatilidade ***Implícita (VI)*** mede quão volátil ou instável se espera que sejam as variações de preço da ação ou commodity no futuro.

Volatilidade Histórica (VH) é o conceito mais fácil de se compreender e medir. É baseada nos movimentos passados do ativo, então, tudo que temos a fazer é recolher dados dos movimentos de preço passados e calcular a volatilidade histórica. O assunto passa agora para quanto de dados desejamos usar e quais os intervalos. A maioria das medidas de volatilidade histórica, conforme se usa no mundo dos trades, será, por definição, de 21 dias passados, o que corresponde ao número médio de pregões na bolsa por mês (21 pregões — dias úteis — correspondem a aproximadamente um mês em dias corridos). Como a maioria dos traders parece ser de curto prazo, colocar por definição um nível de volatilidade de 21 dias é uma boa forma de começar. Isso significa que iremos coletar os preços de fechamento do ativo específico dos últimos 21 dias de pregão e convertê-los em um número de volatilidade para utilizar no modelo de precificação.

Alguns operadores gostam de calcular a VH de outras formas, preferindo períodos de 10 dias, 30 dias ou 50 dias passados. Além disso, podem optar por incorporar aos cálculos os preços máximos e mínimos de cada dia, além do preço de fechamento. Se você não tem certeza do que quer dizer períodos passados, pense nisso da mesma forma como faria com uma média móvel (indicador de análise técnica) em um típico gráfico de preços. Uma média móvel de 50 dias desenha uma linha única no gráfico usando os últimos 50 preços de fechamento do ativo. A VH funciona da mesma forma.

Volatilidade Implícita (VI) é um pouco mais confusa. É um cálculo que olha para a frente. Os market makers farão uma avaliação de como eles pensam que a ação ou commodity irá flutuar no futuro, ou até o vencimento das opções, e usarão esse cálculo na fórmula de precificação de opções. A VI é considerada um medidor minuto a minuto do humor dos mercados e faz parte do prêmio das opções. Ela não considera apenas a performance de preços passados do ativo, mas também quaisquer outras forças externas que porventura possam movimentar a ação ou commodity no futuro próximo. Forças externas podem consistir em relatórios de lucros, anúncios da Food and Drug Admnistration (FDA — órgão regulador dos medicamentos e alimentos nos Estados Unidos), reuniões do Federal Reserve (que corresponde à nossa reunião periódica do Copom, que define a política de juros do mercado), relatórios de colheitas, dados anunciados sobre desemprego e boletins do clima. Esses são itens que podem afetar os preços do ativo, logo, os preços das opções serão afetados também. Se os market makers de opções sabem que há uma grande reunião para acontecer, eles começam a *reprecificar* as opções a fim de refletir as incertezas do resultado da reunião ou das notícias por vir. Assim que o evento ou notícia passa a ser resolvido ou conhecido, a VI é reajustada para voltar a refletir condições de trading normais.

OBTENDO VANTAGEM A PARTIR DA VOLATILIDADE

Ok, tudo bem e certo, mas como isso tudo nos afeta em nossas próprias operações com opções para nos ajudar a ganhar dinheiro? Estou feliz por você ter perguntado. Mostrarei algumas dicas sobre volatilidade que o ajudarão a localizar quando a volatilidade está barata e quando está cara, o que permitirá que você compre e venda opções nos momentos mais oportunos. Acredite se quiser, mas a volatilidade flutua da mesma forma que o preço de uma ação ou commodity; passará por períodos de altas e fases de queda, e você só precisa aprender a identificar esses níveis. A razão por que você precisa entender que a volatilidade é parte tão importante do trading é que ela tem efeito direto no preço de todas as opções. Se a volatilidade está alta, os preços das opções serão mais caros do que o normal; se a volatilidade está baixa, os preços das opções serão mais baixos do que o normal. Você deve se acostumar a comprar e vender nos momentos mais oportunos.

Se uma ação ou commodity tem tido movimento muito instável, isso aumenta a volatilidade do modelo de precificação e, por conseguinte, o preço justo da opção. Se a ação ou commodity se movimenta pouco, você já sabe que a volatilidade será baixa; logo, produzirá opções mais baratas.

Então, como saber se a volatilidade está alta ou baixa? É simples — olhe para um gráfico de volatilidade! Se você acompanha opções de ações, www.ivolatility.com é uma de suas melhores fontes para dados e gráficos de volatilidade.[1]

A Figura 3.1 é um típico gráfico de volatilidade anual de uma ação para a IBM. Não o confunda com o gráfico de preços para a IBM. O gráfico de volatilidade traça tanto a VH (linha mais grossa) quanto a VI (linha mais fina). A curva de VH é baseada em um período passado de 30 dias úteis e a curva de VI é um modelo de propriedade feito pelo pessoal da ivolatility.com. A maioria dos dados usados para a VI é diária e precificada a partir das opções ATM com vencimento mais próximo. Estas são usualmente as mais líquidas e negociadas, o que nos dá o melhor indicador da VI atual. No gráfico, você verá os meses do ano na parte de baixo e os níveis de volatilidade no lado direito. A volatilidade é sempre medida em percentual, e é adicionada dessa maneira à fórmula de precificação de opções.

Você pode ver que as linhas quase sempre andam juntas, mas há épocas em que elas certamente divergem. Isso acontece quando novos eventos são esperados, e o mercado de opções refletirá essa volatilidade. Isso pode ser visto na curva de VI com alguns picos (indo para o alto) em certos momentos. A chave aqui é sempre comparar os níveis atuais de volatilidade com seus níveis passados. Assim você define se a volatilidade está cara ou barata. Deixe-me mostrar o que quero dizer.

Iremos precificar algumas opções da IBM com as informações do gráfico de volatilidade da Figura 3.1.

Utilizando nossa calculadora de opções novamente (Figura 3.2), precificamos a opção de compra da IBM para abril de 2006 com preço de exercício de $85, em 27 de março de 2006, com a ação IBM fechando ao preço de $83,08. Introduzimos um valor de volatilidade de 15% no lado esquerdo, o que corresponde à VI mais baixa para as opções de IBM (no final de fevereiro de 2006, no gráfico de volatilidade na Figura 3.1). Vemos que a call (opção de compra) de strike de $85 tinha um preço teórico de $0,65 com esses dados. Veremos o que acontece quando colocamos um novo valor de volatilidade de 27%, o que corresponde ao nível mais alto visto no gráfico (durante abril de 2005; veja a Figura 3.3)

[1] *Nota do Tradutor*: Aqui no Brasil, diversos sites informam a volatilidade das opções como o bastter.com. Basta fazer uma busca pela internet com o termo Volatilidade.

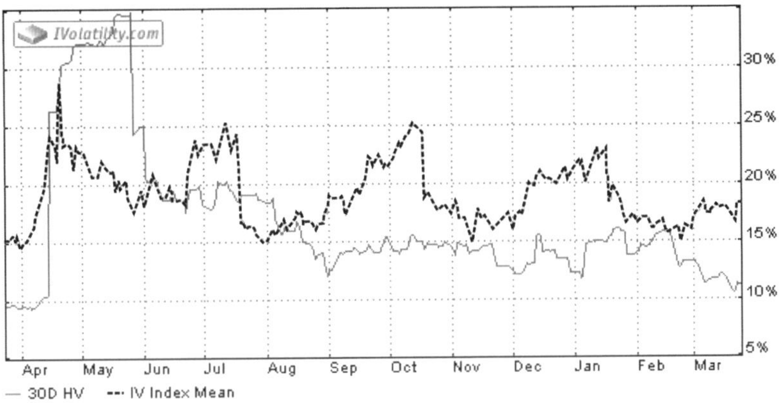

Figura 3.1 Gráfico de volatilidade da IBM
Fonte: Cortesia de www.ivolatility.com

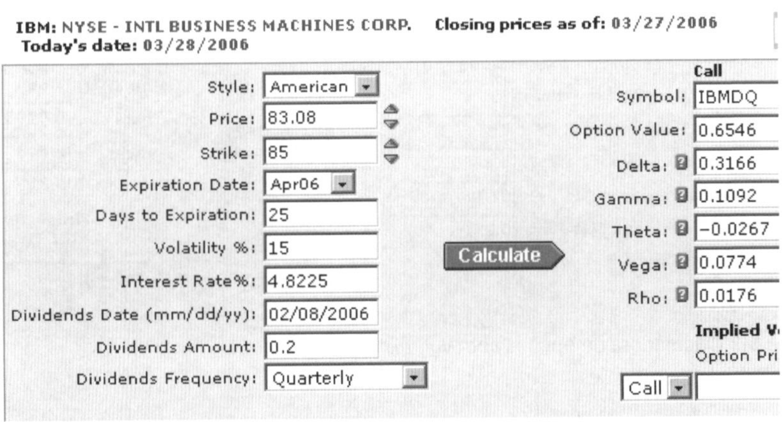

Figura 3.2 Calculadora de opções com volatilidade de 15%
Fonte: Cortesia de www.ivolatility.com

Com nossa nova estimativa de volatilidade de 27%, vemos que a call de \$85 tem agora um preço teórico de \$1,63, quase \$1 acima do preço anterior. Então, aí está a prova de que a volatilidade realmente afeta os preços das opções. A razão pela qual estou mostrando isso é para que você se acostume a checar os níveis de volatilidade antes de executar um trade com opções. Você terá uma primeira impressão, se está comprando ou vendendo opções caras ou baratas, com base nos dados de volatilidade. É claro que você, como bom trader de opções, tentará comprar opções durante os períodos em que a volatilidade do ativo subjacente está baixa e vender quando ela está alta. Sabemos que nem sempre podemos prever que nosso timing nas operações com opções corresponderá aos níveis de volatilidade altos ou baixos, mas você pode sempre ajustar suas estratégias com opções de modo a tirar vantagem de qualquer nível de volatilidade que exista naquele momento.

Também incluí um gráfico de volatilidade de uma commodity (Figura 3.4). Este traça a curva de VI de dois anos para o gás natural. Podemos ver pelo gráfico que o gás natural foi negociado em uma escala partindo apenas de algo em torno de 35% na fase mais baixa para um pico recente de 70% de volatilidade implícita (VI). É um reflexo do quanto os mercados de gás natural tendem a ser instáveis.

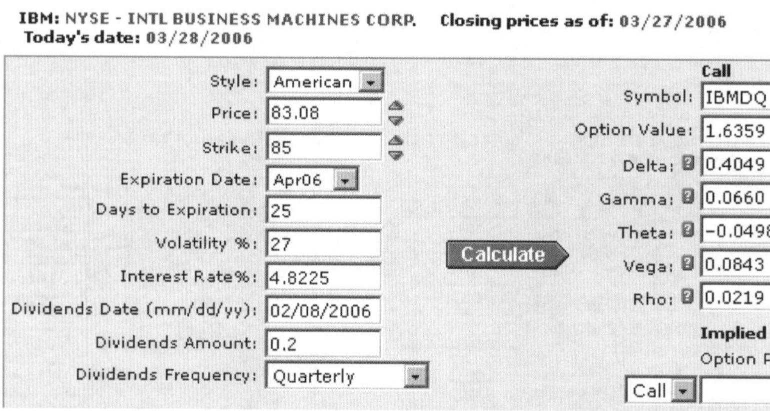

Figura 3.3 Calculadora de opções com volatilidade de 27%

Fonte: Cortesia de www.ivolatility.com

DUAS AÇÕES, VOLATILIDADES DIFERENTES

Acabei de mostrar uma forma em que a volatilidade afeta o preço de uma opção; agora quero mostrar também de que maneira ela pode afetar outras decisões no que diz respeito a seus trades. Pegue uma situação em que você está decidindo entre comprar duas ações diferentes que estão sendo negociadas a aproximadamente o mesmo preço. Você sabe que deseja comprar calls (opções de compra) de uma delas, mas não tem certeza qual será a mais lucrativa. É óbvio que ninguém sabe como o trade irá terminar, mas deixe-me mostrar como a volatilidade pode ter um papel muito importante.

Quando você olha para as duas ações, descobre, para sua surpresa, que a opção com o mesmo preço de exercício para cada ação está sendo negociada a níveis de preço bem diferentes em cada uma. Como pode acontecer isso? Ambas estão com o mesmo preço, você está olhando para o mesmo preço de exercício e ambas vencem no mesmo dia. Então por que os preços das opções são tão diferentes? Eis o porquê: volatilidade!

Para aceitar de vez o fato de a volatilidade ter participação determinante na precificação das opções, olharemos para duas ações com virtualmente o mesmo preço e as séries de opções correspondentes. Temos a Anheuser-Busch (BUD) e a International Securities Exchange (ISE) como nossas duas candidatas à compra, ambas cotadas a $42,82 em 29 de março de 2006. Temos expectativa de alta e estamos interessados em comprar calls (opções de compra). Escolheremos as opções de compra de preço de exercício de $45 para maio de 2006, vamos comparar os preços das opções e veremos o que nosso dinheiro pode comprar. Veja as Figuras 3.5 e 3.6.

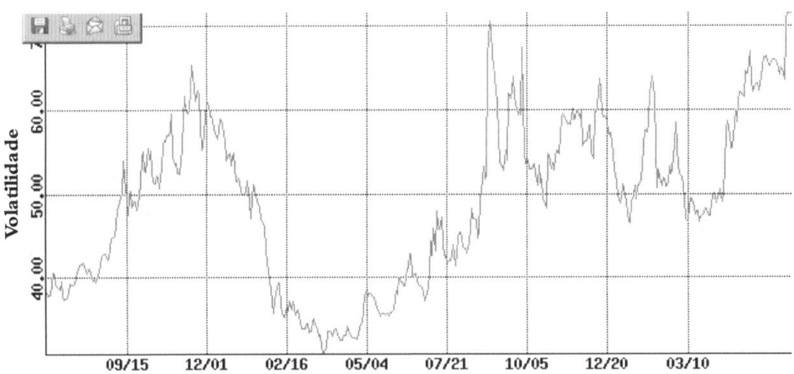

Figura 3.4 Gráfico de volatilidade do gás natural
Fonte: Gráfico fornecido pela Optionetics, Inc.

O último preço para cada ação na hora da comparação ($42,82/$42,83) está listado no canto direito superior de cada figura. Estamos vendo a opção de strike de $45, que pode ser encontrada na coluna preta à direita. Seguimos pela linha correspondente até a coluna "Ask" (melhor oferta de venda) para ver a que preço poderíamos potencialmente comprar cada opção. Aqui é onde vemos uma enorme diferença nos preços das opções. A opção de compra da ISE de preço de exercício de $45 está sendo oferecida a $2,75, enquanto a mesma opção de $45 da BUD está sendo oferecida por apenas $0,30. A opção de compra (call) de strike de $45 da ISE está nove vezes mais cara do que a mesma opção de strike de $45 da BUD. Nove vezes! Por que isso acontece?

INTERNATIONAL SECS. EXCH. INC. Bid: 42.82 High: 43.47 Last: 42.82
\- Ask: 42.87 Low: 42.7596 Change: -0.07

Bid	Ask	Last	Change	Prev	Imp Vol(B)	Imp Vol(A)	High	Low	Delta	Symbol
13.00	13.50	0.00	0.00	0.00	30.68	75.87	0.00	0.00	98	MAY06 30.00
8.50	8.90	0.00	0.00	0.00	49.22	60.66	0.00	0.00	89	MAY06 35.00
5.10	5.20	5.00	-1.00	6.00	54.07	55.79	6.00	4.90	69	MAY06 40.00
2.55	2.75	2.55	-0.05	2.60	52.04	55.16	2.55	2.55	44	MAY06 45.00
1.15	1.40	1.15	-0.10	1.25	51.74	56.46	1.15	1.15	24	MAY06 50.00
0.50	0.65	0.65	+0.05	0.60	52.51	56.69	0.75	0.65	11	MAY06 55.00
0.20	0.35	0.35	-0.45	0.80	52.78	59.52	0.35	0.35	4	MAY06 60.00
0.05	0.20	0.00	0.00	0.00	49.86	62.37	0.00	0.00	1	MAY06 65.00
	0.10	0.00	0.00	0.00		63.22	0.00	0.00	0	MAY06 70.00

Figura 3.5 Séries de opções da ISE para maio de 2006
Fonte: eSignal.com

ANHEUSER BUSCH COS INC. Bid: 42.83 High: 43.00 Last: 42.83
\+ Ask: 42.85 Low: 42.70 Change: +0.12

Bid	Ask	Last	Change	Prev	Imp Vol(B)	Imp Vol(A)	High	Low	Delta	Symbol
7.90	8.10	0.00	0.00	0.00	0.00	31.51	0.00	0.00	99	MAY06 35.00
3.10	3.20	3.20	0.00	3.20	0.00	16.68	3.20	3.20	82	MAY06 40.00
0.20	0.30	0.30	-0.05	0.35	12.59	14.78	0.35	0.25	32	MAY06 45.00
	0.05	0.00	0.00	0.00		21.76	0.00	0.00	4	MAY06 50.00
	0.05	0.00	0.00	0.00		32.50	0.00	0.00	0	MAY06 55.00

Figura 3.6 Séries de opções da BUD para maio de 2006
Fonte: eSignal.com

Bem, sabemos que existem seis determinantes para o preço de uma opção de uma ação:

1. Preço da ação subjacente
2. Preço de exercício da opção
3. Tempo para o vencimento

4. Volatilidade
5. Taxas de juros
6. Dividendos (apenas para opções não protegidas, o que usualmente não é o caso no Brasil)

Ambas estão sendo negociadas por virtualmente o mesmo preço ($42,82/$42,83), os preços de exercício são idênticos ($45) e as opções vencem na mesma época (maio de 2006). As taxas de juros e os dividendos têm participação tão pequena que não podem ser a razão. Isso nos deixa com somente um réu: volatilidade.

Conforme mencionei, a volatilidade é um número estatístico que mede a amplitude de movimentos de um ativo em determinado período de tempo no passado, bem como a expectativa de movimentos no futuro. Quando uma ação teve variações intensas no passado e/ou se espera que produza movimentos grandes no futuro, que inflacione a volatilidade, isso tem o efeito de aumentar o preço da opção. Quando uma ação tem estado bem quieta e/ou se espera que se mantenha quieta no futuro, a volatilidade é menor, levando a uma diminuição do efeito da volatilidade no preço da opção.

Ok. Vejamos como a volatilidade está influenciando essas duas ações. Se você olhar as duas colunas nas séries de opções rotuladas "Imp VOL(B)" e "Imp VOL (A)", verá que os números para a ISE são quase quatro vezes os da BUD. Esses números representam, em termos percentuais, como os atuais preços das melhores ofertas de compra e de venda (*pagão e vendedor*)[2] são medidos em termos de volatilidade. Por exemplo, a call de strike de $45 para a ISE tem um mercado pagão/vendedor de $2,55/$2,75. Em termos de volatilidade, esse mercado pagão/vendedor é equivalente a 52,04%/55,16%, enquanto a call da BUD de strike de $45 tem um mercado de volatilidade de 12,59%/14,78%.

Conforme se vê comparativamente, quanto maior a volatilidade, maior será o preço da opção. As opções da ISE têm números de volatilidade maiores do que as da BUD; logo, as opções custam mais caro. **Isso não quer dizer que as opções da ISE estão superfaturadas comparadas às da BUD.** Estamos apenas dizendo que a ISE, por qualquer razão, experimentou volatilidade maior no passado, e também se espera que permaneça tendo mais volatilidade a seguir. Os market makers de opções estão prevendo que a ISE permanecerá mais volátil do que a BUD no futuro. A forma de se precificar

[2] *Nota do Tradutor*: Em inglês, *bid* e *ask* são os termos para a melhor oferta de compra e a melhor oferta de venda, respectivamente. No Brasil, os jargões de mercado são *melhor pagão,* para melhor oferta de compra, e *melhor vendedor,* para melhor oferta de venda, ou simplesmente *pagão* e *vendedor.* Usaremos esses termos em substituição a *bid* e *ask,* já que é importante que o leitor se familiarize com os jargões do mercado.

essa maior volatilidade esperada é aumentando o preço das opções. Cada opção de ações é precificada de acordo com o movimento futuro esperado da ação. Desse modo, ambas as ações podem ter opções precificadas de forma correta e justa, de acordo com quão volátil cada ação tem sido e espera-se que seja no futuro, ainda que as opções da ISE custem mais.

Lembre-se: se você deseja verificar a volatilidade de uma ação individual durante algum período de tempo no passado, há diversos sites que oferecem essas informações, como o bastter.com, que além de plataformas gráficas apresenta, online, a volatilidade. Lá você pode ver quanto a ação foi volátil no passado. Veja os gráficos de volatilidade de um ano da BUD (Figura 3.7) e da ISE (Figura 3.8).

Os números nos gráficos devem ser semelhantes aos das colunas de volatilidade das planilhas, com as séries de opções mostradas nas Figuras 3.5 e 3.6. Vemos que os números atuais de volatilidade da BUD, tanto no gráfico quanto nas planilhas das séries, estão próximos a 14%, e os da ISE, em torno de 50%. Qual é o objetivo de mostrar essa informação? Para que você veja como a volatilidade tem importância capital na precificação das opções. Ainda que as opções da ISE custem bem mais do que as da BUD, isso não quer dizer que comprar opções da ISE seja um mau negócio. A probabilidade de maior movimento da ação é refletida nos preços maiores das opções. Se você comprar as opções da BUD porque são mais baratas em termos absolutos, pode ser que tenha que esperar mais tempo para a opção ganhar valor, porque a ação é menos volátil. Se você quer um potencial de ação maior, escolha as opções da ISE. O movimento bem mais amplo nessa ação justifica os preços mais altos das opções.

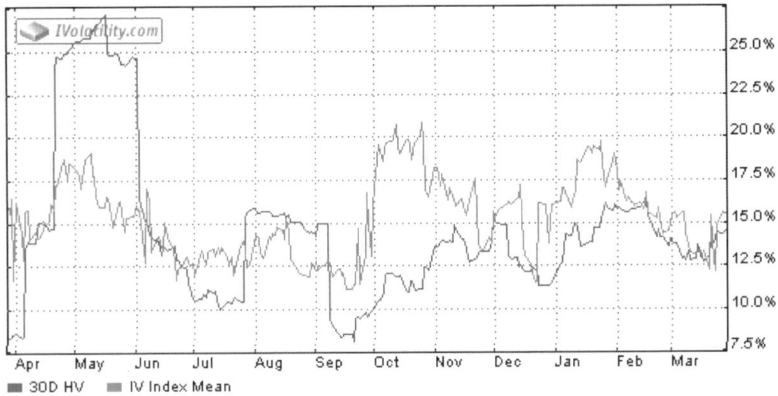

Figura 3.7 Gráfico de volatilidade da BUD

Fonte: Cortesia de www.ivolatility.com

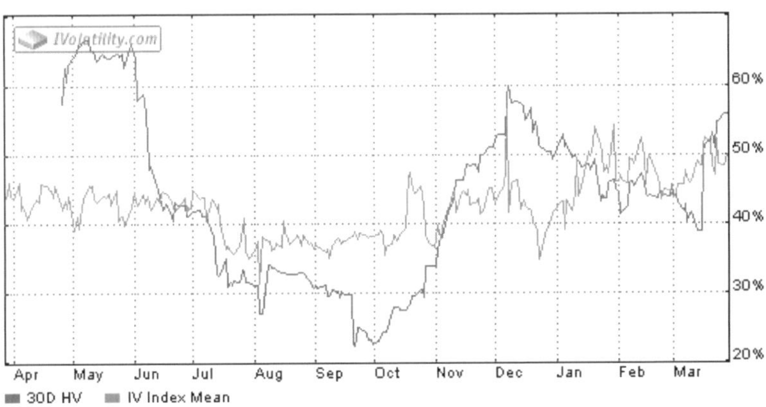

Figura 3.8 Gráfico de volatilidade da ISE

Fonte: Cortesia de www.ivolatility.com

O FATOR *SKEW* [3]

Outra forma de usar a volatilidade em seu favor é operando travas de opções ou *spreads*. Travas de opções são estratégias em que você opera duas opções ao mesmo tempo, uma sendo comprada e a outra sendo vendida. As opções podem ser do mesmo mês de vencimento ou de diferentes meses de vencimento, mas o trade consiste em um preço total para as duas opções. Em vez de comprar uma opção a um preço e vender outra a outro preço, as duas operações são realizadas simultaneamente, como um trade único com um preço total do *spread*.[4]

Há uma característica da volatilidade chamada de "*distorções (skew) de volatilidade*". Cada opção de uma ação ou contrato futuro tem sua própria volatilidade implícita, sendo do mesmo mês de vencimento ou de meses diferentes. O padrão da volatilidade implícita de cada opção em relação às outras da mesma série perfaz a curva de volatilidade (skew). Dê uma olhada na planilha de séries de opções na Figura 3.9. (No site **bastter.com** há planilhas como essa distribuídas gratuitamente.)

No lado direito da cadeia de opções estão as opções de venda (puts) das ações da Google (GOOG) com vencimento em maio de 2006. Olhe as colunas classificadas como "Imp Vol (B)" e "Imp Vol (A)". Conforme mencionado, os números nessas colunas são as volatilidades implícitas baseadas no melhor pagão e vendedor de cada opção (colunas Bid e Ask). Por exemplo, a opção de venda (put) GOOG $390 tem um mercado pagão/vendedor de $21,50/$21,90 e uma volatilidade implícita correspondente às ordens de compra e de venda de 41,32%/42%. Se você olhar para o resto dos números nas colunas Imp Vol verá que eles se tornam maiores conforme você se move para baixo nos strikes. Isso é o que normalmente se chama de "skew reverso". Se algum de vocês já têm experiência com opções, sabe que quando o mercado

---

[3] *Nota do Tradutor*: Não há uma boa tradução para esse termo no mercado. *Volatility Skew* poderia ser traduzido como vantagens de volatilidade ou distorções de volatilidade, situações que, quando reconhecidas pelo operador, podem lhe dar vantagem em termos de operação com opções.

[4] *Nota do Tradutor*: Apesar de o sistema Megabolsa da Bovespa (Bolsa de Valores de São Paulo) permitir que as travas sejam feitas de uma vez só, até a data de publicação deste livro ainda não há essa possibilidade no Brasil para o pequeno investidor. As travas têm que ser montadas em uma opção de cada vez. De qualquer maneira, se forem opções de boa liquidez e as duas pontas forem feitas na mesma hora, a diferença é pouca, e no final o que conta é o *spread* (a diferença de preço entre as opções).

sai vendendo a volatilidade das opções sobe por causa do fator medo das quedas. As pessoas começam a pagar um preço maior pela proteção contra quedas, o que inflaciona o preço das opções, que por sua vez, eleva os números de volatilidade implícita.[5]

GOOGLE INC. c | Bid: 393.67 Ask: 394.00 | High: 399.00 Low: 379.51 | Last: 394.98 Change: +17.78 | 52WH 52WL

High	Low	Delta	Symbol	Bid	Ask	Last	Change	Prev	Imp Vol(B)	Imp Vol(A)
79.20	79.10	92	MAY06 310.00	2.45	2.65	3.00	-0.10	3.10	47.38	48.33
83.80	70.30	89	MAY06 320.00	3.40	3.60	3.60	-0.80	4.40	46.52	47.30
75.20	61.50	86	MAY06 330.00	4.60	4.80	5.00	-0.80	5.80	45.57	46.21
66.70	50.00	82	MAY06 340.00	6.10	6.40	6.50	-1.40	7.90	44.55	45.36
58.60	43.00	78	MAY06 350.00	8.10	8.40	8.10	-2.30	10.40	43.82	44.53
51.60	35.50	73	MAY06 360.00	10.50	10.80	10.60	-2.90	13.50	42.96	43.59
44.20	29.50	68	MAY06 370.00	13.70	13.90	13.80	-3.90	17.70	42.65	43.04
38.20	23.00	62	MAY06 380.00	17.20	17.60	17.20	-5.00	22.20	41.81	42.53
32.20	18.80	57	MAY06 390.00	21.50	21.90	21.80	-5.90	27.70	41.32	42.00
27.10	14.40	52	MAY06 400.00	26.40	26.70	26.60	-7.40	34.00	40.76	41.27
22.20	11.40	46	MAY06 410.00	31.90	32.30	31.50	-10.00	41.50	40.15	40.83
18.20	8.60	41	MAY06 420.00	38.00	38.60	38.10	-10.20	48.30	39.49	40.55
14.70	6.50	36	MAY06 430.00	44.90	45.50	44.90	-13.50	58.40	39.19	40.33
11.90	4.60	32	MAY06 440.00	52.30	53.00	52.30	-13.10	65.40	38.83	40.27
9.60	3.70	27	MAY06 450.00	60.30	60.90	60.20	-15.60	75.80	38.74	40.12
7.20	2.70	24	MAY06 460.00	68.60	69.30	77.10	-8.20	85.30	38.39	40.23
5.90	2.00	20	MAY06 470.00	77.30	78.00	86.90	-6.80	93.70	38.18	40.30
4.50	1.60	17	MAY06 480.00	86.30	87.10	105.60	-0.20	105.80	38.01	40.85
3.20	1.40	14	MAY06 490.00	95.50	96.40	98.70	0.00	98.70	37.70	41.49

Figura 3.9 Série de opções de GOOG — vencimento em maio de 2006
Fonte: eSignal.com

Tudo bem e tranquilo. Mas como o skew nos ajuda com nossas posições? Ele ajuda quando você está operando travas. Pelo menos 90% de minhas operações com opções são na forma de travas. Há duas razões principais para isso: primeiro, eu sempre gosto de hedgear (proteger) meu trade inicial com uma opção em direção oposta. Isso manterá meu custo inicial baixo e fará com que eu possa participar de mais trades. Segundo, montar travas permite contrabalançar uma compra de opções com a venda de uma opção com volatilidade implícita mais alta. Essas travas podem ser de alta, de queda ou de volatilidade (*Ratio Spreads*), todas serão explicadas mais para frente. Comprar uma opção a um nível de volatilidade mais baixo e vender outra opção que tenha um nível

[5] *Nota do Tradutor*: Essa situação aparentemente inusitada acontece devido à maior percepção de risco e à maior volatilidade, o que faz com que os lançadores, e também os financiadores, exijam prêmios maiores, inflacionando as opções.

de volatilidade mais alto é o que se chama de pegar a "*vantagem* de volatilidade" em seus trades. Ainda que você pague pela trava, o custo total é menor do que seria se apenas comprasse a opção isoladamente.

Digamos que você tenha expectativa de queda para GOOG e ache que até a época do vencimento das opções de maio de 2006 ela poderá cair para em torno de $330 por ação. Você pode simplesmente vender diretamente a ação e ver o que acontece.[6] Mas essa é uma aventura bastante arriscada porque, como vimos com GOOG, as ações podem explodir na sua cara e colocá-lo sob terrível pressão. Por isso, você, que é um investidor astuto, opta pela atração das operações com opções de risco limitado. Mas quais strikes escolher? Olhando a cadeia da série de opções, você pode basear sua decisão na volatilidade implícita das opções.

Quando compro uma trava (trava de alta), tento comprar opções ATM (no dinheiro) e vender opções OTM (fora do dinheiro). Em nosso exemplo na GOOG, em que nossa previsão é a de que as ações possam cair até $330 próximo ao vencimento das opções, poderíamos comprar a put (opção de venda) de strike de $390 e vender a put de strike de $330, pagando $17 por spread (verificar os preços na Figura 3.9). Essa é uma trava interessante baseada nas volatilidades implícitas. Sabemos isso porque temos a informação bem a nossa frente no quadro de opções. Estamos comprando a put de $390 com uma VI de 41,66% (média entre os valores da coluna Imp Vol(B) e Imp Vol(A)), e estamos vendendo a put de $330 com VI de 45,90%. Isso está colocando a *vantagem* de volatilidade em nosso favor. Estamos comprando uma opção com VI mais baixa do que a que estamos vendendo. Chegando ou não a GOOG ao nosso alvo esperado de $330 na época do vencimento das opções, sabemos que montamos uma trava interessante com base nos números de volatilidade.

O que aconteceria se a GOOG não tivesse o skew reverso (VI maior nas opções de strike menor)? Algumas ações apresentam um "skew plano", em

---

[6] *Nota do Tradutor*: No Brasil não se pode *shortar* ou vender ações diretamente. Pode-se até ficar vendido em ações no intraday (durante o pregão), mas não é permitido *dormir* vendido, o que significa levar a venda de uma ação para o pregão seguinte. Entretanto, pode-se vender e carregar a venda de opções. Para possibilitar ficar vendido em ações no Brasil e carregar a venda, utiliza-se o aluguel de ações. Lembramos, conforme já citado, que vendido no mercado significa vender o que não se tem no intuito de comprar mais barato a seguir. Aproveitamos para introduzir os termos *go short* (vender) e *go long* (comprar), que são também muitas vezes utilizados em nosso mercado, especialmente *shortar,* que significa vender, lembrando mais uma vez que vender o que se tem é zerar a compra e não propriamente vender no mercado.

que os valores da VI são similares em todas as opções. Com o objetivo de discutir mais esse aspecto, veremos quanto a trava nos custaria se as puts de strike de \$390 estivessem com VI próxima das puts de strike de \$330 e utilizaremos um nível de VI de 45,90%. Ao introduzirmos esses números em nossa calculadora de opções, na Figura 3.10, verificamos que a put de \$390 agora custa \$23,30 em vez de \$21,70, o que significa que a trava passaria a custar \$18,80 em vez de \$17.

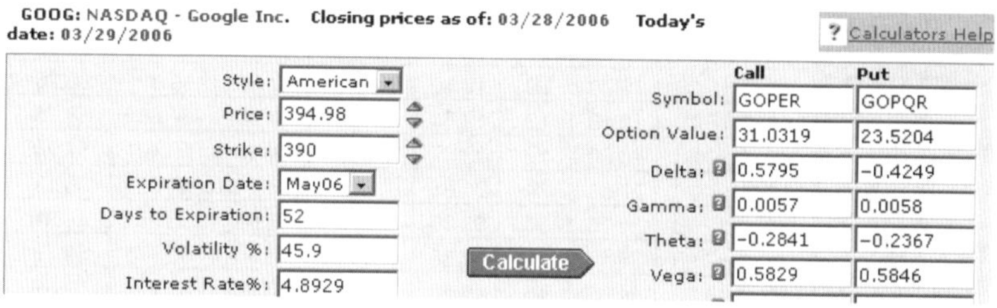

Figura 3.10 Calculadora de opções para a GOOG
Fonte: Cortesia de www.ivolatility.com

Isso quer dizer uma diferença de \$180 (lembre-se de que temos que multiplicar por 100) no custo da trava com o skew plano comparado com o skew reverso.[7] Assim, quando você monta uma trava de opções, é importante verificar o skew de volatilidade para ver se você receberá alguma *vantagem* de volatilidade em sua trava. Essa é a razão pela qual a maioria de meus trades são travas de opções. Posso não estar sempre certo no que diz respeito ao direcional do mercado, por isso é bom ter vendido uma opção para contrabalançar minha opção comprada, especialmente se a opção vendida tiver uma VI mais alta do que a opção comprada da trava.

Apenas por diversão, quando revisei este capítulo, em janeiro de 2009, pensei em colocar mais uma série de opções para a Google para ver como o prêmio da ação e seus níveis de volatilidade se comparam com a primeira série de opções. A nova série de opções da Google foi de data de expiração para março de 2009, enquanto a original foi para opções de maio de 2006. Os dois

[7] *Nota do Tradutor*: Esses nomes vêm dos gráficos de volatilidade implícita, chamados de *smile* ou sorriso de volatilidade, devido ao padrão mais comum com maior VI nas opções ITM e OTM levando a uma elevação da curva nas extremidades do gráfico, o que faz com que a curva se assemelhe a um sorriso. No skew reverso, a curva se eleva nas OTMs, e no skew plano, pelo fato de todas as opções terem mais ou menos a mesma VI, a curva se mantém plana.

gráficos foram printados em torno de dois meses antes da data de expiração (veja a figura 3.11).

Last: 299.67	Prev: 298.99	High: 308.25	Date: Jan16
Change: + 0.68	TSize: 100	Low: 295.70	Time: 20:00

Symbol	BSize	Bid	Ask	ASize	Last	Change	Prev	mp Vol(B)	mp Vol(A)
MAR09 210.00	33	3.80	4.00	46	3.90	-0.60	4.50	69.96	70.99
MAR09 220.00	33	4.90	5.20	134	5.70	-1.40	7.10	67.94	69.23
MAR09 230.00	33	6.30	6.60	124	6.40	-1.06	7.46	66.16	67.27
MAR09 240.00	33	8.00	8.30	131	8.30	-0.90	9.20	64.41	65.38
MAR09 250.00	44	10.00	10.30	34	10.20	-0.50	10.70	62.58	63.44
MAR09 260.00	61	12.40	12.80	48	13.47	-1.23	14.70	60.85	61.87
MAR09 270.00	57	15.30	15.70	39	15.50	-1.55	17.05	59.32	60.26
MAR09 280.00	56	18.70	19.10	13	19.04	-1.96	21.00	57.88	58.75
MAR09 290.00	46	22.60	23.00	13	23.07	-1.33	24.40	56.42	57.26
MAR09 300.00	10	27.20	27.60	34	26.95	-1.55	28.50	55.32	56.13
MAR09 310.00	34	32.20	32.70	34	32.30	-0.74	33.04	53.90	54.91
MAR09 320.00	34	37.90	38.40	23	39.60	+ 1.30	38.30	52.77	53.79
MAR09 330.00	10	44.20	44.60	13	46.50	+ 0.20	46.30	51.74	52.59
MAR09 340.00	54	50.90	51.50	24	49.60	-2.60	52.20	50.42	51.77
MAR09 350.00	54	58.20	58.90	34	58.50	-2.80	61.30	49.28	51.00
MAR09 360.00	54	66.10	66.70	13	63.60	0.00	63.60	48.50	50.14
MAR09 360.00	10	0.70	0.95	10	0.00	0.00	0.00	0.00	0.00
MAR09 370.00	33	74.40	75.10	24	77.70	+ 3.80	73.90	47.72	49.89
MAR09 370.00	10	0.70	0.95	10	0.00	0.00	0.00	0.00	0.00
MAR09 380.00	54	83.00	83.90	13	83.00	-3.50	86.50	46.76	49.97
MAR09 380.00	10	0.75	1.00	10	0.00	0.00	0.00	0.00	0.00
MAR09 390.00	23	92.10	92.90	23	96.50	-0.50	97.00	46.63	49.95

Figura 3.11 Série de opções da GOOG, expiração em março de 2009

Fonte: esignal.com

Na original, a GOOG estava sendo negociada em torno de $395 por ação e agora está em $299 por ação. Novamente, incluí opções de venda com margem de $180 entre os preços de strike, com o strike mais baixo estando em torno de $90 OTM — podemos comparar os preços de strike, desta forma eles têm a mesma distância do preço atual da ação que existia naquele momento.

O que podemos decifrar sobre as diferenças, tirando o óbvio de a GOOG estar mais ou menos $100 mais barata agora, é que os níveis de volatilidade implícita estão mais altos agora do que estavam em 2006. Isso afetou o custo real em dólares da opção? Vamos dar uma olhada.

Se você olhar para os strikes mais baixos nas Figuras 3.9 e 3.11 ($310 versus $210) nas séries de opções escolhidas e nas colunas correspondentes de Volatilidade Implícita (B) e Volatilidade Implícita (A), verá que as opções de março de 2009 são em torno de 18% mais altas que as opções de maio de 2006. Isto fez com que os preços reais de pagão e vendedor para a opção de venda de março de 2009 fosse $210, $1.35 mais alta do que os preços reais de pagão e vendedor para as opções de venda de março de 2006, $310. Como as duas opções são aproximadamente $90 OTM e possuem a mesma quantidade de tempo antes da expiração, esta é uma maneira justa de comparar como a volatilidade as afeta.

Vamos ver as opções ATM para as duas. As opções de venda de março de 2009 a $300 têm níveis de volatilidade implícita (VI) em torno de 14% a 15% mais altos do que as opções de venda de maio de 2006, a $395 (uma média de $390 e $400 de opções de venda). Essa diferença na volatilidade tornou as opções de venda de março de 2009 ($300) mais caras que as opções de venda de maio de 2006 ($395) (faça a média de $390 e $400 de opções de venda). Então, mais uma vez, vemos que a diferença nos níveis de volatilidade têm um efeito direto nos preços das opções.

Se o conceito de skew parece confuso para você, dê uma olhada no próximo gráfico. Algumas vezes é mais fácil entender a representação gráfica, como na Figura 3.12.

A Figura 3.12 é um gráfico que mostra a curva de VI (skew de volatilidade) de um ativo qualquer. Os preços de exercício estão embaixo e os níveis de volatilidade das opções estão ao lado. Este é um típico sorriso de volatilidade (*volatility smile*), que incorpora tanto um skew reverso (que já citamos) quanto um skew frontal, que se desenvolve quando as opções de strike mais altas têm volatilidade implícita maior. Esse ativo em particular está sendo negociado em torno de $28,50 e suas opções ATM (no dinheiro) são as mais baratas em termos de VI. Conforme você se move para cima ou para baixo dentre os preços de exercício, a VI se torna maior em ambas as direções. Os pequenos quadrados correspondem à VI de cada strike. A linha sólida conecta os pontos para lhe mostrar o padrão.

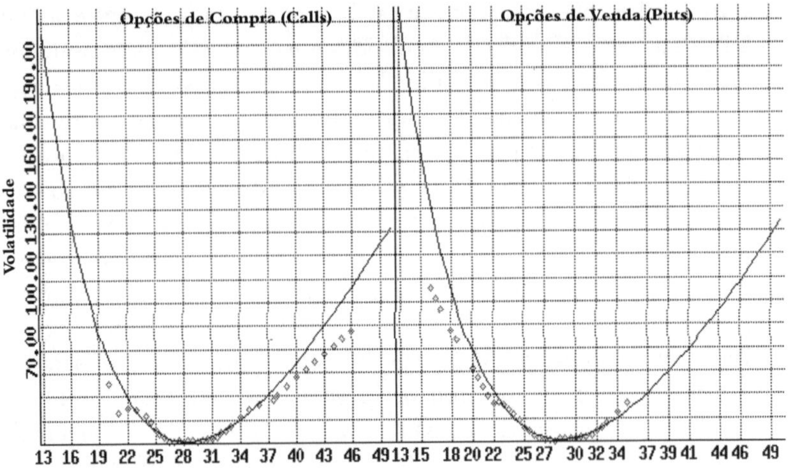

Figura 3.12 Gráfico de curva de volatilidade smile
Fonte: Gráfico fornecido pela Optionetics, Inc.

A Figura 3.13 é um gráfico de um padrão de skew frontal. Esse padrão é típico para o mercado de soja, especialmente durante os meses de crescimento no verão. Os contratos de soja operam com níveis de VI que se tornam maiores conforme você anda para cima nos preços de exercício. Isso acontece principalmente devido ao fator clima. Como há chances de que um verão seco possa produzir considerável aridez e fornecimento reduzido de soja, os investidores preferem comprar proteção contra a alta de preços, o que causa mais interesse nos strikes mais altos. Os preços de soja podem subir tanto quanto as condições permitirem, então, os market makers de opções se protegem elevando a VI nos strikes mais altos, o que lhes permite coletar mais dinheiro dessas opções.

A Figura 3.14 demonstra o típico skew reverso, que é comum nos índices de ações. Todos sabemos quando o mercado de ações entra em fase de queda geral: as puts de strikes menores passam a atrair bastante atenção e volume e, junto, vêm as VIs mais altas. A curva na Figura 3.14 demonstra isso claramente.

É imperativo que você verifique o padrão da curva de volatilidade antes de iniciar qualquer tipo de trava com opções para ver que tipo de *vantagem* de volatilidade potencial você pode ser capaz de capturar. Isso não significa que você não possa montar uma operação com o skew desfavorável. Apenas saiba que começará com uma desvantagem na volatilidade se fizer isso. Ainda que esse conceito pareça confuso, é um bom tema a ser aprendido. A volatilidade implícita está viva e funcionando nos mercados de opções, e é o ponto de partida de minhas próprias decisões no que concerne a operações com opções.

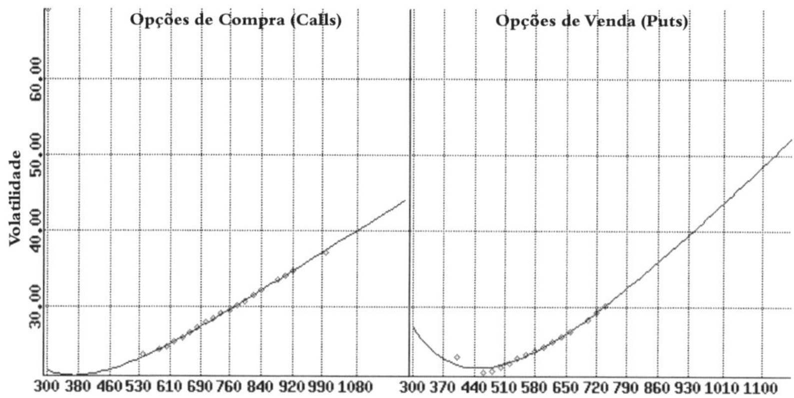

Figura 3.13 Padrão de skew frontal

Fonte: Gráfico fornecido pela Optionetics, Inc.

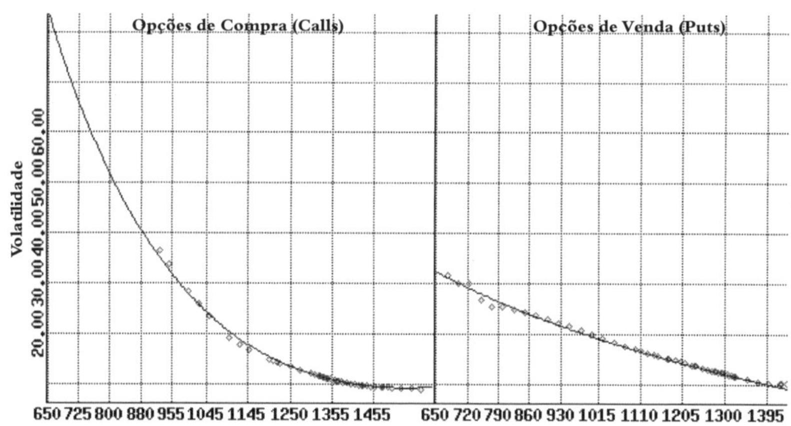

Figura 3.14 Padrão de skew reverso

Fonte: Gráfico fornecido pela Optionetics, Inc.

FRACASSO NO RENDIMENTO?

Um último conceito sobre a volatilidade que muitos de vocês podem ter encontrado. Você já comprou opções de call ou put logo antes de uma ação ter seus ganhos anunciados? Estou certo que muitos de vocês pensaram que comprar opções como forma de alavancagem e especulação seria uma boa estratégia, porque a incerteza de ganhos pode causar um grande movimento no preço de uma ação.

O que acabou acontecendo com as suas opções? Aposto que, na maioria dos casos, as opções perderam seu valor (ou não subiram em valor) mesmo que a ação tenha se movido na direção que você previu.

O que aconteceu neste caso? É tudo devido ao movimento da volatilidade. Os market makers de opções são muito espertos e sorrateiros. Nos dias que precedem os anúncios de ganhos, os market makers estão cientes de que especuladores vão entrar no mercado de opções e começar a comprá-las. Então, eles irão começar a empurrar para cima a volatilidade implícita das opções, o que faz com que as opções custem mais a cada dia, até que são finalmente precificadas muito altas no dia do anúncio.

Uma vez que o anúncio foi feito, você vai experienciar o que chamamos de implosão de volatilidade, que é quando a volatilidade das opções é quase imediatamente reprecificada para os níveis mais baixos dos dias anteriores ao anúncio. Esta grande redução na volatilidade leva para baixo o preço de todas as opções, tornando quase impossível fazer lucro com as opções superfaturadas que você acabou de comprar no dia anterior.

Os market makers não são bobos. Eles vão reprecificar as opções baseados nos níveis de incerteza do anúncio de ganhos. Eles precisam se proteger e o único jeito de fazer isso é continuar empurrando pra cima o preço das opções.

Então, pode ser que você tenha comprado opções de venda em antecipação à ação se movimentar para cima após o anúncio. E, mesmo que a ação se movimente para cima, as opções que você comprou foram tão superfaturadas de início que você não terá chance de lucrar. Você provavelmente até viu a opção se movimentar para baixo em preço, mesmo que a ação tenha se movimentado para cima. Esta é a implosão de volatilidade de forma mais significativa e outra razão pela qual você precisa entendê-la.

RESUMO

Resumiremos aqui o que discutimos sobre volatilidade e sua aplicação nas operações com opções. A volatilidade é um conceito que descreve a propensão ao movimento de preços de uma ação ou commodity, em bases históricas ou em expectativas futuras. Esse movimento é quantificado em um número percentual que é adicionado à fórmula de precificação das opções como um dos geradores determinantes dos preços das opções.

Vimos que diminuir ou aumentar a volatilidade produz efeito direto no preço de uma opção. Também vimos que duas ações diferentes que estão sendo negociadas pelo mesmo preço podem ter opções com preços bem diferentes devido à volatilidade. Por último, aprendemos sobre as curvas de volatilidade (skew). Esse é um fenômeno em que cada opção individual dentro de uma série de opções terá sua própria volatilidade, que pode ser igual ou diferente das outras opções. As curvas de volatilidade podem ter formato reverso, plano, de sorriso (smile) ou frontal, e podem ser usadas em seu favor quando montar travas de opções.

Espero que este capítulo tenha esclarecido alguns assuntos para você. Eu realmente acredito que entender e aplicar os conceitos de volatilidade as suas operações com opções lhe trará grandes benefícios e lucros no futuro.

CAPÍTULO 4

AÇÕES *VERSUS* OPÇÕES

Antes de embarcar nas estratégias que me ajudaram ao longo dos anos, tenho que explicar o fato de as opções serem diferentes das ações. Só porque você pensa que uma ação subirá, isso não quer dizer que pode comprar qualquer opção de compra velha (próxima do vencimento) no grupo. As opções são sensíveis não só à direção, mas também ao tempo que falta para seu vencimento e o quanto a ação é volátil. O trade de ações é unidimensional. O único fator é o preço, e sua direção é somente para cima ou para baixo. As opções são tridimensionais e temos que levar em consideração os três fatores que acabei de mencionar — preço, tempo e volatilidade.

Quando você compra uma ação, há um ponto baseado no custo. Esse ponto é o que você pagou pela ação mais a comissão. Você espera, no decorrer dos anos, ver até onde a ação pode ir acima (esperançosamente) de seu custo ou preço de corte (breakeven). Você pode se dar ao luxo de esperar o tempo passar. Pode esperar anos, se quiser, ou até deixar a ação para seus herdeiros, caso prefira. Opções de ações e opções de commodities não são assim. Elas têm um tempo finito de existência. Se a ação ou commodity não vai acima de seu breakeven até o dia do vencimento da opção, você perde dinheiro. Então, o objetivo para vencer no mercado de opções é escolher o melhor preço de exercício que maximize sua probabilidade de lucros. Isso é o que mostrarei como fazer.

Antes de entrar no aprendizado de como maximizar nossas chances de vencer, quero reiterar o que afirmei em um dos capítulos anteriores sobre a relação entre o preço de exercício da opção e o preço atual da ação ou commodity. Isso forma a base para conseguir a mais alta probabilidade de lucro com nossas estratégias com opções. Os próximos parágrafos resumem as definições das opções fora do dinheiro (OTM), no dinheiro (ATM) e dentro do dinheiro (ITM).

Para as opções de compra (calls), qualquer opção cujo preço de exercício (strike) é mais alto do que o preço atual da ação ou commodity é considerada fora do dinheiro (OTM). Por exemplo, se a INTC está cotada a $20, então todas as opções com strikes acima de $20 são OTM. Qualquer strike próximo ao preço atual da ação ou commodity é considerado no dinheiro (ATM). Por último, qualquer strike com preço de exercício abaixo do preço atual do ativo subjacente é considerado opção de compra dentro do dinheiro (ITM). Se a INTC está a $20, todos os strikes abaixo desse preço seriam ITM.

Para as opções de venda (puts) é o contrário. Qualquer opção cujo preço de exercício é menor do que o preço atual da ação ou commodity é considerada OTM. Por exemplo, se a INTC está cotada a $21, então todos os strikes abaixo de $21 são OTM. Qualquer strike próximo ao preço atual da ação é considerado ATM. As opções de venda de INTC com preços de exercício de $20 seriam consideradas ATM. Por último, qualquer put com strike (preço de exercício) acima do preço atual do ativo subjacente é considerado uma opção de venda ITM. Se a INTC está cotada a $20, todos os strikes acima desse valor seriam ITM. É importante conhecer esses termos porque cada um age de forma diferente pelo nível da opção quanto a ser dentro, no ou fora do dinheiro.

A ideia e a vantagem de se comprar calls (opções de compra) em vez de pagar pela ação é a quantidade de alavancagem que você pode conseguir. Com opções, você só precisa pagar uma fração do que a ação custa e, mesmo assim, controlar o mesmo número de ações. Já que um contrato de opções é equivalente a 100 ações, você pode, teoricamente, controlar centenas ou milhares de ações gastando, para isso, apenas algumas centenas de reais. Mas, ainda que agora você esteja armado com essa grande alavancagem, ainda precisa saber quais preços de exercício serão mais beneficiados pela alavancagem.

Digamos que você esteja interessado em comprar ações da Microsoft (MSFT). O preço atual é de $27,50 por ação. Você pode comprar qualquer quantidade de ações que desejar, mas para comparar como as opções podem beneficiá-lo, vamos nos concentrar em incrementos de 100 ações. Agora, você pode ir ao mercado e comprar 100 ações para sua conta e pagar $2.750

diretamente ou, se a corretora lhe oferece 50% de margem para compras, pagar $1.375. Com o preço atual e seu custo baseado nos $27,50, o máximo que você pode perder em seu investimento é $2.750 ($27,50 X 100) e seu ganho potencial seria ilimitado no lado da alta.

Se você quer testar opções de compra, deve decidir qual preço de exercício e qual mês de vencimento escolher. Muitas ações têm meses de vencimento que variam entre dias, semanas, meses e anos até as opções vencerem.[1] Você só precisa saber por quanto tempo está disposto a manter seu investimento. Se você pretende manter posse da ação por um longo tempo, então deve ajustar seus investimentos em opções para um período de tempo maior. As opções LEAPS (Long-Term Equity Anticipation Securities, em português, Títulos de Antecipação de Renda de Longo Prazo) são opções com longas datas de expiração que podem levar até três anos no futuro para expirar. Você gostaria de se concentrar na compra de calls de LEAPS se o seu horizonte de investimento é longo. Mais para frente, no Capítulo 6, quando eu falar sobre a estratégia DITM **(muito dentro do dinheiro)**, também mostrarei como incorporar opções de compra de LEAPS.

Por ora, quero mostrar alguns cenários em que você pode comprar opções de diferentes preços de exercício para sua posição em MSFT. Vamos comparar opções ITM e OTM neste exemplo. Você verá como as opções de curto prazo OTM merecem mesmo o estigma de "especulação". Sem esquecer nosso amigo, o delta, mostrarei como ele pode se tornar seu maior aliado em termos de escolher o trade com a maior chance de lucros.

O QUE FAZEMOS?

A MSFT está cotada a $27,50. O que faremos? A primeira coisa é verificar o preço das opções. Se você é igual a muitos investidores, provavelmente começará olhando a série com vencimento mais próximo, porque tem as opções mais baratas, baseadas em valores absolutos (reais). Veja a cadeia de opções na Figura 4.1.

Enquanto este capítulo estava sendo escrito, as opções de maio de 2006 eram as mais próximas do vencimento. Por alguma razão, quando as pessoas

[1] *Nota do Tradutor*: No Brasil, até a data do lançamento deste livro, apesar do grande volume e da liquidez de nosso mercado de opções, normalmente a liquidez e os negócios se restringem a duas ou três ações e apenas nos vencimentos dos três meses seguintes.

vão para o mercado de opções, perdem todo o senso de prudência e querem acertar na loteria do curto prazo.

Já que estamos discutindo a terminologia das opções, quero revisitar dois dos mais importantes conceitos Gregos que terão participação fundamental na lucratividade de qualquer estratégia com opções que você escolher. Esses Gregos, da forma como se aplicam a operações com opções, são cinco dos subprodutos do modelo de precificação de opções. Eles são delta, gama, vega, theta e rho. Cada um é indicador de sua exposição ao risco antes, durante e depois de montar uma posição com opções. Os dois que considero mais importantes para os traders de todo dia, os que iremos nos concentrar exclusivamente, são delta e theta. Quero focalizar primeiro o delta, já que este tem papel fundamental nas estratégias que discutirei, e depois falarei do theta, em um capítulo a seguir.

Calls								
Símbolo	Último	Variação	Pagão	Vendedor	Vol. Imp.	Delta	Strike	Sím
May 06 Calls						MSFT @ 27.22		
MQFEU	20.00	0	19.70	19.80		1.00	7.50	MQI
MQFEB	17.70	0	17.20	17.30		1.00	10.00	MQI
MQFEV	15.20	0	14.70	14.80		1.00	12.50	MQI
MQFEC	12.70	0	12.20	12.30		1.00	15.00	MQI
MQFEW	10.00	0	9.70	9.80		1.00	17.50	MQF
MQFED	7.50	0	7.20	7.40		1.00	20.00	MQI
MSQEX	4.40	-0.10	4.70	4.90		1.00	22.50	MS(
MSQEJ	2.40	+0.35	2.30	2.40	18.5	.95	25.00	MS'
MSQEY	0.40	+0.10	0.40	0.45	15.9	.46	27.50	MS(
MSQEK	0.05	0	0	0.05	18.3	.04	30.00	MS(
MSQEZ	0.05	0	0	0.05	30.4	.03	32.50	MS(

Figura 4.1 Cadeia de opções da MSFT, vencimento em maio de 2006
Fonte: optionsXpress

O FATOR DELTA

Há algumas definições para o delta, mas a mais usada é a que descreve a relação entre os movimentos de preço da opção e os movimentos de preço da ação ou commodity. Todos sabemos que, quando compramos calls ou puts da Microsoft (MSFT), se o preço da MSFT varia, o preço da opção deve se movimentar também. Mas você sabe ***o quanto*** o preço da opção irá variar? Penso que muitos traders acreditam, de forma equivocada, que o preço da opção se movimentará tanto quanto o da ação. Não é bem assim. Muitas vezes o preço da opção simplesmente não varia e, algumas vezes, até se movimenta na direção oposta, ainda que a ação ou commodity tenha se movimentado na direção em que você esperava.

O delta é a melhor arma para nos alertar em quanto o preço da opção deve teoricamente variar em relação ao movimento de preços da ação ou commodity. A razão por que você compra uma ação, em primeiro lugar, é tirar algum movimento dela, de preferência na direção correta. Você não quer o mesmo movimento para sua opção? Aqui vai uma pequena dica e uma prévia de um dos capítulos seguintes: **compre opções que tenham delta 90% ou mais.** Esse é um segredo que poucas pessoas sabem e que provavelmente você nunca ouvirá dos traders de opções.

Quando olhar para a cadeia de opções na Figura 4.1, concentre-se na coluna "Delta", pois ela dará uma ideia do quanto a opção irá responder e acompanhar os movimentos da ação. Verifique sempre o delta antes de comprar uma opção. O objetivo principal dos investimentos e dos trades é obter movimento na direção correta do ativo selecionado. Se você pode comprar o ativo mais barato com menos risco, deve fazer isso. Esse é o ponto em que as opções entram no jogo. Comprar opções exige um custo menor e um risco de perda menor, mas você também precisa ter certeza de que ganhará movimento de sua opção. Ao escolher uma opção com delta alto, esse movimento está assegurado.

Vejamos alguns cenários e o que acontece quando escolhemos opções com diversos níveis de delta. Comecemos com uma opção OTM bem barata, que é para onde a maioria das pessoas é atraída. Utilizando nossa cadeia de opções na Figura 4.1, compraremos uma call de strike $30 pelo menor valor que uma opção pode ser negociada — um níquel $0,05;[2] $5 é tudo que a op-

---

[2] *Nota do Tradutor*: No Brasil, o menor valor a que uma opção pode ser negociada é $0,01. Como o lote mínimo é de 100 opções, 100 × 0,01 = $1. Para o chamado *kilo* ou 1.000 opções, apenas $10.

ção nos custará. Lembre-se: você deve multiplicar o preço da opção por $100 para chegar a seu custo real ($0,05 × $100 = $5). Assim, um contrato de opção de compra de preço de exercício de $30 nos custará $5. Adquirimos controle sobre 100 ações MSFT até maio de 2006 por $5, enquanto todos os outros têm que desembolsar $2.722 para serem donos das 100 ações.

O único problema é que não começaremos a fazer dinheiro até que a MSFT chegue acima de nosso preço de corte de $30,05 (preço de exercício de $30 + $0,05 do preço da opção = $30,05 - breakeven) se carregarmos até o dia do vencimento. A MSFT tem que viajar quase $3 acima do preço atual nos próximos 31 dias (quando este texto estava sendo escrito) antes que possamos ver qualquer resultado significativo. Veja o delta da call de $30 na cadeia de opções. É um delta de 4%. Isso é baixo e está nos dizendo que se a MSFT se movesse $1 para cima, indo para $28,22, a opção variaria apenas 4% disso ou, aproximadamente, $0,04. Passaria a valer mais ou menos $0,10 e faríamos $5 em nossa posição na opção, enquanto os compradores da ação estariam fazendo $100 em suas 100 ações. Você não acredita em mim? Olhe as duas calculadoras de opções nas Figuras 4.2 e 4.3.

Aqui precificamos a opção de compra (call) com 31 dias para o vencimento com a MSFT sendo negociada a $27,22. A calculadora deu para essa opção um preço de $0,02, mas como o melhor vendedor é $0,05, então isso é o que pagaremos por ela. Também deu para a opção um delta de 0,0377, que é quase 4%, como vimos na cadeia da optionsXpress (Figura 4.1). Agora elevaremos a MSFT em $1 para $28,22 (Figura 4.3).

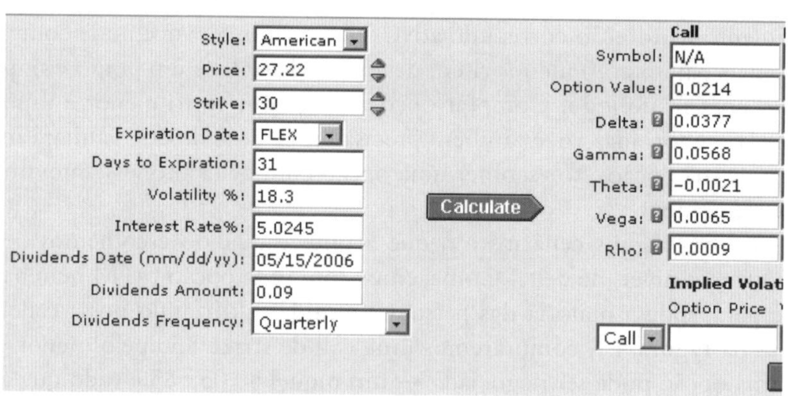

Figura 4.2 Calculadora de opções de compra. MSFT de $30

Fonte: www.ivolatility.com

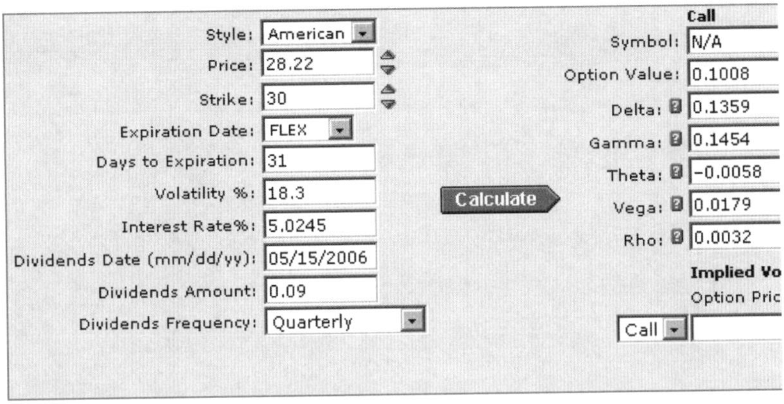

Figura 4.3 Opção de compra. MSFT de $30

Fonte: www.ivolatility.com

O que você sabe? Com a MSFT subindo $1 para $28,22, nossa pequena e miserável opção de $30 está valendo agora apenas $0,10, da forma como eu disse. Vê o valor da opção em $0,10? (Option Value.) Enquanto todos os donos das ações fizeram $100 em seu investimento, nós fizemos $5 em nossa opção. Não era bem o que você esperava, certo? Sei que eu ficaria um pouco desapontado se visse a MSFT subir $1 por ação e minha opção não ganhasse nenhum valor significativo.

Aqui está novamente nossa fiel calculadora de probabilidades (Figura 4.4). Ela mostrará nossas chances de a MSFT chegar acima de nosso preço de corte de $30,05 na época do vencimento da opção.

A caixa à direita, embaixo, é para onde precisamos olhar. Ela nos diz que temos uma chance de 3,8% de chegar acima de nosso preço de corte (breakeven) no vencimento da opção — não muita chance (muito baixa para o meu gosto).

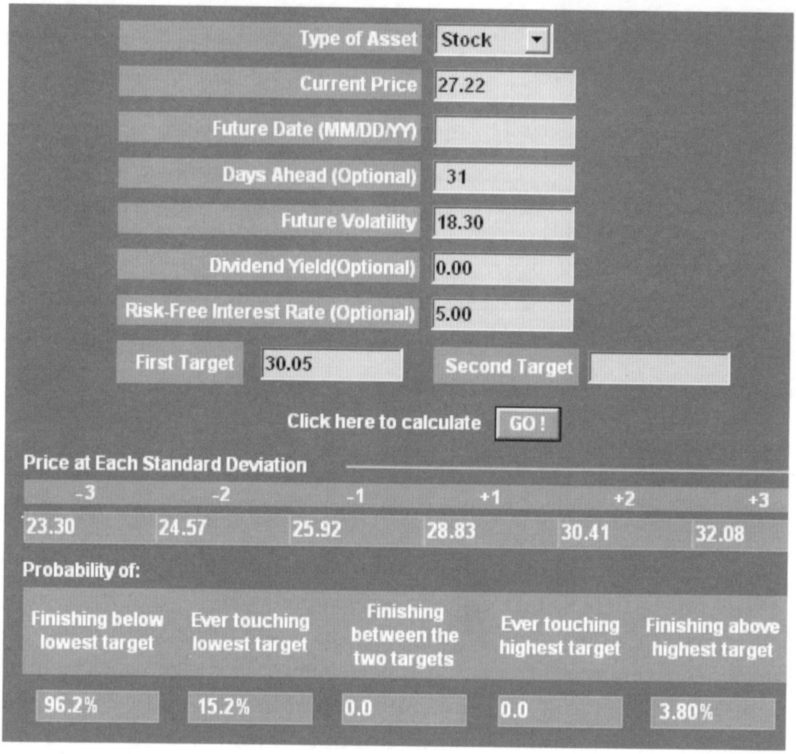

Figura 4.4 Calculadora de probabilidades

Fonte: © Copyright Optionvue Systems International, Inc.

Como podemos remediar a situação? Bem, para começar, aceitem meu conselho e comprem opções ITM com delta mais alto. Veja como. Que tal comprarmos a call de $25 (preço de exercício) por $2,35 (média pagão/vendedor), que tem um delta de 95%. Nosso novo preço de corte (breakeven) seria $27,35, que é apenas um pouco acima de onde MSFT está sendo negociada no momento. Isso é bem melhor. Vamos ver o que a opção vale agora e o que valeria se a MSFT subisse $1 novamente para $28,22. O delta de 95% nos diz que o preço da opção deveria mover em torno de 95% da variação da ação ou, aproximadamente, $0,95 (Figura 4.5).

A calculadora concorda com a cadeia de opções em que a opção de preço de exercício de $25 vale $2,35 com a MSFT a $27,22 e com 31 dias para o vencimento da opção. Agora vamos empurrar a MSFT para cima, até $28,22 (Figura 4.6).

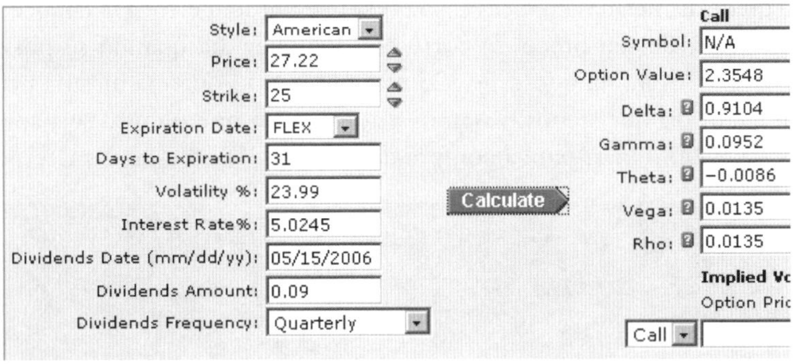

Figura 4.5 Call de $25 da MSFT
Fonte: Cortesia da www.ivolatility.com

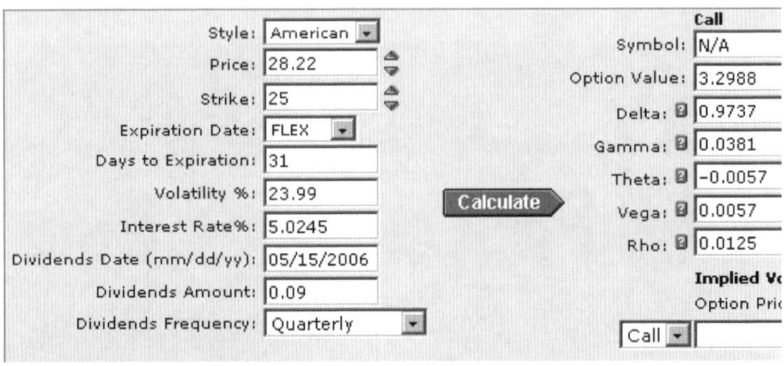

Figura 4.6 Call de $25 da MSFT
Fonte: Cortesia da www.ivolatility.com

Pronto. A call de $25 vale agora aproximadamente $3,30, que é exatamente $0,95 mais alto do que nosso ponto inicial de $2,35. Delta funciona realmente. Ganhamos quase o movimento total da ação, ainda que tenhamos gastado $235 pela opção, enquanto todos os compradores da ação tiveram que gastar $2.722 — um grande negócio para nós. É um retorno de 40% na opção versus um retorno de 3,7% na ação. O que a calculadora de probabilidades está informando? (Veja a Figura 4.7).

Ela está nos dando uma chance de 49,6% de estar acima do breakeven no vencimento — muito maior do que para a call de $30. Se você parar para pensar, são quase as mesmas chances caso possuísse a ação, certo? Há chance de 50% de estar acima de seu preço de corte em qualquer dia quando se possui uma ação. Nossa compra da opção de $25 está nos dando quase a mesma probabilidade de lucro do que se possuíssemos a ação, ainda que o custo seja aproximadamente $2.500 menor para a compra da opção. Gosto dessas características.

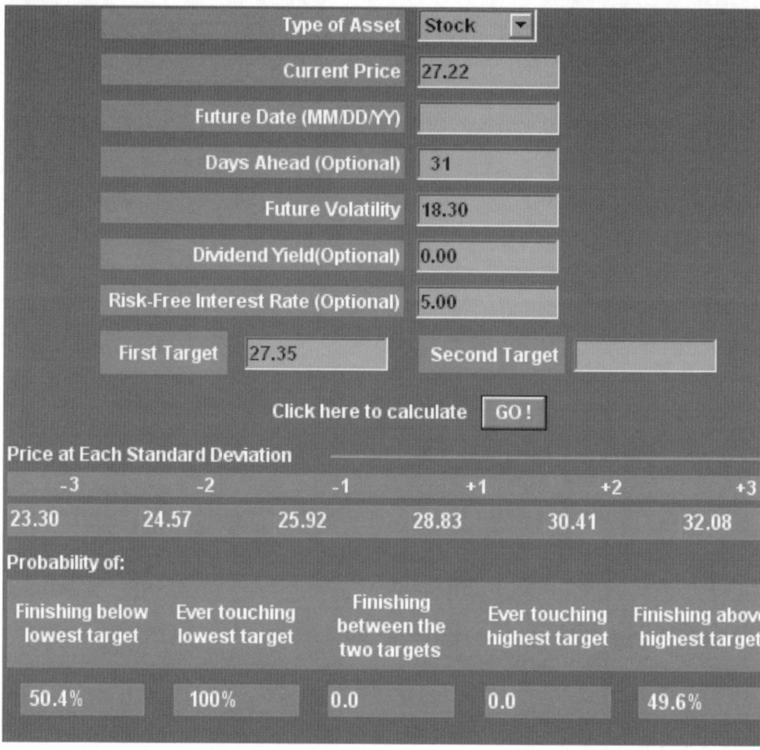

Figura 4.7 Calculadora de probabilidades

Fonte: © Copyright Optionvue Systems International, Inc.

RESUMO

O objetivo deste capítulo é levá-lo a entender que ações e opções são investimentos totalmente diferentes. As opções são muito mais complexas do que as ações e são muito dependentes na relação entre o preço de exercício da opção e o preço atual da ação. Você precisa conseguir bom movimento de sua opção para ter lucro, e a melhor forma de fazer isso é concentrar-se em escolher opções com deltas maiores. Não há interesse em gastar dinheiro em opções se elas nunca irão se mover, mesmo que custem pouco dinheiro para serem compradas.

Agora, quero frisar um aspecto em referência às críticas que recebi sobre o título deste livro não fazer justiça aos leitores (lembra que mencionei isso no prefácio?)

Este capítulo mostra o primeiro passo para ficar rico com opções. Veja o dinheiro que você pode economizar comprando calls com delta alto e DITM (muito dentro do dinheiro). No exemplo que acabei de mostrar, você só precisa gastar $235 por opção para a call de $25, em vez de gastar $2,722 para comprar 100 ações.

Com muitas pessoas comprando 1.000 ações em um negócio típico, os números começam a ficar maiores e você pode ver uma diferença real em sua carteira. Se você comprar 1.000 ações da MSFT neste exemplo, custaria $27.220, mas as 10 opções que você precisa para ter uma posição equivalente custariam apenas $2.350 — quase $25.000 a menos!

Veja o quanto você está economizando enquanto ganha todos os mesmos benefícios com a posição de opções. Você pode pegar os $25.000 que economizou, colocar no banco e ganhar juros. Quando chegarmos ao capítulo de compra de opções DITM, vou explicar melhor este fato.

É assim que você fica rico com opções.

CAPÍTULO 5

A VENDA DE OPÇÕES É A CHAVE PARA O SUCESSO

Talvez este seja o capítulo que eu mais tenha gostado de escrever no livro todo, pois é o precursor das estratégias de venda de opções que apresentarei nas páginas seguintes. Deixarei você conhecer um segredo bem guardado de muitos operadores de opções bem-sucedidos. Vender opções[1] corretamente pode lhe dar uma vantagem decisiva no mercado. Não confunda a estratégia de "vender opções" com ter uma posição direcional de queda do mercado (bearish). Não há qualquer relação entre eles. Estamos falando de vender opções e não de comprar opções. Esse é o segredo que aprendi há muitos anos e ensinarei sua forma correta e segura. Essa é, de longe, uma das melhores formas de colocar as probabilidades de lucro a seu lado. Vendo opções em 90% de meus trades em função da alta probabilidade de vencer.

---

[1] *Nota do Tradutor*: Vender no mercado de opções significa vender o que não se tem com o objetivo de comprar mais barato se o mercado não subir. Vender o que se possui não é propriamente venda no mercado de opções, e sim uma "zeração" de uma compra, pois, após a venda do que se tem, fica-se "zerado", ou seja, sem posição no mercado. Fala-se também que quem compra é "comprado" e quem vende é "vendido".

Como veremos nos capítulos subsequentes, uma grande vantagem de vender opções ao invés de comprá-las é que acertar a direção do mercado não é o fator principal para ter lucros. Claro, é útil pegar a direção certa, mas o trade pode ser vencedor mesmo que você esteja errado no que diz respeito à tendência do mercado.

O grande problema da maioria dos compradores de opções é não conseguir acertar a direção do mercado dentro do tempo destinado ao trade da opção, ou errar completamente a tendência desde o início. Vender opções dá uma margem de erro enorme em sua avaliação da tendência do ativo subjacente. Não há como me cansar de enfatizar este fato. Muitos traders de opções contam com seu palpite sobre a tendência do mercado como a única forma de lhes oferecer um trade lucrativo no período de tempo de vida da opção. Conforme demonstrei, essa é uma tarefa extremamente difícil de executar com opções. Estou aqui para dizer que vender opções é o caminho mais fabuloso para superar esse obstáculo. Você não tem como conseguir esse resultado quando compra opções.

Outro inimigo principal do comprador de opções, que trabalha a favor do vendido, é o conceito de "decaimento pelo tempo" ou perda de valor pela passagem do tempo. Para o comprador de opções, seja de ações ou de commodities, o decaimento pelo tempo é um obstáculo que você terá de encarar todos os dias. O decaimento pelo tempo é uma característica das opções que descreve a erosão de seu preço, fazendo com que ela perca um pouco de seu valor dia após dia, sem levar em consideração se a ação ou commodity subjacente se movimenta ou não. Isto é bastante evidente nas opções no dinheiro (ATM) e fora do dinheiro (OTM). Quando você compra uma opção ATM ou OTM, está pagando por algo que não tem nenhum valor real ou intrínseco. Você está comprando algo que é totalmente precificado a partir do valor da volatilidade e da quantidade de tempo que falta para o vencimento. Conforme os dias passam e a opção ainda não é dentro do dinheiro, seu prêmio é reavaliado para um valor menor (considerando que todos os outros fatores se mantenham constantes). Quanto menos tempo para ser lucrativa, menor será o valor da opção. Isso é o decaimento pelo tempo em ação. Se você opera opções há muito tempo, pode ser que já esteja ciente disso, mas muitos traders novatos não entendem o conceito.

Já mencionei o conceito Grego chamado theta. Theta nos dá o valor em termos absolutos (dinheiro) do decaimento pelo tempo diário para cada opção. Quando chegarmos às estratégias de venda de opções, veremos como o decaimento pelo tempo é parte fundamental para o sucesso das opções e também a causa do fracasso de muitos compradores de opções. Uma opção perderá somente pequena parte de seu valor a cada dia; se vale $2,75 hoje, provavelmente, valerá $2,70 amanhã (com todos os outros fatores se mantendo constantes). Não há saída para isso.

Para verificar como o decaimento pelo tempo funciona, veja o exemplo. Suponhamos que a IBM está cotada a $77 por ação e que você está com expectativa de alta (bullish). Assim, opta por comprar uma call de preço de exercício de $85 que vence em aproximadamente quatro meses.[2] O que você está fazendo é pagando um pouco de dinheiro hoje, na forma de prêmio da opção, em troca de uma chance de que a IBM suba acima de $85 antes do vencimento da opção. Como essa opção não tem nenhum valor real até o momento (nenhum valor intrínseco), o prêmio da opção é constituído exclusivamente de volatilidade e tempo. Um preço típico para a call OTM de $85 poderia ser $0,75.

Digamos que sua opção começa cotada a $0,75 e você tem quatro meses até a data do vencimento. A IBM começa a andar meio de lado em uma área de preços entre $75 e $80, com um fundo máximo em $72 e um topo máximo em $82. A opção está valendo alguma coisa? Sim e não. Ela ainda tem um preço, mas ainda é OTM sem nenhum valor real.

Dois meses se passam e a IBM ainda está cotada a $77 por ação. A opção pode estar valendo em torno de $0,25 agora. Você perdeu $0,50 em valor da opção só por causa da passagem do tempo. A IBM não foi a lugar algum, desse modo, sua opção está perdendo valor. Há uma chance menor agora de que a IBM passe os $85 por ação. Mesmo que a IBM suba para $84 por ação no vencimento, sua opção morrerá sem valor porque a IBM não passou os $85. Na verdade, você precisa que a IBM ultrapasse $85,75, pois esse é seu preço de corte ($85 preço de exercício + $0,75 preço da opção = $85,75 breakeven).

Introduziremos esses números em uma calculadora de opções e vejamos como fica nossa avaliação (Figura 5.1).

Na calculadora, os dados são introduzidos do lado esquerdo. Precificamos a opção de compra da IBM de preço de exercício de $85, que tem 114 dias até o vencimento. Os dados do lado direito nos dão um valor inicial de $0,70 para a call de $85, com um theta de -0,01. O theta nos diz que, a partir desse exato momento, a opção de venda perderá aproximadamente $1 por dia (-$0,01 X $100). Se a opção custa $0,70 ($70 em valores reais) hoje, amanhã valerá aproximadamente $0,69 ($69) (veja a Figura 5.2).

[2] *Nota do Tradutor*: Como já disse, dividam os prazos por dois para adaptar os exemplos ao mercado brasileiro de opções de prazos mais curtos. Quatro meses nos Estados Unidos seriam dois meses aqui no Brasil, aproximadamente.

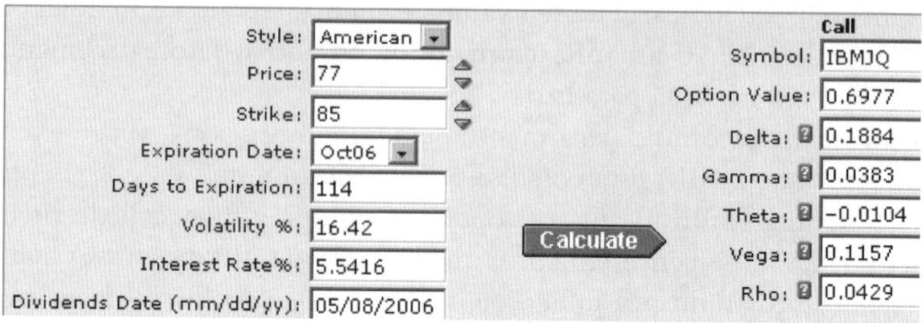

Figura 5.1 Calculadora de opções IBM, 114 dias para o vencimento
Fonte: www.ivolatility.com

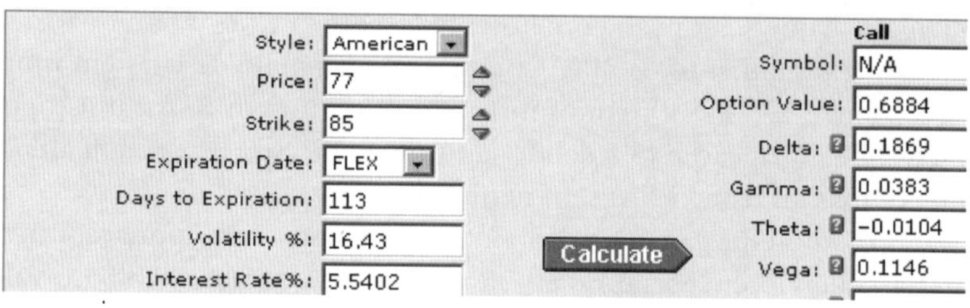

Figura 5.2 Calculadora de opções IBM, 113 dias para o vencimento
Fonte: www.ivolatility.com

Após dois meses, na Figura 5.3, vemos que nossa call de $85 perdeu mais de 75% de seu valor, da forma como previmos (todo o resto se mantendo constante).

Viu como o decaimento pelo tempo funciona? É como uma pedra de gelo derretendo em uma bancada. Se algo não acontecer rapidamente (como colocá-la de volta no congelador, ou a IBM aumentar de preço rapidamente), a pedra de gelo e a opção da IBM derreterão vagarosamente até morrerem sem valor. A opção valerá alguma coisa de verdade apenas se passar do ponto de corte (se carregada até o vencimento). As forças do tempo estão retirando um pouco de seu valor todos os dias.

A Figura 5.4 é um gráfico-padrão — a Curva de Decaimento do Tempo. Ele pode explicar o que acontece com os preços das opções (mais evidentes nas opções OTM) conforme elas se aproximam do vencimento. No gráfico de nove meses, vemos que nos três primeiros meses, de nove para seis meses, o decaimento corrói apenas 10% do preço da opção; depois irá corroer 30% do mês seis ao mês três e depois os últimos três meses levam a maior parte do valor da opção — 60%! No mercado de opções, sabe-se que os últimos 30 dias da vida de uma opção são os mais intensos em termos de decaimento pelo tempo.[3] Você verá uma opção perder o resto de seu valor do tempo durante esse período. Isso ocorre, definitivamente, a despeito de a ação se mover para cima ou não. O tempo marcha e ***sempre*** destruirá o valor do tempo da opção (valor extrínsico). Se você é um comprador de opções, o decaimento pelo tempo trabalha contra a sua posição. Vendedores de opção têm o tempo a seu favor.

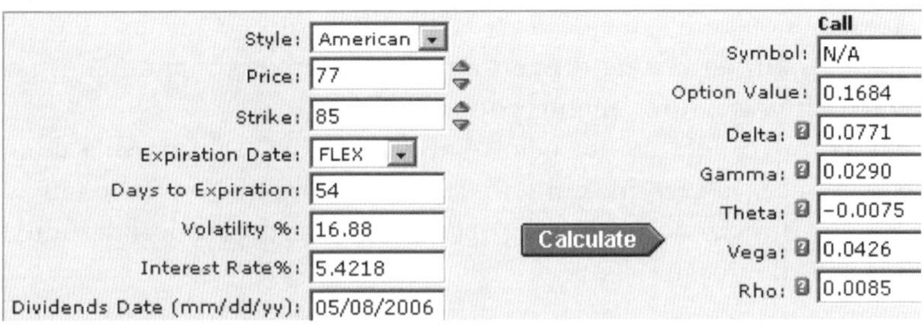

Figura 5.3 Calculadora de opções IBM, 54 dias para o vencimento
Fonte: www.ivolatility.com

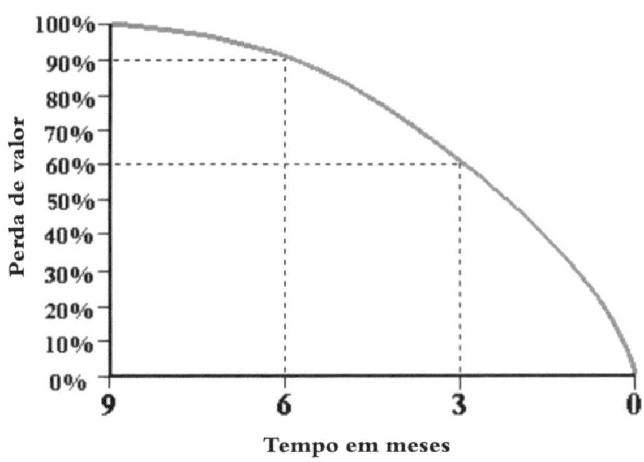

Figura 5.4 Curva de Decaimento do Tempo
Fonte: Cortesia de www.deltainterval.com

[3] *Nota do Tradutor*: Em nosso mercado, as opções têm aproximadamente dois meses de vida após o lançamento; a série mais recente (chamada de atual) tem apenas um mês. O decaimento é mais rápido normalmente devido ao prazo de vida menor das opções. Isso funciona da mesma forma como no gráfico da Figura 5.4, mas com menos tempo: em vez de nove, seis e três meses, em nosso mercado seriam 90, 60 e 30 dias.

COMO COMBATER O DECAIMENTO PELO TEMPO

Há uma forma de não sofrer com o decaimento pelo tempo? Com certeza. Rapidamente, meu conselho é sempre comprar opções dentro do dinheiro (ITM), e dedico o Capítulo 6 a uma estratégia que lida com esse tópico específico. As opções ITM já têm valor intrínseco (real) construído dentro delas e são as com menor quantidade de decaimento pelo tempo diário, portanto, sofrerão a menor perda devido à passagem do tempo. Opções ITM sempre custarão mais em termos de dinheiro, mas você ainda pagará menos por elas do que se comprasse diretamente a ação.

Ainda que o decaimento pelo tempo seja a razão primordial de muitos traders de opções perderem dinheiro, ainda acredito que o público investidor move-se em direção à compra de opções em vez de vendê-las. Aqui estão minhas ideias do porquê disso:

- A venda de opções pode levar ao risco ilimitado. Isso é verdade, mas algumas estratégias de venda de opções não assumem risco ilimitado, especialmente as que ensinarei.
- Grande parte das corretoras não entende realmente o risco verdadeiro das opções e, caso confrontadas com alguém que deseje operar na venda, dizem ao investidor que é muito arriscado.
- A grande mídia geralmente compreende as operações de compra de opções. O apelo de comprar opções com retorno ilimitado e risco limitado é altamente difundido como a única forma de participar do jogo.

Essas razões se aplicam ao público investidor geral de varejo — a pessoa comum. São essas pessoas que estou querendo atingir com este livro. Quero mostrar que para operar opções não é preciso ser totalmente inclinado para o lado da compra.

Exemplo: o que fez você comprar aquela opção de ação OTM em primeiro lugar? Foi porque seu amigo deu uma dica quente? Foi porque você sabia que comprar opções custa apenas alguns centavos? Ou foi porque você estava atrás daquele lucro extraordinário que acontece de tempos em tempos? Não importa a razão, você provavelmente já descobriu que a maioria das opções que comprou acabou chegando ao vencimento sem valor algum. Por que isso aconteceu? Aqui está meu palpite:

- Você comprou uma opção muito fora do dinheiro.
- Você comprou uma opção muito próxima do vencimento.
- Você escolheu a direção errada.
- Você pode ter comprado opções superfaturadas em termos de volatilidade implícita.

Há muitos obstáculos a superar. Acredito que ser bem-sucedido na compra de opções é um dos jogos mais difíceis no mercado. O trading de opções não é fácil. Você tem que fazer todos os componentes trabalharem a seu favor ao mesmo tempo. A maioria das pessoas não é especialista em acertar direção, tempo, preço de exercício e volatilidade, tudo em um único trade. Pode ter acontecido, no passado, de você estar certo na escolha da tendência, mas a opção venceu antes de a ação fazer aquele movimento ou a ação se moveu na direção esperada no período antes do vencimento da opção, mas seu preço de exercício era muito fora do dinheiro para se tornar lucrativo. Essas são algumas das coisas que podem dar errado quando se compra opções.

Quando você compra uma ação, há um período indefinido para estar certo em sua previsão. Você não precisa se preocupar com o risco de a ação expirar. Você também só tem um ponto de preço para se preocupar — o preço a que você comprou a ação. Não é preciso que a ação se mova a uma certa distância (até o preço de corte da sua opção) para se obter lucro, como aconteceria caso estivesse comprando opções fora do dinheiro.

Meu objetivo neste capítulo é comparar a compra de opções com a venda de opções e explicar por que acredito que a venda de opções, quando feita corretamente, é uma via bem superior para o lucro no mercado de opções. Não me entenda mal — a compra de opções certamente tem seu lugar. Compro contratos de opções de tempos em tempos, mas no meu livro só há uma forma de fazê-lo, **com opções DITM (muito dentro do dinheiro)**.

PROBABILIDADES

O que muitos compradores de opções tendem a esquecer é que operar opções é um jogo de probabilidades. A precificação das opções é baseada em modelos estatísticos e matemáticos. Você pode deduzir no início, quando for montar a operação, o nível exato de probabilidade que sua opção tem que ser lucrativa. Aposto que muitos de vocês não sabiam isso. Uma vez que seja capaz de ver o quanto suas probabilidades de ter lucro são baixas quando compra opções, pode ser que você nunca mais compre aquelas opções fora do dinheiro bem baratas.

Falando em probabilidades de vencer, você sabia que o comprador de opções só tem uma forma de ganhar com um trade de opções? Isso mesmo. A ação ou commodity tem que se mover na direção correta no período de tempo disponível para você obter lucro. Não há nenhuma outra forma. Mas, para o vendedor de opções, há três diferentes possibilidades de se obter lucro. Da forma como mostrarei nas estratégias de venda de opções, você pode ter lucro se o mercado subir, cair ou se mantiver plano. São três cenários em que você pode ter lucros. Compare isso ao comprador, que tem só uma situação como certa, e você logo perceberá por que a venda de opções pode ser uma das principais chaves para o sucesso.

Além de saber que o vendedor de opções tem três possibilidades de ganhos, podemos realmente verificar a possibilidade total de lucro desde o início do trade. Como fazer isso? Com uma calculadora de probabilidades, é claro. Depois de olhar para a imagem de tela da calculadora de probabilidades na Figura 5.5, você pode começar a pensar duas vezes no futuro antes de comprar uma opção.

Neste exemplo, você está comprando uma call de $35 por $0,50, que vence em 60 dias. A ação está sendo negociada hoje a $31. A opção de compra é OTM por $4. Quais são suas chances de obter sucesso nesse trade caso segure a opção até o vencimento? Olhe a caixa embaixo, à direita. Sua chance de ao menos sair no zero a zero da operação é de 10,4%. O ponto de corte é $35,50 (preço de exercício + prêmio da opção). Isso não lhe dá lucro. Para você ter lucro, precisa que a ação supere os $35,50, o que reduziria ainda mais suas chances.

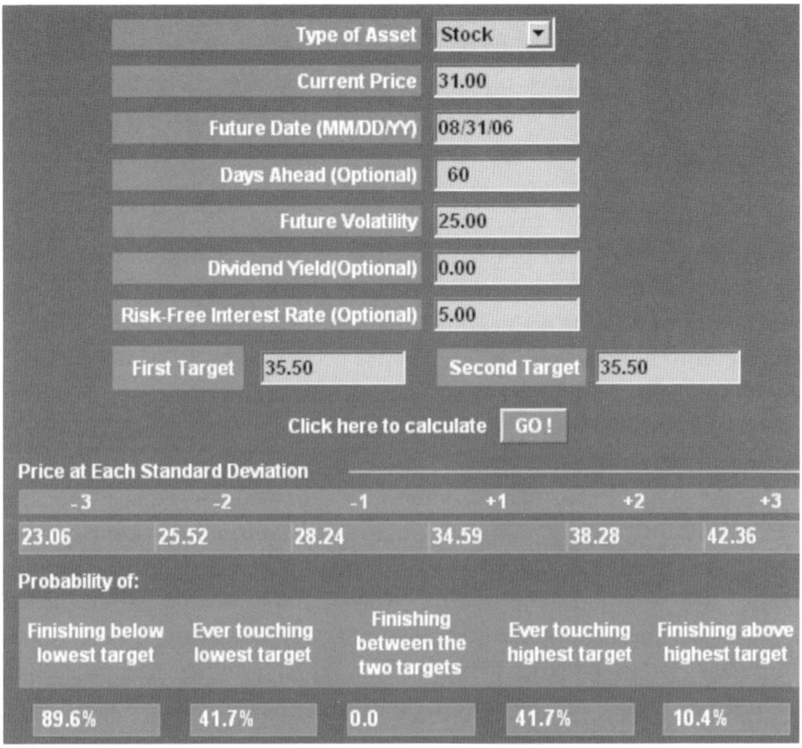

Figura 5.5 Calculadora de probabilidades
Fonte: © Copyright Optionvue Systems International, Inc.

Neste momento, você tem apenas 10,4% de chance de sair no empate. Essa probabilidade é alta o suficiente para você? Quem quer arriscar dinheiro em um trade que só tem 10,4% de chance de sair vencedor? Eu não. Você pode estar pensando: "Mas são somente $50 perdidos se a opção morrer sem valor." Correto, mas se é assim que você aborda cada trade, o mais provável é que perca os $50 todas as vezes. Isso pode ir se somando até chegar a uma perda de 100% do seu investimento.

Agora, se você não planeja carregar o trade até o vencimento e pensa que pode sair antes, pode ser interessante olhar a caixa que diz: "Ever touching highest target" (Sempre atingindo o alvo mais alto). Você verá que a possibilidade de a ação atingir o breakeven de $35,50 em qualquer dia nos próximos 60 é de 41,7%. Para falar a verdade, isso não é tão ruim, mas, em minha experiência, muitas pessoas optam por carregar um trade com opções até o vencimento na esperança de conseguir ganho máximo. As pessoas gostam de se segurar naquele último fio de esperança de que o investimento não as trairá.

Seremos aqueles que escolhem o outro lado desses trades de baixa probabilidade. Nossa chance de vencer se a opção é carregada até o vencimento é de 89,6%. É exatamente o oposto da chance do comprador de ter lucro. O que é ótimo. Voltando aos três cenários possíveis para que o vendedor de opções vença, tudo de que precisamos é que o mercado **NÃO** vá acima de $35,50. Então, o mercado pode se movimentar para baixo de onde ele está agora, pode ficar no mesmo nível e pode até ir para cima também, desde que não ultrapasse os $35,50 no vencimento. Esses são os seus três cenários, enquanto o comprador de opções tem apenas uma chance de estar certo — que o mercado passe de $35,50 até sua expiração. Aparentemente, há uma vantagem de 3:1 a favor do vendedor. Esse é o tema básico das estratégias de vendas de opções que apresentarei.

Mas deixe-me explicar uma coisa: não quero fazê-lo pensar que a venda de opções é a única, maravilhosa e infalível das estratégias com opções — porque, definitivamente, não é bem assim. Estratégias de venda de opções são apenas as estratégias certas para mim, baseadas em anos de experiência e de observação das perdas de outros traders menos informados. Quero que você aprenda essas estratégias para que tenha mais chances de ser bem-sucedido no mercado de opções. Sinta-se livre para utilizar qualquer tática que deseje em combinação com as que mostrarei.

Meu conselho para qualquer comprador de opções, especificamente comprador de opções OTM, é: **NÃO CARREGUE A OPÇÃO ATÉ O VENCIMENTO. VENDA A OPÇÃO ASSIM QUE TIVER ALGUM LUCRO!** Esse é um sábio conselho aprendido em anos de experiência operando opções. Não seja complacente, preguiçoso nem ambicioso. Pegue o lucro assim que puder. Muitos optam por carregar a posição até o vencimento só para ver os ganhos serem levados embora pelo decaimento do tempo. Não seja uma dessas pessoas. Conforme mencionei no Capítulo 1, quando for olhar a calculadora de probabilidades, concentre-se na caixa que diz "Ever touching highest target" (Sempre atingindo o alvo mais alto). Esta é uma das melhores chaves para obter lucro quando comprar opções. Pegue o lucro assim que consegui-lo.

PRÉ-REQUISITOS PARA A VENDA DE OPÇÕES

Uma coisa que você precisa saber antes de programar suas estratégias de venda de opções: você **PRECISA** ter uma impressão de tendência inicial. Se você não tem um plano ou algum tipo de metodologia de trades que dê uma perspectiva direcional do mercado, pode ser que esteja jogando dardos no quadro. A principal vantagem das técnicas de venda de opções que mostrarei é que utilizam opções fora do dinheiro. Essa é a chave. Vender opções OTM dá um lastro direcional, mas, conforme citado, você precisa ter alguma inclinação direcional antes de entrar no trade.

Falei muito dos benefícios da venda de opções, mas alguns de vocês podem estar se perguntando como exatamente um vendedor de opções faz dinheiro. Boa pergunta. O vendedor de opções é a pessoa que coleta o dinheiro direto do comprador. Pegamos esse dinheiro, que é depositado diretamente em nossas contas, na corretora. O objetivo do vendedor de opções é conseguir ficar com todo o dinheiro. A forma como fazemos isso é quando as opções morrem sem valor no vencimento. O único lucro que um vendedor de opções pode gerar é a quantidade de dinheiro recebida do comprador. O vendedor de opções não pode fazer nada além disso. Assim, o objetivo final do vendedor é que o tempo passe para que o valor do tempo da opção derreta. Se a opção OTM morrer sem valor no vencimento, o vendedor de opções fica com o dinheiro para ele. Ou o vendedor da opção pode comprá-la de volta, espera-se que por um preço mais baixo.

Se a opção morre sem valor, o vendedor não precisa gastar comissão extra para fechar o trade. As corretoras não cobram outra comissão se a sua opção *micar*[4] (se elas cobram, é hora de procurar outra corretora). Nota: alguns de vocês podem ser vítimas silenciosas de sua corretora cobrando logo de cara por ambas, a compra e a venda de um contrato de opção, mesmo que ele possa expirar sem nenhum valor. Quando chegarmos ao Capítulo 13, sobre corretoras, deixarei você por dentro deste segredo. E é um dos grandes.

Estamos prontos para ir para a Parte Dois do livro. Os próximos capítulos abordarão detalhes sobre as estratégias com opções que o colocarão no caminho da conquista de mais segurança e liberdade financeira. Aproveite.

---

[4] *Nota do Tradutor*: Termo usado no Brasil para descrever a opção que chega ao dia do vencimento sem valor. A opção *micou* porque, na hora do vencimento, a ação estava com preço abaixo do preço de exercício da opção, fazendo com que esta não tivesse mais nenhum valor.

PARTE DOIS

AS ESTRATÉGIAS

CAPÍTULO 6

COMPRE TODAS AS AÇÕES QUE DESEJA PELA METADE DO PREÇO

Antes de mergulharmos nas minhas três técnicas de venda de opções favoritas, quero mostrar a única estratégia de compra de opções que eu sinceramente recomendo como substituta para a compra de ações. Quando quero ter uma exposição total à ação de minha escolha, esta é a única maneira que jogo no mercado. Sente-se confortavelmente e leia; esta é a estratégia nº 1. Ela se encaixa na categoria de especulação, porque, vamos encarar a realidade, toda vez que compra uma ação, você está fazendo exatamente isso.

Se você é um comprador de ações, irá adorar este capítulo. Nele, mostrarei uma forma fantástica de comprar qualquer ação que queira, com um desconto de 50% no preço e assumindo somente metade do risco. É uma estratégia com opções, mas provavelmente uma que você nunca considerou. Em meus 17 anos de experiência como operador profissional de opções, ainda não encontrei melhor maneira de comprar no mercado de ações do que a que mostrarei, não importando se é a compra de uma ação individual ou uma jogada no mercado como um todo.

Esta estratégia permitirá que você gaste menos dinheiro logo de primeira, tenha menos risco nas quedas do mercado e, ainda assim, possibilitará que você participe de todo o movimento do mesmo modo que aqueles que compraram diretamente a ação. De todas as estratégias de compra existentes, esta é a única em que eu alocaria grande parte de meu capital, quando apropriado. Vamos substituir a compra da ação pela compra de calls. Mãos à obra!

Conforme citado diversas vezes, a maioria dos investidores que experimentam as opções opta por comprar as opções fora do dinheiro (OTM) bem baratas e de vida curta (próximas do vencimento). Esses investidores estão operando com uma probabilidade bem baixa de conseguirem lucro e em um tempo curto para terem a chance de alcançar seus objetivos.[1] Eles querem testar suas chances em um trade do tipo "loteria" e esperar pelo grande pagamento. As opções OTM são as que têm seus preços de exercício bem longe do preço atual da ação. Para as opções de compra OTM, os preços de exercício são muito maiores do que o preço em que a ação se encontra neste momento.

Como exemplo, aqui está o tipo de trade a que estou me referindo. Você tem perspectivas de alta para a ação da Microsoft (MSFT), cotada a $25 por ação. Você espera que ela suba nos próximos três meses e quer comprar algumas calls dela. O que faz? Muitos investidores iriam escolher uma call de strike de $30 do vencimento atual, que é $5 fora do dinheiro. Essa opção poderia custar apenas $0,10, por exemplo, por contrato (o que daria $10 pela compra de um lote de 100 opções). "Uau", você pensa, "que beleza — somente $10 para controlar 100 ações da MSFT por três meses." Certo, é uma beleza custar $10 e poder produzir lucros ilimitados, mas você precisa se lembrar de considerar a probabilidade de alcançar a recompensa. A opção de compra de $30 (strike) tem tipicamente menos de 10% de chance de atingir, em qualquer momento, o seu ponto de corte até o dia do vencimento.

Você levou em consideração o que será preciso para que seu ponto de corte (breakeven) seja atingido, correto? Você ao menos sabe qual é o seu brea-

---

[1] *Nota do Tradutor*: Apesar da vida mais curta das opções no Brasil, pode-se usar o mesmo raciocínio, pois é muito comum, em nosso meio, investidores comprarem opções do vencimento atual e carregarem-nas até os últimos dias, na esperança de que algo extraordinário aconteça. Em uma escala diferente, adaptando as ideias do autor ao nosso mercado, ele estaria indicando a compra dentro do dinheiro (ITM) das opções da série seguinte (normalmente temos duas séries com liquidez) e que a operação fosse finalizada longe do vencimento. Além disso, suas impressões de que a maioria dos pequenos investidores compra opções para "ganhar na loteria" aplica-se totalmente ao nosso mercado.

keven para esse trade de opções? Mais uma vez, para encontrar seu ponto de corte em um trade com opções (breakeven), você tem de que somar o prêmio da opção ao preço de exercício da opção. Você está comprando a opção de preço de exercício de $30, que custa $0,10, então, seu ponto de corte é $30,10.

Vejamos o que nossa fiel calculadora de probabilidades tem a dizer das reais chances de se atingir este nível (Figura 6.1).

Uma típica calculadora de probabilidades como a que está sendo mostrada na Figura 6.1 leva em consideração todos os parâmetros que existem no momento do trade e nos oferece um vislumbre de nossas chances de atingir o nível desejado de preços. Essa é uma grande ferramenta que estima, antes de montar a operação, a probabilidade de se ter sucesso no trade. Inserimos os parâmetros da MSFT na parte de dados acima. Queremos verificar as chances de nossa ação atingir o breakeven ($30,10) dentro do período de vida de 90 dias da nossa opção de preço de exercício de $30.

Nossas chances não são muito altas, de acordo com a calculadora. Nosso preço-alvo é $30,10. Se olharmos a caixa inferior à direita, que diz "Finishing above highest target" (terminar o vencimento acima do alvo superior), veremos que só temos 8,10% de chance de chegar lá na época do vencimento das opções, em 90 dias. Isso não significa que não podemos ter sucesso, mas significa, com certeza, que nossas chances são pequenas neste exato momento, com base nos dados inseridos na calculadora. Apenas saiba que a probabilidade de 8,10% apenas nos leva ao breakeven. Precisamos chegar acima do ponto de corte para vermos dinheiro no bolso. Qualquer coisa acima de $30,10 nos dará uma probabilidade ainda menor.

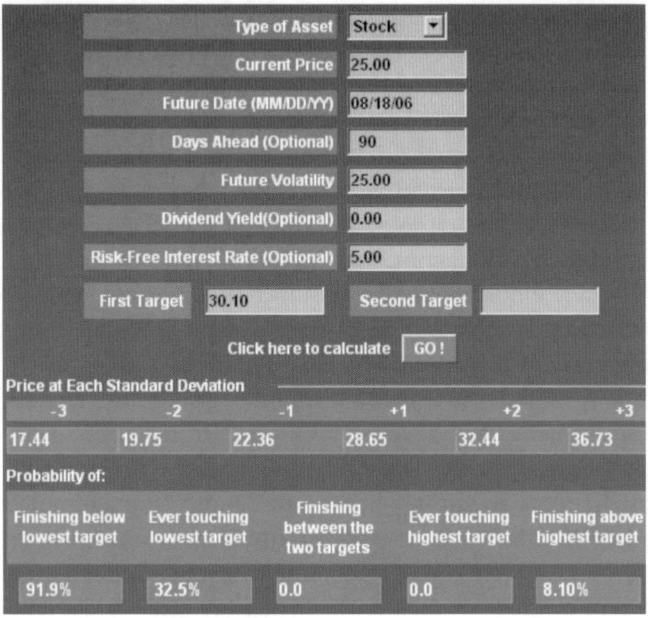

Figura 6.1 Calculadora de probabilidades

Fonte: © Copyright Optionvue Systems International, Inc.

Assim, enquanto qualquer comprdor de ações pode comprar a MSFT por $25 cada ação, compraremos a MSFT por $30,10 por ação. Estamos comprando algo hoje que ainda não tem nenhum valor real (e pode nunca vir a ter). Estamos contratando para comprar a MSFT $5 acima de todos os outros. Certo, isso hoje nos custa apenas $10 por contrato de opções (lote de 100 opções) para fazer a operação, mas se a MSFT se mover de $25 para $30, não estaremos participando totalmente desse grande movimento (se ele acontecer). Aqui está a razão:

Como compramos uma opção OTM (fora do dinheiro) bem barata, seu preço não se movimentará junto com a ação. Só uma pequena fração da variação da ação irá se movimentar. É aí que os investidores se decepcionam com as operações com opções, pois eles pensam que a opção que compraram deveria explodir. Isso não acontece com opções baratinhas.

O delta, já mencionado (e que será explicado em detalhes neste capítulo), nos diz quanto o preço da opção deve se movimentar em relação à variação de preços da ação. Uma opção de 90 dias como a call de strike de $30 terá, talvez, um delta inicial de 10%. Isso significa que a opção ganhará aproximadamente $0,10 (10%) para $1 que a MSFT subir. Se a MSFT subir $5, teoricamente nossa opção deve ganhar $0,50, dependendo da velocidade do movimento. Esse não é o tipo de lucro que esperávamos, especialmente quando todos os detentores da ação participam de todo o movimento. Acima de tudo, aquele movimento de $5 de alta **tem** que acontecer rapidamente se desejarmos ver alguma apreciação em nosso contrato de opção. Só temos três meses para estarmos certos.[2]

O que nos levou a comprar a opção em vez de comprar a ação? Estávamos atrás de apenas uma manobra especulativa ou pretendíamos realmente possuir a MSFT? Se for isso, por que não comprar diretamente a ação e pronto? Vou dizer o porquê: quando falamos em investimentos, a maioria das pessoas tenta fazer com que as coisas fiquem mais baratas. Elas não querem pagar todo o preço. Talvez não tivéssemos $2.500 em dinheiro livre para comprar 100 ações da MSFT. Não há nada de errado em comprar calls (opções de compra) desde que você saiba, antes de montar a operação, seu risco, seu retorno potencial e sua probabilidade ter lucro.

A mentalidade de muitos investidores é que as opções são usadas somente para especulação e apostas. Claro, você pode agir dessa forma, mas essa certamente não é a única maneira de utilizar as opções. Não é como eu as uso. Sim, de vez em quando eu faço uma aposta mais alta, mas normalmente uso as opções para gerar renda e reduzir meu risco. Se você realmente deseja possuir ações da MSFT, preste atenção! Aqui está a melhor forma.

POR QUE PAGAR $2.289 POR ALGO SE VOCÊ PODE COMPRÁ-LO POR $1.120?

Essa é uma grande pergunta e ainda não consigo entender por que as pessoas continuam fazendo a mesma coisa. Como estou no negócio de investimento em opções há 15 anos, sempre me perguntam qual ação as pessoas devem comprar ou o que penso de uma ação que compraram recentemente. Eu normalmente abdico de responder quando alguém me pergunta sobre uma ação em especial, mas sei que posso conseguir mais por meu dinheiro ao comprar uma call (opção de compra) da ação em vez de, diretamente, a ação, se isso for feito corretamente. Essa é a razão pela qual, em vez de comentar sobre a ação, faço meu discurso sobre como é melhor comprar uma call do que direta-

[2] *Nota do Tradutor*: Novamente alerto os leitores: no Brasil, temos menos tempo para estarmos certos, pois o prazo das opções é menor.

mente a ação, não só porque custará menos, mas também porque o risco de perda na queda também é menor.

Meu *modus operandi* sempre foi economizar dinheiro em tudo o que eu faço. É só uma maneira mais inteligente de usar o dinheiro. Se há uma forma de comprar exatamente o que quero por um preço menor, então, com certeza, é isso que farei. Como comparar preços no shopping, aproveitar os cupons e descontos nos supermercados, usar descontos de funcionários, comprar no eBay e, com certeza, comprar calls em vez das ações propriamente ditas.

Como pagamos $1.120 por algo que custa $2.289 e terminamos com o mesmo produto e menos risco? No mundo das finanças, esse problema é resolvido com opções em vez da ação subjacente. Mas você tem de usar uma estratégia: **comprar opções bem dentro do dinheiro (DITM).** É sua passagem para a compra de opções no lugar da ação.

Os benefícios da estratégia DITM são impressionantes. Não só pegaremos quase todo o movimento comparado com a compra da ação, mas o risco na queda é diminuído pela metade. E aí? É bom ou não é? A razão para se comprar uma ação é, em primeiro lugar, lucrar na alta do preço da ação. Por que não investir metade do dinheiro para ter o mesmo retorno potencial? Você não só economizará 50% ou mais no investimento, mas isso também o deixará com mais dinheiro para espalhar por outras oportunidades.

Calls								
Símbolo	**Último**	**Variação**	**Pagão**	**Vendedor**	**Vol. Imp.**	**Delta**	**Strike**	**Sím**
Jan 07 Calls						**MSFT @ 22.89**		
MQFAM	11.10	0	11.10	11.20		1.00	12.00	MQI
MQFAC	8.20	0	8.20	8.40		1.00	15.00	MQI
MQFAO	6.40	0	6.40	6.60	22.0	.97	17.00	MQI
MQFAP	4.40	+0.20	4.20	4.40	21.9	.88	19.50	MQ
MQFAD	3.80	0	3.80	4.00	21.8	.85	20.00	MQI
MQFAQ	2.40	+0.05	2.40	2.50	20.8	.70	22.00	MQI
MSQAX	2.10	-0.02	2.15	2.20	21.1	.65	22.50	MS
MSQAR	1.13	+0.03	1.10	1.20	19.9	.45	24.50	MS
MSQAJ	0.95	+0.10	0.90	1.00	19.6	.40	25.00	MS
MSQAS	0.40	-0.02	0.40	0.45	19.0	.22	27.00	MS
MSQAY	0.35	0	0.30	0.40	19.1	.19	27.50	MS
MSQAT	0.10	0	0.10	0.15	18.4	.08	29.50	MS
MSQAK	0.15	0	0.10	0.15	19.4	.08	30.00	MS
MSQAA	0.05	-0.05	0.05	0.10	21.0	.05	32.00	MS

Figura 6.2 Série de opções para MSFT, vencimento em janeiro de 2007

Fonte: © www.OptionsXpress.com

Vejamos os mecanismos da estratégia DITM na Figura 6.2.

Durante o dia de trade, 18 de maio de 2006, a MSFT estava sendo negociada a $22,89, como visto no topo da cadeia de opções. Qualquer pessoa que quisesse comprar 100 ações da MSFT pagaria um total de $2.289. O risco total neste trade será de $2.289. Nosso preço de breakeven é $22,89. Qualquer coisa acima de $22,89 é lucro; qualquer coisa abaixo de $22,89 é perda (excluindo as comissões).

O MOVIMENTO É A CHAVE

Ao comprar uma ação, você quer que aconteça movimento para cima. Vamos usar a estratégia DITM para nos dar movimento, mas com um custo menor. Em essência, estamos usando as opções de compra como um substituto da ação. A série de opções na Figura 6.2 lista algumas das opções de compra disponíveis para a MSFT com data de vencimento em janeiro de 2007, mais ou menos oito meses à frente.[3] Olhando as colunas "Bid" (pagão) e "Ask" (vendedor), você pode comprar a call de strike de $12 por $11,20. Em dólares, esse é um investimento de $1.120 (para 100 opções ou um lote). Isso é menos da metade do que ocorreria caso você comprasse diretamente as ações da MSFT. Nosso risco máximo na queda nesse caso é de $1.120, que é o custo da opção. Nosso breakeven, ou ponto de corte, no trade é $23,20. Lembre-se: para encontrar o preço de corte, temos que somar o prêmio da opção de $11,20 com o preço de exercício da opção de $12, o que é igual a $23,20. Nosso preço de corte com a opção é $0,31 mais alto do que se comprássemos diretamente a ação. Não é um grande negócio? Temos que procurar as vantagens ao comprarmos opções:

- Custa menos em dólares para comprar — $1.169 menos, para ser exato, menos da metade do valor da ação.
- Nosso risco total é somente de $1.120.

Uma de nossas grandes vantagens é que iremos participar da mesma quantidade de movimento que a ação MSFT, pois temos um delta alto.

Alguns de vocês podem estar pensando: "Bem, ainda tenho que pagar $1.120 para comprar essas opções. É muito dinheiro. Se eu comprasse as calls de strike de $27,00, só teria de pagar $45 ($0,45 × 100). Sempre pensei que a razão principal de comprar opções fosse conseguir uma grande pechincha." OK, voltemos por um minuto. Supondo que você realmente queira comprar MSFT, quais são suas escolhas?

- Comprar 100 ações da MSFT por um investimento de $2.289
- Comprar uma call DITM por um investimento de $1.120

Qual pechincha melhor do que essa você está procurando? Se 50% de desconto não é o suficiente para você, então não sei o que pode ser. Se você comprar a call de strike de $27 por $45, como será seu delta, as probabilidades e o movimento? Você receberá apenas uma fração do movimento da MSFT. Mas, com a opção de compra DITM de strike $12, você receberá quase todo o movimento. Veja como.

[3] *Nota do Tradutor*: Raramente conseguiremos operar opções com oito meses de vida no Brasil, mas, das ações com mais liquidez no mercado de opções, pode-se conseguir três meses, às vezes quatro, o que seria o exemplo trazido para nosso mercado. De qualquer forma, é importante entender que não importa o prazo absoluto, a estratégia DITM do autor recomenda a compra de opções cujo vencimento ainda é bem distante.

DELTA É A SUA ARMA

A beleza de se comprar opções é a alavancagem conseguida. Alavancagem é só uma palavra chique que descreve a forma de se comprar algo grande com pouco dinheiro. É assim que as opções funcionam. Você paga menos dinheiro na forma de prêmio de opções e controla 100% das ações. Como um contrato de opções de ações representa 100 ações, você controla todas por uma fração do custo. Mas você tem de saber como usar essa alavancagem. Sua maior alavancagem acontece ao comprar opções OTM. Elas custam apenas uns poucos dólares, mas vimos que a probabilidade de obter lucros com essas opções é muito baixa e isso pode evitar que tenhamos ganhos regulares no mercado. A estratégia DITM utiliza alavancagem da mesma forma, mas ganharemos também todo o movimento da ação. Como sabemos disso? Delta, *baby*!

Volte a olhar a série de opções na coluna "Delta". Esse número nos diz o percentual que a opção irá variar de acordo com o movimento da ação subjacente. A call de strike $12 está nos dando um delta de 100%. Isso significa que a opção se movimentará praticamente centavo a centavo com a ação. Se a MSFT variar $0,50 para cima, a call de $12 deverá aumentar o valor em aproximadamente os mesmos $0.50. A opção de compra de strike de $27 tem um delta de somente 22%, que não é grande o suficiente para nós, bons traders de opções.

DELTA EM AÇÃO

Dê uma olhada nas próximas imagens de tela nas Figuras 6.3 a 6.5, que mostram calculadoras de opções do site www.ivolatility.com, meu site favorito. Elas possuem grande quantidade de informações relacionadas a opções de ação. Recomendo fortemente sua utilização para obter seus dados gratuitos.

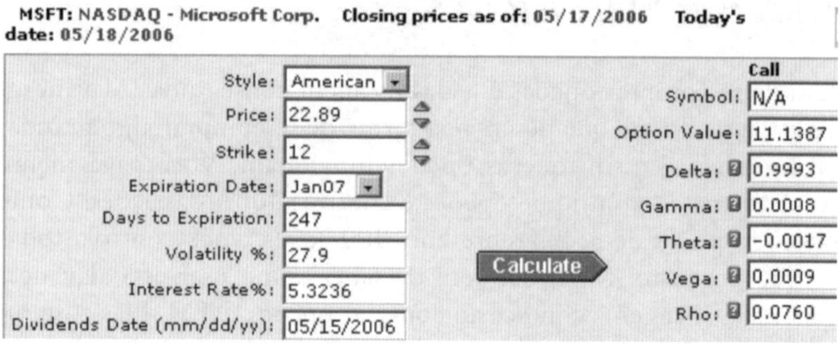

Figura 6.3 Calculadora de opções

Fonte: Cortesia da www.ivolatility.com

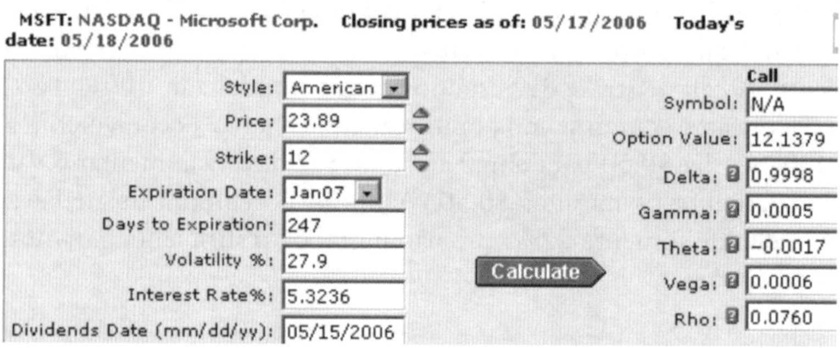

Figura 6.4 Calculadora de opções

Fonte: Cortesia da www.ivolatility.com

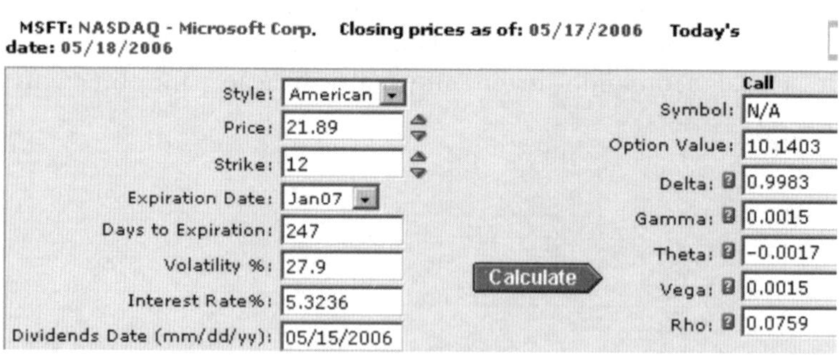

Figura 6.5 Calculadora de opções

Fonte: Cortesia da www.ivolatility.com

Na primeira calculadora, precificamos a call de strike $12 com base nos dados que usamos anteriormente. O lado esquerdo da calculadora é onde adicionamos dados. Inserimos manualmente o preço de $22,89 com um preço de exercício de $12 e vencimento em janeiro de 2007. O resto dos dados são padronizados pela ivolatility.com.

O lado direito da calculadora é onde vemos os produtos dos cálculos. Estamos recebendo um valor de $11,13 para a opção de compra de strike $12, que é aproximadamente o que o mercado cotou na série de opções. No exemplo, pagamos $11,20 pela opção. Aqui está a chave: olhe o valor do delta na série de opções e na calculadora. Ambos estão próximos de 100%. Não fica melhor do que isso em termos de movimento. O delta de 100% nos diz que a opção irá se movimentar junto com a ação. Isso é o que você quer. Você quer que a opção comprada tenha o mesmo movimento da ação. E isso é o que você receberá.

Olhe a segunda calculadora de opções (Figura 6.4). Coloquei o preço da MSFT $1 mais alto em $23,89 por ação. Olhe para o resultado dos cálculos. Nossa call de $12 está precificada em $12,13. Ela aumentou de valor em $1, igual à ação. Que beleza! É o delta trabalhando para você. No caso de estar se perguntando o que acontece em uma queda, olhe para a terceira figura (Figura 6.5). Fizemos a MSFT cair $1, para $21,89. Nossa opção caiu $1 da mesma forma, para $10,14. Funciona para os dois lados. Mas você deve se lembrar dos quatro benefícios de se comprar a opção em vez da ação:

1. Menos dinheiro investido — $1.120 *versus* $2.289
2. Menos risco na queda — $1.120 *versus* $2.289
3. Quase 100% do movimento
4. Maior retorno no investimento (ROI)[4] — mais alavancagem.

Você tem de esquecer o fato de que a opção DITM custará mais em dólares do que uma opção OTM bem barata. Você não está aqui para fazer isso. Você está aqui porque quer investir em uma ação. A melhor forma de pegar todo o movimento que teria com uma ação é comprando calls DITM. Ponto. Apenas lembre-se de que a opção sempre custará menos dinheiro do que se você tivesse que comprar a ação diretamente. Então, não pense que não é uma pechincha. Essa é a chave.

[4] *Nota do Tradutor*: ROI (Return on Investment). Sigla muito usada nos Estados Unidos no mercado financeiro e no pôquer profissional. Significa exatamente o retorno conseguido a partir do investimento inicial. Aqui, muitas vezes usamos o termo *Taxa* com esse significado.

A Figura 6.6 é uma comparação da estratégia DITM com a compra direta da ação. Algumas vezes ajuda muito ver os benefícios apresentados visualmente na sua frente. Estamos comparando o P/L (prejuízo/lucro)[5] de se comprar 100 ações de MSFT *versus* a compra da call de $12 por $11,20.

Vemos no pior cenário que a perda na ação é o dobro do que o comprador perdeu da opção (conforme já mencionado neste capítulo). Uma vez que atingimos os números positivos, os lucros do comprador da opção estão atrás apenas em alguns dólares e os ganhos percentuais são sempre mais que o dobro. Você está recebendo o melhor dos dois mundos — menos dinheiro investido, menos risco e percentual de retorno maior. **O DITM é um rei!**

Uma imagem vale por mil palavras (ou deveria dizer $1.120?) (Figuras 6.7 e 6.8).

Preço da Ação	Resultado Compra da Ação	Resultado em Percentual	Resultado Compra da Opção DITM	Resultado em Percentual
$0.00	($2,289.00)	-100.00%	($1,120.00)	-100.00%
$5.00	($1,789.00)	-78.16%	($1,120.00)	-100.00%
$10.00	($1,289.00)	-56.31%	($1,120.00)	-100.00%
$15.00	($789.00)	-34.47%	($820.00)	-73.21%
$20.00	($289.00)	-12.63%	($320.00)	-28.57%
$25.00	$211.00	9.28%	$180.00	16.07%
$30.00	$711.00	31.06%	$680.00	60.71%
$35.00	$1,211.00	52.91%	$1,180.00	105.36%
$40.00	$1,711.00	74.75%	$1,680.00	150.00%
$45.00	$2,211.00	96.60%	$2,180.00	194.64%
$50.00	$2,711.00	118.44%	$2,680.00	239.26%

Figura 6.6 Quadro de P/L (prejuízo/lucro)

[5] *Nota do Tradutor*: Não confundir com o dado de análise fundamentalista muito usado P/L, que significa preço/lucro e compara o preço da ação com o lucro da empresa a qual a ação representa.

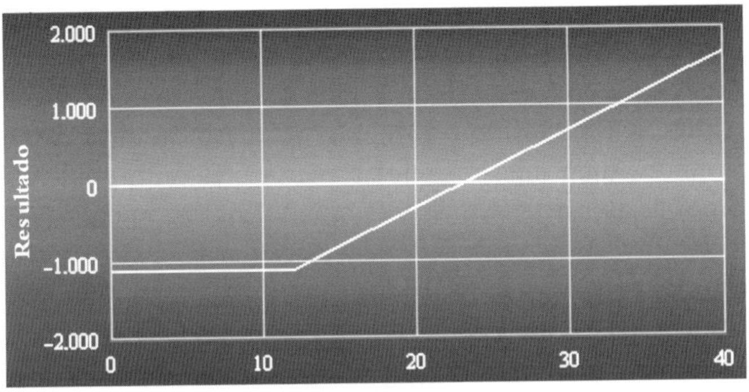

Figura 6.7 Gráfico de P/L (prejuízo/lucro) da opção de compra de strike $12

Fonte: Option-chart.com

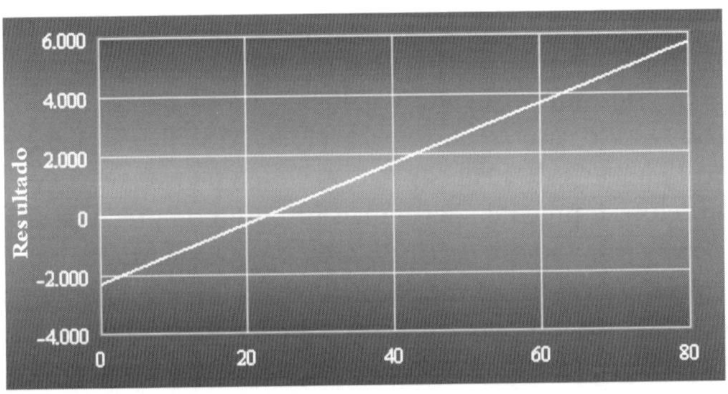

Figura 6.8 Gráfico de P/L (prejuízo/lucro) da MSFT

Fonte: Option-chart.com

Ver P/L graficamente ajuda a ter uma ideia do quanto se pode ganhar ou perder ao investir em ações ou opções. Esses gráficos de P/L são padrão da indústria no mundo do trade de opções e são observados sem hesitação por qualquer trader de opções inteligente.

O primeiro gráfico mostra o perfil de P/L de nossa compra da call de strike $12. Do lado esquerdo está a escala de prejuízo/lucro (P/L), em dólares; os possíveis preços da ação estão abaixo. Do lado esquerdo, nos preços abaixo de $12, a linha caminha horizontalmente em (-$1.120), que é o máximo que podemos perder. A linha começa a desviar para cima após o preço de exercício de $12 e passa para cima do zero (lucro) assim que ultrapassamos o preço de corte de $23,20. Tudo acima de $23,20 é puro lucro e ilimitado, dependendo do quanto a MSFT subir.

O segundo gráfico é o perfil de P/L da compra da ação. Não há muito o que dizer. O lucro é ilimitado para cima, do mesmo modo como acontece com a opção de compra, mas o prejuízo para baixo é ilimitado até a MSFT chegar a $0 por ação, caso em que o comprador da ação perde todo o capital investido de $2.289. A curva de P/L para a ação cruza para o território positivo no preço de corte de $22,89. Todos os números correspondem aos dados do quadro de P/L da Figura 6.6.

ESCOLHENDO O PREÇO DE EXERCÍCIO

Qual preço de exercício escolher para a estratégia DITM e por que escolhemos o strike $12 para esse exemplo? Se seu capital permite, você deve sempre escolher a opção de compra mais dentro do dinheiro que tenha delta de, ao menos, 90%. Ou você pode simplesmente escolher o preço de exercício mais baixo listado pela bolsa.[6] No caso de nosso exemplo na MSFT, realmente escolhemos a opção mais ITM — a de strike $12. A razão é que essa opção em particular terá o maior delta e o preço de corte mais próximo do preço da ação.

Você pode ter notado, a partir da série de opções, que temos três strikes para escolher dentre os que têm delta de 90% ou maior. Qual é melhor? Temos que pesar o custo, o ponto de corte e o fator delta (Tabela 6.1).

Nesse caso, qualquer uma das opções seria adequada. Gosto de escolher a opção que terá o breakeven (ponto de corte) mais próximo do preço atual da ação. Já que a MSFT está a $22,89 no momento, a call de $12 é a com breakeven mais próximo disso, mas essa é uma decisão pessoal. Se você realmente não tem capital suficiente para gastar $2.289 comprando a MSFT diretamente, então terá que decidir, com base no que sua carteira aguenta, qual delta escolher e qual breakeven deseja. Na Tabela 6.1, a call de strike $17 custa somente $660 ($6,60 × $100), mas seu breakeven é $0,71 mais alto do que o preço atual da MSFT. De

[6] *Nota do Tradutor*: Deve-se tomar cuidado com a escolha, já que, em nosso mercado, muitas vezes as opções muito ITM não têm liquidez. De qualquer forma, caso consiga comprar por um bom preço, ainda que a liquidez seja baixa, poderá montar a estratégia, pois, se esta subir muito e você não conseguir vender os direitos, poderá exercer a opção e obter lucro. Se cair em direção à opção comprada, a liquidez aumentará progressivamente. Verifique sempre a distância entre a ordem de venda e o preço da opção, e o preço teórico do modelo de precificação para não pagar o spread (diferença de preço entre o pagão e o vendedor).

qualquer forma, tem um delta de 97%. Muito atraente. Novamente, é uma decisão pessoal. Quero oferecer a estratégia e educá-lo em suas escolhas.

TABELA 6.1

Strike	*Delta*	*Preço*	*Breakeven*
$12	100%	$11.20	$23,20
$15	100%	$ 8,40	$23,40
$17	97%	$ 6.60	$23.60

UM REFRESCO

Vamos parar por um minuto e nos certificar de que estamos todos na mesma página. Qual é o benefício real de se comprar a call de $12? Isso nos permite o direito, até seu vencimento, em janeiro de 2007, de comprar a MSFT pagando apenas $12 por opção. Como iremos comprar a MSFT por $12 se todos os outros estão comprando por $22,89? Você deve lembrar que está pagando também o prêmio da opção de $11,20 que irá adicionar ao preço de exercício de $12. Então, em essência, você está adquirindo o contrato de comprar a MSFT por $23,20. Consegue ver isso?

Se a explicação não ajuda, deixe-me fazer mais uma analogia. Compare a compra de uma call com o financiamento para a compra de uma casa. O que acontece quando você compra a casa? Bem, você precisa fazer um pequeno pagamento ao banco, que em geral é somente uma fração do que custa a casa. Essa entrada é equivalente ao prêmio que você paga quando compra a opção. Com um sinal apenas, você agora tem controle de toda a casa, ainda que não a tenha pagado completamente. A mesma coisa acontece com a opção de compra — você adquire o controle de 100 ações ainda que não tenha pagado todo o valor da ação. Mas a compra da opção é ainda um pouco melhor. Diferente do financiamento, uma vez que você compra a opção, não terá que fazer pagamentos mensais. Essa é a beleza das opções de ações.

AS PROBABILIDADES

Gostaria que você visse como são as probabilidades para a opção de compra de strike $12 comparadas com as probabilidades da compra da ação. Quando você compra uma ação por $22,89 (ou por qualquer preço), tem sempre uma chance igual de estar acima ou abaixo de seu custo básico, ou breakeven, naquele determinado momento. Você nunca terá chances maiores do que 50% (Figura 6.9).

Justamente como pensamos, temos chance de 50% de estar acima ou abaixo de nosso preço de compra de $22,89 em 90 dias. Vejamos então a nossa call de $12. Quais são as chances? (Figura 6.10)

A opção de compra de $12 tem chance apenas um pouco menor de terminar acima do breakeven em comparação com a ação, mas uma chance de 45,7% é bem maior do que os 8,10% que a opção de compra de strike $30 teria de terminar acima de seu preço de corte, como já vimos neste capítulo. Mais uma vez, podemos ver como a call de $12 tem características semelhantes à compra da ação.

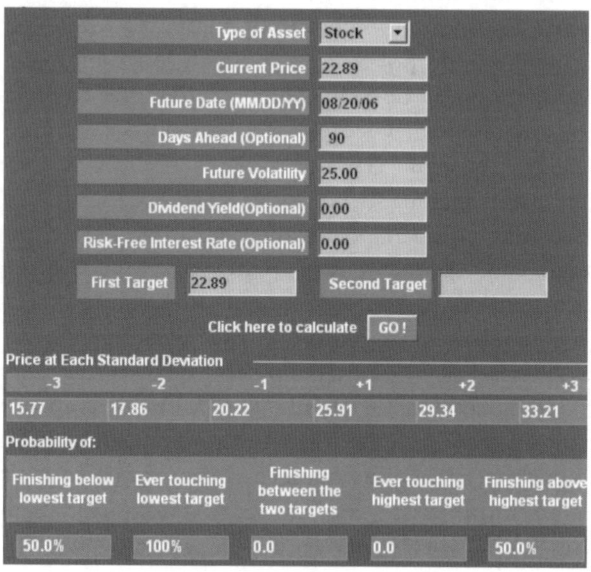

Figura 6.9 Calculadora de probabilidades

Fonte: © Copyright Optionvue Systems International, Inc.

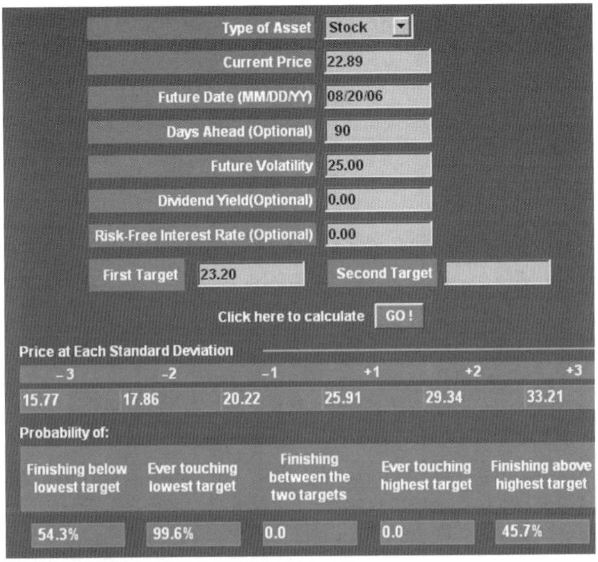

Figura 6.10 Calculadora de probabilidades

Fonte: © Copyright Optionvue Systems International, Inc.

COMPRANDO O MERCADO INTEIRO

Outra ótima coisa sobre a estratégia DITM é o fato de ela também funcionar como uma posição no mercado como um todo, como é o caso do fundo de índice S&P 500. Desta forma, você pode diversificar seu investimento, além de, ou no lugar de, apenas uma ação específica. Uma das maneiras mais fáceis de jogar com o mercado como um todo é através da superlíquida S&P 500 ETF (Exchange-traded fund, ou em português: Fundos cotados em bolsa) — a SPY. A SPY, ou Spiders, como são chamadas as ações, é uma ação de rastreamento (tracking stock em inglês) para a S&P 500, que é negociada da mesma maneira que uma ação. Você pode negociá-la de sua conta normal na empresa de corretagem. A SPY é melhor do que o típico fundo de índice mútuo, porque você não precisa esperar até o final do dia de negociação para comprá-la no valor líquido dos ativos (NAV — Net Asset Value). Aqui está como fazê-lo.

A cadeia de opções na Figura 6.11 precificou as opções de dezembro de 2008 na SPY (ação de rastreamento). Se nós formos o mais fundo que pudermos e escolhermos a call de $60, nosso gasto próprio será de $6.790 (dividindo o preço pagão/vendedor). Compare isso a comprar 100 ações da SPY, o que custaria $12.690; seria um extra de $5.900 ou, aproximadamente, 87% a mais. Nosso breakeven na opção de compra de $60 nos colocaria em $127,90, um dólar inteiro acima do que está a SPY atualmente. Eu ainda assim escolheria a opção neste caso, mesmo que o ponto de corte seja mais alto.

SPY DEC08

SPDR TRUST Last: 126.90 - Bid: 126.90 Ask: 126.90 High: 127.63 Low: 126.90

Bid	Ask	Last	Change	Prev	Symbol(short)	Delta	Symbol
67.70	68.10	67.60	0.00	67.60	CYY LH	100	DEC08 60.00
63.40	63.90	67.60	0.00	67.60	CYY LM	100	DEC08 65.00
59.10	59.60	63.20	0.00	63.20	CYY LR	100	DEC08 70.00
54.90	55.40	59.20	-0.30	59.50	CYY LW	100	DEC08 75.00
50.80	51.30	54.60	+0.30	54.30	CYY LB	100	DEC08 80.00
46.70	47.20	50.80	0.00	50.80	CYY LG	100	DEC08 85.00
42.80	43.20	0.00	0.00	0.00	CYY LL	100	DEC08 90.00
38.90	39.30	0.00	0.00	0.00	CYY LQ	100	DEC08 95.00
35.10	35.40	34.50	-1.04	35.54	CYY LV	99	DEC08 100.00
31.40	31.80	3.10	-30.60	33.70	CYY LA	97	DEC08 105.00
27.90	28.30	27.80	-0.10	27.90	CYY LF	94	DEC08 110.00
24.50	24.90	24.00	-0.60	24.60	CYY LK	90	DEC08 115.00
21.20	21.50	20.70	-1.10	21.80	CYY LP	86	DEC08 120.00
18.20	18.50	17.70	-1.10	18.80	CYY LU	81	DEC08 125.00
15.30	15.70	15.70	+0.50	15.20	CYY LZ	75	DEC08 130.00

Figura 6.11 Cadeia de opções para o SPY com data de expiração em dezembro de 2008
Fonte: eSignal.com.

Você também pode ver que existem várias opções que possuem um delta de 90% ou maior. Se você está planejando segurar a opção até sua expiração, ainda assim eu escolheria a opção mais DITM (muito dentro do dinheiro), em função do preço de corte da ação. Se você escolher a opção de compra de $115, por exemplo, seu custo seria de $2.470, mas seu preço de corte seria $139,70, o que é $13 acima do preço atual da SPY. A SPY precisa se movimentar muito mais para chegar no preço de corte. Você ainda pode estar pensando que é melhor comprar a call de $115 porque ainda assim terá 90% de movimento. Isso pode ser verdade no início do trade, mas, conforme o tempo passa, o delta ficará menor se a SPY não começar a se mover na direção de seu preço de corte. Para conseguir o benefício total de sua estratégia DITM, ainda recomendo ir o mais profundo possível com os preços de exercício, mas é claro que sempre é uma decisão pessoal.

O que aconteceria se em dezembro de 2008 a SPY se movesse para $139.50? Você não conseguiria fazer dinheiro com o seu investimento caso escolhesse a opção de compra de $115 e ficasse com ela até sua expiração. Você ficaria meros $0.20 atrás de ser preço de corte. Mas, se tivesse ficado com a opção de compra de $60, estaria muito no preto. Pense sobre isso.

UM BENEFÍCIO EXTRA

Vimos detalhadamente os quatro principais benefícios da estratégia DITM quando comparada com a compra da ação:

1. Custo menor.
2. Menos capital em risco.
3. Movimento maximizado — delta alto.
4. ROI (retorno sobre o investimento) maior.

Mas há um benefício extra para a estratégia, que você pode não estar esperando. O que fazer com os 50% de dinheiro extra economizados com a estratégia DITM? Duas coisas vêm à mente:

1. Usar o dinheiro para comprar outra opção DITM de outras ações.
2. Colocar o dinheiro em investimentos mais seguros, como Títulos do Governo ou Certificados de Depósito Interbancários (CDBs), que rendem aproximadamente a taxa de juros praticada.

Estas duas ideias são grandes benefícios colaterais, pois oferecem uma proteção extra para o caso de a ação (e as opções) perder valor. Se você perder valor na call, as aplicações em renda fixa oferecerão uma renda que compensará parte da perda. O comprador de ações não tem esse benefício adicional de capital extra para colocar em renda fixa.

AÇÃO NO VENCIMENTO?

Então, o que fazer quando o vencimento das opções bate na porta? Não fique com medo. Direi exatamente como agir. Há quatro possibilidades:

1. Sua opção morrerá sem valor, gerando um prejuízo de 100% de seu investimento. Espero que isso não aconteça, mas sempre sabemos de antemão qual é a nossa perda máxima.
2. Você pode vender a opção a qualquer momento antes do vencimento. Não há nenhuma regra que defina por quanto tempo você tem que carregá-la.
3. Você pode rolar a opção para uma série com vencimento em data posterior. Esta é uma operação de duas partes, na qual você vende a sua opção original e depois compra outra opção DITM da série seguinte.
4. Você pode exercer a opção. Se escolher esse caminho, terá de completar o pagamento da ação. Lembre-se: você só deu um sinal quando iniciou o trade e agora precisa completar o pagamento. No caso de sua opção de compra de strike $12, terá de pagar $1.200, que é o preço de exercício ($12) multiplicado pelo número de opções (100). Pense nisso como o pagamento de juros no fim de um empréstimo.

Um aviso sobre a última escolha: assegure-se de que tem o capital necessário livre para exercer o número de contratos (lotes) que comprou. Se você comprou cinco lotes, isso equivale a comprar 500 ações.[7] Com a nossa call de $12 da MSFT, você precisaria de $6.000 ($1.200 × 5 contratos — lotes). Se você não tem esse capital disponível, deve considerar vender a opção ou rolar para outro vencimento.

[7] *Nota do Tradutor*: Mais uma vez tenho que alertá-los para a confusão muitas vezes criada em nosso mercado acerca dos lotes de opções. Nosso lote mínimo é o mesmo que o dos Estados Unidos: 100 opções, porém, como é muito comum aqui operar o que se convencionou chamar de um lote de mil ou um *kilo* de opções, confunde-se muitas vezes 100 com 1.000 opções ao se falar em lote. Como hoje se opera primordialmente pela internet, eletronicamente, esse problema é menor. Ao operar por telefone, cuidado. Caso compre 500 opções, por exemplo, é melhor falar 500 do que cinco lotes, o que pode fazer com que o corretor compre 5.000, ou cinco *kilos*.

GESTÃO DE RISCO

Todos devem ter um plano de gestão de risco, não importa que tipo de ativo você compre ou venda e quanto tempo durem as operações. Se um ativo não está se comportando da forma como esperava, pule fora. Qual é a razão de se manter na operação? O limite de cada um é diferente, então, não tenho como dar conselhos individuais, mas ao menos posso oferecer algumas ideias.

Um contrato de opções pode ser comprado e vendido a qualquer hora. Se você se sente desconfortável na posição, então zere a operação.[8] Se você assumiu uma posição com a estratégia DITM e a ação não está se movimentando da forma como queria, você pode sempre vender a opção no mercado e "zerar" a posição. Você não é obrigado a segurá-la até o vencimento da opção. Cabe a você decidir qual é o seu *stop*.[9] Não se sinta mal em *zerar* uma operação perdedora. Acredite, você se sentirá bem melhor vendendo-a agora do que se esperar para vender mais tarde, quando tiver caído ainda mais.

Há muitas maneiras de decidir onde colocar um ponto de stop se o mercado se movimentar contra você. Pode-se estabelecer um ponto pelo financeiro da operação, de acordo com o máximo de prejuízo que você tolera; pode-se basear a decisão em pontos de suporte no gráfico da ação — se perdidos; ou pode-se usar um stop no tempo, que force-o a sair do trade quando a opção atinge certa data em relação ao vencimento. O que funcionar para você é o melhor método.

[8] *Nota do Tradutor*: Zerar a operação. Expressão muito usada no mercado que quer dizer comprar onde está vendido e/ou vender onde está comprado, passando a ficar com uma posição nula ou "zerada" no mercado sem estar comprado ou vendido no que concerne às opções. Quando se parte do zero, comprando ou vendendo, utiliza-se comprar ou vender. Quando se vende onde está comprado ou se compra onde está vendido, utiliza-se zerar a compra ou zerar a venda.

[9] *Nota do Tradutor*: No Brasil utiliza-se o mesmo termo da língua inglesa: *stop*. Significa o ponto em que o investidor irá desmontar a operação. Por exemplo, se ele compra uma opção por $3 e diz que irá *stopar* em $2,50, significa que se a opção atingir o preço de R$2,50 ele venderá a opção, zerando a operação e assumindo o prejuízo. O *stop* é utilizado pelos investidores para tentar manter os prejuízos pequenos

DESVANTAGENS?

Não poderia terminar este capítulo sem dar uma ideia das desvantagens potenciais da estratégia DITM. Há algumas desvantagens? Na minha opinião não, mas direi o que os outros irão pensar que são desvantagens.

Quando você compra opções, não recebe dividendos. Isso se aplica a todos os compradores de opções, não importa se estão comprando opções DITM ou OTM. Você também não tem direito a voto nas assembleias. Essas são razões suficientes para deixar de comprar a opção? Para mim, não. Entrarei tranquilamente em um investimento no qual economizo quase 50% do dinheiro total gasto, assumo metade do risco e tenho a oportunidade de participar de todo o movimento em troca de perder os dividendos (se a ação realmente pagar dividendos no período em que eu possuir a opção). Lembre-se: nenhum dividendo compensará um período de queda mais intenso da ação.

A outra desvantagem pode ser a vida limitada das opções. Lembre-se de que as opções podem ser compradas para diferentes vencimentos e recomendo comprar as DITM com vencimentos mais longos, algumas chegam a até três anos.[10] Com a estratégia DITM você pode escolher umas dessas opções LEAPS (Títulos de Antecipação de Renda de Longo Prazo). Na verdade, eu recomendo o uso de LEAPS com a data mais longa que você conseguir encontrar para qualquer ação que esteja considerando manter em seu portfólio. Desse modo, você está dando a seu investimento muitos anos para amadurecer. Ainda assim, algumas pessoas podem considerar uma desvantagem ter qualquer data de expiração (mesmo que seja três anos). Não sei o que você acha, mas se uma ação que eu possuo não fez o movimento que eu havia antecipado após três anos, acho que está na hora de encontrar outra ação.

Bem, essas são as possíveis desvantagens, que são pequenas. A estratégia é realmente ideal.

[10] *Nota do Tradutor*: No Brasil, até o momento, o mais distante que conseguimos comprar é para três meses as ações que têm maior liquidez nas opções.

RESUMO

Acabei de delinear uma excelente estratégia com opções que permite investir em uma ação com custo e risco pela metade, tendo o mesmo potencial de movimento da ação e permitindo que você possa ter retorno maior do capital investido.

Essa é uma maneira bastante eficiente de investir. Você foi ao mercado fazer compras e encontrou o produto que desejava pela metade do preço. É assim que funcionam as calls DITM: oferecem os mesmos benefícios de quem compra a ação pela metade do preço e do risco.

Dois aspectos precisam ser lembrados ao se montar a estratégia DITM.

1. Escolha o preço de exercício mais DITM que conseguir comprar.
2. Certifique-se de que o delta é maior do que 90%.

Essas são as duas características mais importantes a serem buscadas em uma call DITM. Claro, a decisão final é sua. Você deve fazer o melhor segundo suas estratégias e seu capital, contudo, lembre-se de que as probabilidades são melhores quando se adere aos dois itens citados.

O dinheiro poupado pela compra de uma call DITM pode ser utilizado para comprar outras calls DITM, ou você pode colocá-lo em investimentos mais seguros de renda fixa.

Esta é uma das melhores maneiras de ficar rico com opções. O dinheiro colocado em investimentos que envolvem juros ou outras participações diversificadas pode aumentar sua riqueza cada vez mais rápido, porque os juros serão compostos e a diversidade de suas participações proporcionará uma maior "almofada" durante as quedas do mercado.

Último item antes de irmos. Este capítulo é designado para mostrar a você a melhor forma de entrar no mercado de ações utilizando contratos de opções. Eu, especificamente, não entrei no mérito de como escolher uma ação na qual você comprará opções. Escolher ações pode abranger um novo livro inteiro, ou muitos livros sobre análise técnica e fundamental. E este não é objetivo deste livro. Meu trabalho aqui é focar em como utilizar opções uma vez que você já tenha escolhido a ação.

A estratégia está a sua disposição. Boa sorte!

CAPÍTULO 7

SENDO PAGO PARA COMPRAR SUA AÇÃO FAVORITA

Você já se viu alguma vez impedido de comprar uma boa ação porque ela custava mais do que você podia pagar? Você está esperando, esperando, esperando pelo preço de sua ação favorita cair para que você possa comprá-la? Bem, então vou mostrar uma forma mais produtiva de usar seu tempo e seu dinheiro durante esses períodos. Se alguém oferecesse dinheiro para que você pudesse comprar sua ação favorita a um preço mais barato do que está no momento, você aceitaria? Eu com certeza, sempre aceito, e aposto que você também vai passar a aceitar depois de ler este capítulo.

Preste atenção, porque vou apresentar a estratégia n° 2, uma de minhas favoritas para venda de opções. Esta é uma forma fabulosa de se coletar prêmio de opções, que lhe gera renda enquanto você espera para, potencialmente, comprar sua ação a um nível mais baixo. Não é legal? Alguém realmente lhe oferecerá dinheiro hoje em troca da oportunidade de comprar a ação a um preço mais baixo. É como se fosse um prêmio de consolação dado a você pela grande paciência de esperar a ação chegar ao preço mais baixo esperado. Como resultado, essa estratégia se encaixa na categoria "geradora de renda". Aqui está:

A ESTRATÉGIA

O método é chamado de "**venda a seco de *puts*"[1]**, e é uma maneira incrível de se obter fluxo de renda passivo enquanto está sentado nas beiradas do mercado financeiro. É uma tática que poucos investidores individuais aproveitam, ou até mesmo sabem que existe, ainda que seja utilizada o tempo todo pelos traders profissionais. É uma forma alternativa de aproveitar a perspectiva otimista no mercado de ações. É fácil de entender e também é uma excelente forma de adquirir ações e ser pago em dinheiro pelos esforços. Gosto tanto desse método que o uso tanto na conta de minha esposa quanto na minha. Para mim, não há nenhuma outra forma de gerar taxa (renda) enquanto espera uma ação cair até seu ponto de compra.

Venda a seco de puts não é um sistema secreto, misterioso, que só um mestre em opções compreende. Nada disso; venda a seco de puts é uma estratégia testada e popular. Conforme mencionado, eu a utilizo todo o tempo em minhas operações pessoais. Se alguma vez você tivesse olhado o material educacional produzido pelas bolsas de opções americanas, veria a estratégia de venda a seco de puts listada junto com as outras estratégias simples, como a compra de calls e as mais avançadas "borboletas". Não é uma estratégia mirabolante nem ilegal. É apenas mais uma forma de investir que todas as pessoas deveriam conhecer.

COMO FUNCIONA?

Antes dos detalhes, prestem atenção a esta advertência:

NÃO VENDA PUTS A SECO DE AÇÕES QUE VOCÊ NÃO PRETENDE COMPRAR!

Em outras palavras, execute essa estratégia em ações que você deseja manter em seu portfólio. Este ponto é muito importante, porque assim que você vir como a estratégia funciona pode ser tentado a utilizá-la em ações que pagam mais dinheiro, mas essa tática pode ser perdedora e levá-lo a ter problemas mais adiante.

[1] *Nota do Tradutor*: Conforme citado anteriormente, as puts, ou opções de venda, têm baixa liquidez em nosso mercado, tornando quase inviável ao pequeno investidor pessoa física operá-las. Acredito que, com o crescimento atual da bolsa no Brasil, possa se tornar possível utilizar as puts como já fazemos com as calls, opções de compra, e por isso a leitura deste capítulo pode ser útil.

Ok, com o aviso dado, como *puts a seco* funcionam? Primeiro de tudo, você escolhe uma ação que gostaria de comprar depois de fazer toda a pesquisa fundamental e técnica. Seu processo de escolha de ações deve levá-lo à ação de empresas fortes que preenchem seus requisitos para obter bons rendimentos, alta reserva de dinheiro no caixa, gestão sólida e boa política de dividendos. Além disso, deve estar em uma tendência de alta nos gráficos e acima das médias móveis que você utiliza. É o que faço quando estou pesquisando ações para comprar.

Você decidiu que deseja comprar determinada ação e mantê-la em seu portfólio por um longo tempo, mas neste momento ela está custando um pouco mais do que você gostaria de pagar. Além disso, você prefere esperar que recue para a média de 50 dias. O que fazer nesse meio tempo então? Se você fosse como a maioria das pessoas, apenas se sentaria para esperar o preço da ação cair. Mas você não fará isso porque é mais esperto do que isso.

Considerando que você sabe em que nível se sente confortável para comprar a ação, seu segundo passo é consultar o preço das puts daquela ação para diferentes vencimentos. Isso pode ser feito em seu *homebroker,*[2] em uma plataforma online de cotações da bolsa, em um site de finanças, no jornal (o que seria informação velha) ou em sua corretora. Para mim, como tenho meu próprio negócio, consulto meu próprio provedor de dados. Encontre os preços de exercício que correspondem a seu objetivo de compra da ação e determine a série pela data de vencimento, considerando o tempo que você daria para que a ação chegasse àquele nível (data de expiração).

Vejamos um exemplo com a nossa velha amiga Microsoft (MSFT). Você conhece a ação, o produto, e sabe que o fundador é o homem mais rico do mundo. Você nunca possuiu essa ação antes, mas acha que chegou a hora. A empresa domina o seu setor e você a considera uma boa aquisição de longo prazo para o seu portfólio. Ela está em $22,63 hoje e você avaliou que $20 por ação seria o nível ideal para comprar a MSFT. Como fazer para que alguém o ofereça dinheiro agora e permita-o comprar ações da Microsoft por $20? Vendendo puts a seco, é claro!

A maioria das pessoas colocaria uma ordem no mercado e compraria as ações da MSFT da forma convencional. Se considerasse $20 um bom preço, colocaria uma ordem de compra da MSFT nesse nível no mercado e ficaria esperando a MSFT cair para ter a ordem executada. Ou, se você está conectado à internet, poderia colocar você mesmo uma ordem de compra de $20 por ação através de sua conta online de ações. Enquanto eu escrevia este texto

---

[2] *Nota do Tradutor*: Plataforma online das corretoras para negociar ações e opções.

(20 de junho de 2006), a MSFT estava sendo cotada a $22,63 por ação — ainda acima de seu ponto de compra. Então, se você fosse como a maioria dos traders, esperaria pacientemente a MSFT cair para $20. Mas você não é igual aos outros traders e aqui está o porquê...

Porque você sabe como, potencialmente, conseguir o mesmo trade com a venda a seco de puts e ser pago em dinheiro por seu tempo e esforço. Verifique o preço das opções. Aqui está como faço isso usando o site de minha corretora de opções, optionsXpress. A Figura 7.1 é uma imagem de tela da série de opções da MSFT com vencimento em janeiro de 2007 (aproximadamente sete meses para frente).

Puts								
Strike	Símbolo	Último	Variação	Pagão	Vendedor	VOL	OpInt	
MSFT @ 22.63							Jan 07 Puts	
12.00	MQFMM	0.05	0	0	0.05	0	1,528	trade
15.00	MQFMC	0.15	0	0.05	0.10	0	147	trade
17.00	MQFMO	0.15	0	0.15	0.20	0	11,134	trade
19.50	MQFMP	0.43	-0.02	0.40	0.50	557	61,284	trade
20.00	MQFMD	0.55	0	0.50	0.55	155	50,956	trade
22.00	MQFMQ	1.05	-0.10	1.05	1.10	124	191,891	trade
22.50	MSQMX	1.30	0	1.25	1.30	11,946	129,428	trade
24.50	MSQMR	2.32	-0.16	2.30	2.40	163	115,351	trade
25.00	MSQMJ	2.70	-0.05	2.65	2.75	254	77,488	trade
27.00	MSQMS	4.40	-0.30	4.30	4.50	53	99,917	trade
27.50	MSQMY	5.10	0	4.80	4.90	0	17,099	trade

Figura 7.1 Série de opções da MSFT, janeiro de 2007
Fonte: optionsXpress

A coluna à esquerda lista alguns dos preços de exercício das opções de venda (puts) para a MSFT que vencem na terceira sexta-feira de janeiro de 2007. Vemos que há strikes que vão desde $27,50 até $12. Na época desse *screenshot*, a MSFT estava cotada a $22,63 por ação. Para este trade, tudo que temos que fazer é olhar a coluna "Bid" (pagão, ou melhor, comprador) para cada strike correspondente. Você notará que os números na coluna *Bid* diminuem conforme os preços de exercício (strikes) diminuem. Esses números informam quanto dinheiro você irá receber pela venda de cada uma dessas opções. Por exemplo, se você vender as puts de $20, receberá $0,50. Esse valor é chamado de "prêmio" da opção. Como cada contrato (lote) de opções controla 100 ações, você tem que multiplicar os $0,50 por $100. Logo, se você vendesse um lote da put de $20 por um prêmio de $0,50, receberia $50, que seriam depositados em sua conta na corretora. Se você vender cinco lotes[3] (contratos) da opção de venda (put) de preço de exercício de $20, receberá $250; se vender 10 contratos, $500. Entendeu como funciona?

O QUE ACONTECE QUANDO SE VENDE PUTS A SECO?

Quando você vende uma put, está entrando em um acordo que tem a obrigação de preencher os termos do contrato. Sendo o vendedor de uma put, tem-se uma perspectiva de alta para a ação da qual se vende puts. Em nosso exemplo com a MSFT, você está entrando em uma trade otimista (bullish) porque deseja comprar ações da MSFT. Os termos de um contrato de venda de put exigem que você compre 100 ações da MSFT (por lote) no preço de exercício determinado ($20) a qualquer momento, até a data de vencimento (janeiro de 2007), se o comprador exercer seu direito.

Quando você vende um lote (contrato) de puts com preço de exercício de $20 e vencimento em janeiro de 2007 por $0,50, está dando garantias a alguém de que irá comprar 100 ações da MSFT por $20 cada a qualquer momento, até aquela opção vencer na terceira sexta-feira[4] do mês de janeiro de 2007, sob quaisquer circunstâncias (se o comprador exercer a opção). Em troca de assumir esse risco e da obrigação de comprar a MSFT por $20 por ação, o comprador da opção (lembre-se: você é o vendedor, então alguém estará comprando de você)[5] pagará $50 pelo lote de opções.

---

[3] *Nota do Tradutor*: Mais uma vez, é importante lembrar que os lotes no Brasil também são de 100 opções, mas confunde-se muito com o *kilo,* que corresponde a 1.000 opções. Muitas vezes, quando se fala em um lote no Brasil, muitos pensam em 1.000 opções e não em 100.

[4] *Nota do Tradutor*: No Brasil, o vencimento das opções se dá na terceira segunda-feira do mês

[5] *Nota do Tradutor:* Sempre que você vende a opção, vende para alguém que compra. O mesmo acontece quando você compra: compra de alguém que está vendendo. Apesar de o comprador sempre manter o direito, e o vendedor, a obrigação, eles não ficam "casados" no contrato um com o outro. A bolsa mantém o controle, e sempre que um comprador exerce sua opção, realiza um sorteio entre os vendidos para decidir qual será exercido, começando sempre pelos cobertos, deixando por último os descobertos.

De que **risco** estamos falando? E por que alguém pagaria para que você comprasse a MSFT mais barata do que está cotada hoje? Não parece estranho? A MSFT está sendo negociada a $22,63 hoje. Como você poderia comprá-la por $20? E se comprasse por $20, em que sentido isso é um risco? Digamos, por exemplo, que no dia seguinte em que você vende aquela put de $20, os tribunais decidem que a Microsoft estava agindo ilegalmente e que não poderá mais vender nenhum de seus produtos — a empresa, quase com certeza, vai falir. Bem, no próximo dia de pregão na bolsa, a ação da MSFT abre cotada a $1. Adivinhe o que acontecerá com aquela put (opção de venda) que você vendeu? O comprador o obrigará a preencher os requisitos do contrato, exercendo a opção e fazendo com que você compre 100 ações da MSFT por $20 cada, enquanto todos os outros podem comprar por apenas $1 a ação. Você ficou encurralado em uma perda de $19 por ação (menos os $0,50 recebidos pela venda da opção — na realidade, a perda é de $18,50 por ação). Esse é o seu risco.

O risco é que a ação tem o potencial de cair abaixo do preço que você poderá ser obrigado a comprar. Na verdade, não é diferente da situação de qualquer um que tenha comprado a ação diretamente antes do episódio hipotético que descrevemos. Quem porventura comprou 100 ações da MSFT por $22,63 cada no mesmo dia em que você vendeu a sua put pagou $2.263 e agora está sentado em uma perda de $21,63 por ação (-$2.163). Ao menos, com o seu trade, sua perda é de -$1.850 — um pouco menor.

Todos sabemos que o exemplo anterior é pouco provável, mas eu queria demonstrar o risco envolvido com a venda a seco de puts. Lembre-se: você está assumindo esse risco apenas até janeiro de 2007. Após a data do vencimento, se não solicitarem que você compre a ação, esta irá expirar sem valor e sua obrigação deixará de existir. Lembre-se também de que essa é uma ação que você ***queria*** comprar e teve a oportunidade de fazê-lo abaixo da cotação naquele momento, enquanto alguém estava disposto a pagar ao mesmo tempo para ver o que aconteceria até o vencimento. Assim, do seu ponto de vista, essa era uma oportunidade fantástica de comprar uma ação de qualidade e ser pago para fazer isso.

COMO COMPRAMOS NOSSAS AÇÕES?

O que acontece se a MSFT fechar abaixo do preço de exercício da opção no vencimento? Suponhamos que a MSFT chega ao dia do vencimento das opções a $19,80. Você deu sorte! O comprador irá "exercer" seu lado do contrato e você será "designado" para comprar 100 ações da MSFT por $20 cada. As palavras *exercer* e *designado* são termos que descrevem o processo pelo qual o comprador da opção executa (exerce) seu lado do acordo e obriga-o a comprar (designa) 100 ações da MSFT. As 100 ações aparecerão em sua conta na corretora e você terá que ter ao menos $2.000 disponíveis para honrar seu lado do contrato e comprar as 100 ações por $20. Na verdade, você está pagando somente $1.950 pelas 100 ações, porque recebeu $50 quando vendeu as puts. Seu custo real é de $19,50 por ação.

Então é isso. Você acaba por comprar 100 ações da MSFT abaixo do preço a que ela estava cotada no dia em que vendeu as puts (opções de venda) e alguém deu $50 por lote de opções (100 opções) para que você assumisse a obrigação de vender. Ainda que neste cenário hipotético a MSFT esteja sendo negociada agora a $19,80, você ainda está no lucro porque sua base de custo é $19,50.

POR QUE NÃO COMPRAMOS DIRETAMENTE AS AÇÕES?

Mostramos o que aconteceria se a MSFT estivesse sendo negociada abaixo de $20 no dia do vencimento. O que acontece se a MSFT estiver cotada *acima* de $20 naquela terceira sexta-feira de janeiro de 2007? Se a MSFT estiver sendo negociada acima de $20 quando fecharem as negociações para essa série de opções no dia do vencimento, a opção morre sem valor e não há mais nenhum negócio — os direitos e obrigações deixam de existir. Você fica com os $50 que recebeu inicialmente pelas puts e não tem mais a obrigação de comprar 100 ações da MSFT. "O que você quer dizer?", você me pergunta. "Pensei que a ideia da estratégia era comprar a ação abaixo de seu preço atual e ser pago para fazer isso." A ideia da estratégia é ter o *potencial* de comprar a ação abaixo de seu valor atual. A única forma de você poder comprar a ação abaixo do preço atual é a ação chegar ao dia do vencimento **abaixo** do preço de exercício de sua put. Este é o outro lado da estratégia. Para que você seja designado a comprar as ações, o preço da ação **tem** de estar, no dia do vencimento, abaixo de seu strike.

No cenário que acabou de ser descrito, você conseguiu comprar 100 ações da MSFT por $20 cada, porque ela fechou a $19,80 no dia do vencimento, o que é abaixo do preço de exercício de $20. Se a ação estiver sendo negociada abaixo de seu strike, você será obrigado a comprar a ação. Se a ação estiver cotada acima do preço de exercício da sua put no vencimento das opções, não será interessante para o comprador da put exercer seu direito, então ele irá preferir deixar a opção expirar sem valor. Você não irá comprar ações, mas, como eu disse, ficará com o prêmio recebido pela venda das opções de $50. Agora você pode repetir o processo e vender outra put de outra série com vencimento em outra data.

Depois de mais ou menos um ano e meio trabalhando como market maker de opções no pregão da Bolsa de Mercadorias de Nova York (NYMEX), descobri a estratégia de vender opções fora do dinheiro (OTM) próximo do vencimento. Opções de venda (puts) OTM têm seus preços de exercício (strikes) abaixo do preço atual do ativo subjacente e opções de compra (calls) OTM têm seus preços de exercício (strikes) acima do preço atual do ativo subjacente.

Durante meu tempo no pregão, de 1991 a 1998, os contratos futuros de petróleo (óleo cru) flutuavam, na maior parte do tempo, entre $15 e $25 por barril. Notei que muitas pessoas pagariam um bom dinheiro por opções que estavam bem acima ou bem abaixo do preço naquele momento do contrato futuro de vencimento mais próximo. Se o petróleo estava cotado a $20 o barril, as pessoas compravam puts de $15 e/ou calls de 30, na esperança de que o preço do petróleo chegasse a um desses níveis até a data de vencimento das opções. O que eu percebi foi que essas opções estavam, na maior parte das vezes, morrendo sem valor por causa da enorme distância que os contratos futuros tinham que movimentar para que a opção se tornasse rentável, além do fato de as opções, por estarem próximas ao vencimento, terem vida curta. Decidi, então, começar a vender essas opções, o que me permitiu receber dinheiro dos compradores. Tudo que eu tinha de fazer era esperar pelo vencimento e ver as opções morrerem sem valor.

Com o passar do tempo, percebi que devido à instabilidade progressiva do Oriente Médio e o efeito que a Organização dos Países Exportadores de Petróleo (OPEP) tinha no preço do petróleo, poderiam ocorrer mais movimentos violentos para cima do que para baixo nos preços do petróleo. Nessa época, comecei a restringir minhas táticas de venda de opções OTM somente às puts. As pessoas continuavam pagando prêmios nessas opções e eu estava disposto a vendê-las. O que não notei naquela época foi que não só eu estava recebendo uma renda mensal pela venda, mas também estava me colocando em uma posição que poderia me permitir comprar petróleo por preços mais baixos que o do momento da transação com opções.

Naquele tempo, no início dos anos 90, eu estava vendendo puts (opções de venda) com preços de exercício de $15 até lá embaixo, nos $9. Se eu alguma vez fosse exercido em minhas vendas de puts (significando o comprador exercer o direito dele de vender contratos futuros de petróleo para mim ao preço de exercício da opção), estaria comprando petróleo a preços bem baratos, o que não é uma coisa ruim com uma commodity que tem demanda alta em todo o mundo. Acontece que nunca fui exercido em minhas vendas de puts, e isso foi por causa da vida curta delas e por serem muito OTM.

Nesses anos, eu me tornei o market maker que a maioria dos corretores procurava quando seus clientes precisavam comprar algumas puts (opções de venda) OTM. Outros traders evitavam essas táticas de venda, alegando o "potencial de perdas ilimitadas" de vender opções. Eles diziam que eu estava cruzando o "Lado Negro", mas para mim a estratégia era sólida. Eu estava recebendo bom prêmio, tinha o potencial de comprar petróleo a preços inacreditavelmente baixos e tinha planejamento de gestão de risco adequado. Os contratos futuros da NYMEX eram negociados eletronicamente durante a noite, depois que a bolsa fechava, então, se eu tivesse que me proteger, poderia comprar ou vender contratos futuros.

Depois que deixei a NYMEX, abri uma empresa para minhas operações em bolsa. Comecei a operar opções de ações com a mesma metodologia. Vendia puts abaixo do preço de mercado (OTM) de ações que eu gostaria de possuir. Isso permitia que, inicialmente, eu coletasse o prêmio da opção, e poderia permitir comprar a ação a um preço excelente. Esse é o benefício de se vender puts (opções de venda) de ações que você está esperando a um preço mais baixo para comprar.

Quando você pretende comprar uma de suas ações favoritas a um preço mais barato, vender puts é uma estratégia viável para se estabelecer um preço limite potencial, ao mesmo tempo em que recebe uma renda (prêmios das opções). A forma como eu estava utilizando isso na NYMEX era, primordialmente, coletar a renda dos prêmios, mas aplicar no mercado de ações oferece o potencial de comprar uma ação favorita a um preço excelente fixado por você quando monta a operação. Essa é uma estratégia vencedora em meu livro.

ESCOLHENDO UM PREÇO DE EXERCÍCIO DIFERENTE

E se você quisesse escolher um strike (preço de exercício) menor ou maior? Podemos ver na Figura 7.1 que a put (opção de venda) de $17 está pagando $15 por cada lote (100 opções) que você vender. Neste caso, você será designado a comprar as ações somente se a MSFT fechar abaixo de $17 na terceira sexta-feira de janeiro de 2007. Como você pode ver, quanto menor o preço de exercício, menor o prêmio da opção. Isso acontece porque quanto menor o preço de exercício, mais a MSFT terá de cair para que a opção tenha valor, então, menos o comprador estará disposto a pagar por ela. Se, ainda assim, você deseja escolher a opção de strike $17 e receber mais dinheiro por ela, escolha um vencimento mais tardio, digamos março ou julho de 2007, pois ela valerá mais. A razão de pagarem mais por opções com vencimento mais distante é que agora você está dando ao comprador um tempo maior para que a MSFT se movimente (e possivelmente chegue a preços mais baixos). Sempre que você der mais tempo para que um evento ocorra, deve cobrar mais por isso. É assim que funcionam as operações com opções.

Você poderia escolher também a put de strike $22,50, se quisesse. Vemos que ela está pagando $125 por lote (100 opções) vendido. Nesse caso, você será exercido somente se a MSFT fechar abaixo de $22,50 no dia do vencimento das opções. Neste caso, você terá que comprar as 100 ações da MSFT por $22,50 cada (ainda abaixo do preço atual de $22,63), mas seu custo real será $21,25 (preço de exercício de $22,50 menos $1,25 do prêmio).

NÃO DÊ IMPORTÂNCIA SOMENTE AO PRÊMIO DA OPÇÃO

Conforme anteriormente citado neste capítulo, ao entender a estratégia, você pode ficar tentado a procurar opções que paguem mais dinheiro pela venda. Essa é a estratégia para apostadores e especuladores. Eles não estão interessados em comprar nenhuma ação; só querem vender as puts que pagam muito. Não entre nesse jogo a não ser que você saiba bem o que está fazendo e tenha longa experiência com a venda de puts a seco. As ações que pagam prêmios altos são normalmente muito instáveis e voláteis, subindo ou caindo de preço em curtos períodos de tempo e de forma agressiva. Você pode estar pensando que os prêmios altos irão defender qualquer movimento de queda na ação. Não esteja tão certo assim. Já vi muitas ações serem atingidas por notícias devastadoras e caírem muito mais do que qualquer prêmio de opção poderia, por ventura, proteger. ***Só venda puts a seco de ações que pretende comprar e guardar por prazos longos.***

ALGUNS PRÉ-REQUISITOS

Para executar venda de puts a seco em sua corretora, você precisa ter uma conta tipo margem e também ser aprovado para o nível de negociação de opções que permite a venda de puts. Algumas firmas não permitem que traders principiantes vendam opções de put logo de início, pois consideram esta estratégia muito arriscada. O risco é ilimitado até o ponto em que a ação possa cair até zero após ser atribuída (lembre-se de nosso exemplo com a MSFT, quando a imaginamos caindo para $1).

Não há diferença no risco entre a estratégia de vender puts e a de comprar ações. Qual é o seu risco ao comprar ações? O risco de a ação cair a zero. No entanto, as corretoras não parecem restringir ninguém de comprar ações. Certo? Qualquer um pode abrir uma conta de negociação de ações e perder todo seu dinheiro em uma ação de longo prazo. Ninguém parece impedir investidores de fazerem isso.

É o mesmo com o trade de opções cobertas (sobre as quais você lerá no Capítulo 10). O risco também é ilimitado do lado das desvantagens até o ponto de a opção chegar a zero, porém, as corretoras consideram a negociação de opções cobertas uma das estratégias mais conservadoras que existem. Vá entender. Por que a venda de puts de opções é considerada mais arriscada que a compra de ações? Até hoje eu não tenho uma resposta.

Lembre-se também de que se opções de puts lhe forem atribuídas, você precisa ter dinheiro suficiente na sua conta para cobrir o custo de comprar 100 ações (um contrato de opções). Em nosso exemplo da MSFT, você precisaria ter ao menos $2.000 em dinheiro disponível para pagar suas 100 novas ações da MSFT.

EXIGÊNCIAS DE MARGEM

Enquanto sua venda de puts está aberta, sua corretora exigirá que você mantenha certa quantidade de dinheiro em sua conta a todo momento. Que tipo de dinheiro? É chamado "dinheiro de margem" ou "exigência de margem". É a quantidade de dinheiro que você precisa manter acessível em sua conta durante todo o tempo em que segurar a opção de put a seco. É classificado de "dinheiro de boa-fé", que será utilizado para protegê-lo caso a posição comece a se mover contra você.

A exigência de margem é um fantástico negócio para venda de ações, porque você não precisa ter dinheiro em mãos para cobrir o preço total de compra de uma ação enquanto o trade está aberto. Em nosso exemplo, nós não precisaríamos ter $2.000 disponíveis a todo momento para cobrir o custo de compra de 100 ações da MSFT a $20. Em vez disso, sua corretora somente pedirá que mantenha uma fração dos $2.000 em sua conta. Baseado em um contrato de opções.

Cada corretor é diferente no que diz respeito a quanto precisa para a exigência de margem, mas existe um padrão da indústria que podemos utilizar como boa referência. Este padrão é derivado de uma fórmula simples para calcular a exigência de margem. É 15% do preço subjacente no momento do trade somados ao prêmio da opção multiplicado por 100. No exemplo da MSFT, a exigência de margem seria (0,15 x $22,63) + ($0,50) x 100 = $389,45.

Então, desde o primeiro momento do trade da opção de venda de $20, sua corretora pediria para que tivesse o mínimo de $389,45 em sua conta para cada put que você vendeu. Se você vendeu 10 opções de put, sua exigência seria de $3.894,50, o que é muito melhor que precisar de $20.000 em sua conta (baseado em 1.000 ações). Junto com a economia de quase 81% em exigência de margem (se comparado com precisar ter o valor total da compra da ação), você pode investir uma parcela desse dinheiro extra em outras opções, ou mantê-lo como dinheiro e ganhar juros sobre ele. Apenas outra maneira de ficar rico com opções.

VENDA DE PUTS DURANTE AS QUEDAS

A razão pela qual gosto tanto desta estratégia é adorar que outras pessoas me paguem dinheiro somada à oportunidade de comprar minha ação favorita a um preço de minha escolha. Um de meus cenários favoritos de venda de puts é quando uma *blue-chip*[6] de qualidade sofre queda de preços importante por uma razão qualquer. A maioria desses movimentos de queda cria oportunidades incríveis de venda de puts (opções de venda). Não só a maioria das ações nessa situação se recupera rapidamente (ou, ao menos, não cai muito mais), mas a volatilidade implícita sobe muito, fazendo com que as puts se tornem bem mais caras. Lembre-se: a volatilidade implícita tem efeito direto no preço de uma opção, e quando a volatilidade implícita sobe, os preços das opções acompanham. Então agora as puts estão valendo bem mais do que o normal, o que ocasiona muito mais dinheiro no bolso dos vendedores de puts. Se formos exercidos, estaremos comprando uma de nossas ações favoritas a um preço excelente, e seremos pagos para fazer isso.

Quero mostrar alguns exemplos reais de operações de venda de puts que realizei recentemente. São trades verdadeiros e incluí imagens de minhas notas de corretagem da interactivebrokers.com para provar sua autenticidade (Figuras 7.2 e 7.3).

Os dois gráficos mostram um mapa diário da Intel Corporation (INTC) e a venda a seco de puts que fiz naquela ação durante o mês de janeiro de 2006, como é visto na nota de corretagem. No meio de janeiro de 2006, vemos a abertura em queda com enorme *gap*[7] da INTC e depois a ação caindo lentamente até o meio de junho. Todas as minhas vendas de put foram feitas após aquela gap para baixo inicial. Eu não tinha como saber se a INTC iria cair mais ou não nos meses seguintes. Isso não tinha importância para mim porque eu estava determinado a comprar a INTC bem abaixo do que ela costumava ser negociada. Escolhi $20 por ação, ou até abaixo disso, como níveis em que me sentiria confortável na compra de ações da INTC se eu fosse exercido e obrigado a comprá-las.

---

[6] *Nota do Tradutor*: Outro termo muito usado em nosso mercado, *blue-chip*, ou fichas azuis, vem do jogo de pôquer, no qual as fichas azuis são as mais valiosas. Na bolsa, denota ações de empresas líderes, com bons fundamentos e com grande volume de negociação.

[7] *Nota do Tradutor*: Em português, janela, mas em nosso mercado usamos mais o termo em inglês *gap*, que significa uma abertura em queda ou alta que abra uma janela entre os extremos dos dois dias. Gap de alta acontece quando a mínima de um dia é mais alta do que a máxima do dia anterior. Gap de baixa acontece quando a máxima de um dia é mais baixa do do que a mínima do dia anterior.

NOTA DE CORRETAGEM

Opções						
USD						
Símbolo	**Data**	**Bolsa**	**Quantidade**	**Preço**	**Valor**	**Corretagem**
INTC FEB06 20 P (100)	2006-01-18, 12:42:06	ISE	-1	0.1000	10.00	-1.00
ISE FEB06 22.5 P (100)	2006-01-23, 11:08:57	PHLX	-1	0.0500	5.00	-1.00
INTC FEB06 20 P (100)	2006-01-23, 12:47:32	CBOE	-1	0.2000	20.00	-1.00
INTC JUL06 15 P (100)	2006-01-23, 12:48:25	CBOE	-1	0.1000	10.00	-1.00
INTC APR06 17.5 P (100)	2006-01-23, 14:34:28	CBOE	-1	0.1500	15.00	-1.00
Total					**60.00**	**-5.00**

Figura 7.2 Vendas de puts, janeiro de 2006.

Fonte: Cortesia Interactive Brokers LLC. Todos os direitos reservados.

Como se pode ver, vendi a put da INTC, com vencimento para fevereiro de 2006 e preço de exercício de $20, por $0,10 e $0,20 cada, a put de abril de 2006 de $17,50, por $0,15, e as puts de $15, para julho de 2006, por $0,10. Só desses trades com a INTC, recebi $51 em dinheiro (incluindo as comissões) pelas vendas. A INTC nunca fechou abaixo dos preços de exercício de minhas puts durante o período de vida de cada uma delas. Para mim, isso estava bom porque fiquei com os $51 sem nunca ter sido obrigado a comprar as ações. Ainda que eu quisesse comprar ações da INTC baratas, elas nunca caíram até o nível que eu desejava comprar. Além disso, com a gap de queda de janeiro de 2006, a volatilidade implícita subiu bastante nas opções da INTC, fazendo com que as puts custassem mais e me permitindo receber um pouco mais do que o normal pela venda.

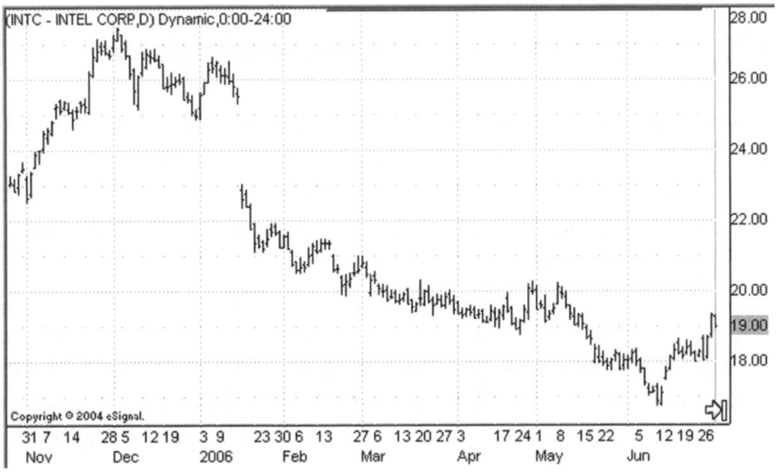

Figura 7.3 Gráfico diário da INTC.
Fonte: eSignal.com

Para mais informações sobre a venda de puts, segue uma cópia de um artigo que escrevi para o site Smartoptionsreport.com, em janeiro de 2006, depois que a INTC teve aquela grande gap de queda. O artigo corresponde a minha posição em opções demonstrada na Figura 7.2.

Antes que eu me esqueça, quero mostrar mais alguns exemplos reais de operações de venda a seco de puts em minhas contas pessoais. A Figura 7.4 é uma nota de corretora de minha conta na Interactivebrokers.com.

NOTA DE CORRETAGEM

Opções						
USD						
Símbolo	**Data**	**Bolsa**	**Quantidade**	**Preço**	**Valor**	**Corretagem**
INTC APR06 17.5 P (100)	2006-03-03, 10:33:42	PHLX	-1	0.1000	10.00	-1.00
ISE JUL06 22.5 P (100)	2006-03-16, 13:16:39	ISE	-1	0.1000	10.00	-1.00
Total					**20.00**	**-2.00**

Figura 7.4 Nota de corretagem IRA, março de 2006
Fonte: Cortesia Interactive Brokers LLC. Todos os direitos reservados.

COMPRANDO A INTEL ABAIXO DO MERCADO

Vocês viram o golpe que a Intel (INTC) levou outro dia no mercado? Levou um nocaute e perdeu quatro pontos no preço de suas ações, mas para pessoas como eu, que nunca possuíram ações da INTC e estavam esperando a hora certa para começar, acredito que chegou a hora. Contudo, vou fazer isso de forma um pouco diferente.

Diversas vezes vi ações de boas empresas apanharem exatamente da mesma forma que a INTC, apenas para voltarem ao nível de preços anterior depois de algumas semanas ou meses. Essa é a atitude otimista da maioria do mercado. Não há como discutir sobre uma empresa que domina quase 95% dos chips em cada novo PC produzido. Gostaria de tentar minha sorte em uma empresa como essa.

Aqui está como espero comprar a INTC nas próximas semanas ou meses a preços mais baixos do que os de hoje. Venderei puts a seco da INTC.

A Figura 7.5 é um gráfico mensal de nove anos da INTC com início em 1997. A parte de cima do gráfico é as cotações mensais da INTC e a parte de baixo mostra o indicador de força relativa(IFR) (Relative Strengh Indicator — RSI) que uso para auxiliar minhas avaliações direcionais do mercado. Cada barra vertical no gráfico de cima representa um mês inteiro de cotações da INTC. Tirando o fundo em $12,95, de 2002, a INTC manteve sempre um bom suporte na área, de $15 a $20, que é onde eu estou tentando comprar minhas ações da INTC. Isso é baseado somente em minha opinião e na análise técnica do mercado. Outros podem ter uma visão diferente, mas isso é o que eu estou vendo. Hoje, dia 24 de janeiro de 2006, a INTC está sendo negociada a $21,45 por ação. Estou querendo entrar nas ações da INTC entre $15 e $20 por meio da venda a seco de puts. Se eu nunca chegar a comprar ações da INTC, ao menos serei compensado por meu esforço por meio de pagamentos em dinheiro depositados em minha conta. Aqui está como funciona:

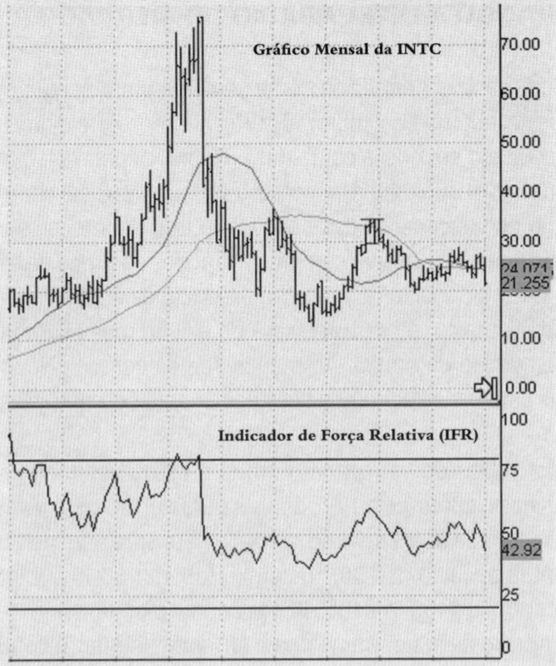

Figura 7.5 Gráfico mensal da INTC

Fonte: eSignal.com

Você escolhe um nível de preços para uma ação que desejaria comprar e depois vende puts (opções de venda) que correspondem à área escolhida. Quando você vende puts a seco, passa a ter a obrigação de comprar 100 ações para cada lote de opções que vende. Nesse momento, a INTC está cotada a $21,45 por ação, mas se ela for negociada abaixo de $20 (bem próximo da data de vencimento das opções), serei obrigado a comprar 100 ações por $20, não importando o quanto abaixo de $20 esteja a ação. Se a INTC cair até $18, por exemplo, minha obrigação permanece sendo comprar as ações por $20. Para mim isso está bom porque é o preço que eu pretendia comprar mesmo. Também pretendo vender puts dos strikes de $17,50 e $15, que podem me fazer comprar a INTC por $15 e $17,50.

(continua)

COMPRANDO A INTEL ABAIXO DO MERCADO *(Continuação)*

Um dos grandes benefícios de se vender puts a seco é que recolhemos o prêmio que recebemos do comprador. Recebemos este dinheiro imediatamente e ele é depositado em nossa conta na corretora. Depois que o trade é executado, tudo que temos que fazer é esperar para ver se a INTC cai abaixo de nosso preço de exercício no vencimento das opções. Se isso acontecer, seremos exercidos, significando que teremos que comprar 100 ações ao preço de exercício da opção. Se a ação não cair abaixo do preço de exercício de nossa opção no vencimento, o trade estará morto, a opção deixará de existir, mas ficaremos com o prêmio recebido da venda da opção. Ao menos somos compensados pelo tempo que esperamos para ver se seríamos designados para comprar as ações.

Os três meses de vencimento em que estou vendendo puts da INTC são mostrados nas Figuras 7.6 a 7.8. Vendi as puts de $20 para fevereiro de 2006 por um preço médio de $0,15 por lote, as de $17,50, para abril de 2006, por $0,15 por lote, e as puts de julho de 2006, de strike $15, por $0,10 por lote. Considerando o multiplicador de $100, recebi $15 por contrato de fevereiro e abril que vendi e $10 por contrato de julho. Como vendi um total de quatro contratos (lotes), isso teoricamente me coloca em posição de comprar 400 ações da INTC por $20 a $15 por ação. Pelos meus esforços, recebi $55 (sem contar as comissões) em troca da oportunidade de comprar a INTC a preços mais baixos do que os de hoje. Alguém está realmente me dando dinheiro hoje em troca da oportunidade de comprar a INTC mais adiante. Grande negócio.

Puts								
Strike	Símbolo	Último	Variação	Pagão	Vendedor	VOL	OpInt	
INTC @ 21.44							Feb 06 Puts	
17.50	NQNW	0.05	0	0	0.05	0	62	trade
20.00	NQND	0.15	-0.05	0.15	0.20	4,937	21,280	trade

Figura 7.6 Opções da INTC, vencimento de fevereiro de 2006

INTC @ 21.44							Apr 06 Puts	
15.00	NQPC	0.05	0	0	0.05	0	35	trade
17.50	NQPW	0.15	0	0.10	0.15	5	2,950	trade

Figura 7.7 Opções da INTC, vencimento de abril de 2006

INTC @ 21.44								Jul 06 Puts
15.00	NQSC	0.10	0	0.05	0.10	0	329	trade
17.50	NQSW	0.35	+0.05	0.25	0.35	32	1,299	trade

Figura 7.8 Opções da INTC, vencimento de julho de 2006

Deixe-me preveni-lo: esta não é uma estratégia para todo mundo, e nem todos são aprovados para vender puts a seco. A razão para este alerta é que alguns podem ser pegos pelo frenesi de vender opções apenas para receber o prêmio. Não faça isso! Só venda puts a seco de ações que você definitivamente deseja comprar e manter em seu portfólio. Não venda mais lotes de opções do que a quantidade de ações que você pode comprar sem problemas. Se você normalmente faz trades com 500 ações, não venda mais do que cinco lotes de puts.

O outro problema é se você pode ser aprovado para a venda de puts a seco em sua conta. Corretoras consideram a venda de pus a seco um tabu e possuem diretrizes rígidas para o tipo de conta que você precisa ter para fazer isso. A meu ver, esta não é uma estratégia arriscada se você não abusar dela. Além disso, não é mais arriscado do que vender opções de compra cobertas, e as corretoras consideram as opções de compra cobertas o mais seguro possível. Pergunte a seu corretor sobre esta comparação e descubra o quanto ele ou ela sabe sobre o assunto!

Boa sorte!

Minha esposa e eu temos contas na corretora em que podemos vender puts a seco. Realizamos essa operação somente para ações que desejamos comprar e segurar (igual a um casamento!) Assim, vendemos puts OTM na INTC e na International Securities Exchange (ISE). Ambos recolhemos $20 de prêmio enquanto esperávamos para ver se uma das ações terminaria abaixo dos preços de exercício no vencimento. A conclusão foi que (conforme revisão da seção meses após escrevê-la) nenhuma das duas ações foi negociada baixo o suficiente para que fôssemos obrigados a comprar as ações. Nenhum problema; recebemos dinheiro das operações de qualquer jeito.

Se você olhar para as notas nas Figuras 7.6 a 7.8, verá que nossas comissões são de apenas $1 por lote. Estas são das mais baratas do mercado. Como gastamos $2 em comissões e recebemos $20 em prêmios de opções, o resultado líquido foi de $18. Não parece muito, mas qualquer dinheiro é bom dinheiro. Se você faz esse trade muitas vezes durante anos, com a quantidade suficiente de lotes e ações, vê sua conta no banco crescer rapidamente. Uma dica: tenha certeza de que você está pagando comissões baratas para que consiga cobrir o prêmio que recebeu. Se você está vendendo uma opção por $20, mas está pagando $25 em comissões, você estará perdendo $5 no trade. Tenha certeza de que você contabilizou todos os seus gastos!

TEMPOS DIFÍCEIS EM 2008

Quando revisei este capítulo de venda de puts em janeiro de 2009, a economia dos EUA estava passando por um de seus períodos mais difíceis desde a Grande Depressão. Entre a crise de crédito nos bancos, o colapso da indústria de automóveis e do mercado imobiliário, o desaparecimento de algumas casas de investimentos que já existiam há muito tempo, as altas taxas de desemprego, e até mesmo o escândalo de Bernie Madoff — agora é fácil de entender por que os mercados de ações e commodities levaram uma grande pancada desde o outono de 2008.

Vimos a implosão de muitas ações, algumas das quais cessaram suas atividades. Mas, por outro lado, esta corrente descendente nos está dando uma oportunidade de possivelmente comprar ações de alta qualidade a níveis que não haviam sido vistos em 10 a 15 anos. Este é o cenário perfeito para implementar a venda de puts. Não apenas as ações estão mais baratas do que já estiveram em uma década, como os níveis de volatilidade estão altíssimos — tornando as opções mais caras e, consequentemente, colocando ainda mais dinheiro de venda de puts em nossos bolsos.

Eu executei alguns trades de venda de puts de minha própria conta já no final de 2008 para o Citigroup e a Disney. Se você esteve acompanhando as notícias durante este momento deve ter visto que o Citigroup estava sendo atacado, porque o mercado sentiu que não iria sobreviver à crise financeira, assim como outras casas de investimento como a Bear Stearns e o Lehman Brothers, que haviam sido vítimas da carnificina. Obviamente, no último minuto, o governo federal interveio e deu fundos ao Citigroup, o que conseguiu parar a queda e deu suporte ao banco. A figura 7.9 mostra como se parecia o gráfico do Citigroup naquele momento.

Como você pode observar na Figura 7.9, o Citigroup caiu até $3,05 por ação no dia 21 de novembro de 2008. Sem sombra de dúvidas, este foi um momento amedrontador para o sistema bancário dos EUA, ainda mais para os acionistas do Citigroup. Vimos muitos patrimônios serem apagados dos portfólios das pessoas apenas nos últimos três meses de 2008. Este, claramente, não foi um tempo divertido para os investidores.

Figura 7.9 Gráfico Citigroup
Fonte: eSignal.com

No entanto, por mais difíceis que as coisas pudessem parecer naquele tempo, sempre existem oportunidades. Se você nunca teve ações de muitas dessas companhias de qualidade, então você estava presenciando uma possibilidade única de oportunidade de investimento.

Quanto a mim, decidi vender um contrato de opções de put do Citigroup no dia em que atingiu seu ponto mais baixo desde 1992 (veja a Figura 7.11). Eu vendi um contrato de opções de put $2,50, de dezembro de 2008, por $0,70. Você imaginou que o Citigroup estaria sendo negociado abaixo de $5 novamente em nosso tempo de vida? Eu certamente não. Mas, quando eu vendi a opção de put de $2,50 por $0,70, estava me obrigando a comprar 100 ações do Citigroup por $2,50 cada. O quão mais baixo ela poderia chegar? Com os $0,70 que recebi de início ($70 em dinheiro real com o multiplicador), minha base de custos seria $1,80 por ação ($2,50 - $0,70 = $1.80). Você gostaria de comprar ações do Citigroup por $1,80?

Acabou que o Citigroup não caiu abaixo dos $3,05 que havia chegado no dia 21 de novembro de 2008, então a opção de venda expirou sem valor em dezembro de 2008, me deixando com os $70 que havia recebido inicialmente. Eu não vendi puts com data de expiração para outro mês nesse momento porque ainda estava inseguro em relação ao mercado de ações no geral.

MICKEY BARATO

O próximo foi o trade da Disney. Baseado no gráfico da Figura 7.10, a Disney estava entrando em níveis de sobrevenda e chegando em áreas que não havia chegado em mais de cinco anos. Uma das coisas que gosto de fazer ao decidir em quais ações vender opções de put é esperar que elas cheguem a níveis que não haviam chegado em bastante tempo e vender opções de put ainda mais OTM.

Quando a Disney caiu até chegar em $20 por ação, eu decidi executar meu plano. Eu fui em frente e vendi as opções de put de $12,50 de abril de 2009 por $0,75 por contrato (veja a Figura 7.11). Este trade me obrigaria a comprar 100 ações da Disney a $12.50 cada se a Disney chegasse a um nível mais baixo do que este até a data de expiração em abril de 2009. O preço de $12,50 por ação é um preço que a Disney não via desde agosto de 1993. E, como eu coletei $0,75 de início do comprador de opção, meu custo real foi de $11,75. Muito bom. Este trade ainda estava em aberto quando escrevi essa seção (janeiro 2009), então não faço ideia de como se desenrolará. Se você já vendeu opções de put anteriormente (e mesmo se não fez isso), você consegue ver como pode vender opções por prêmios descentes que, às vezes, podem chegar a 50% OTM a partir do preço atual da ação.

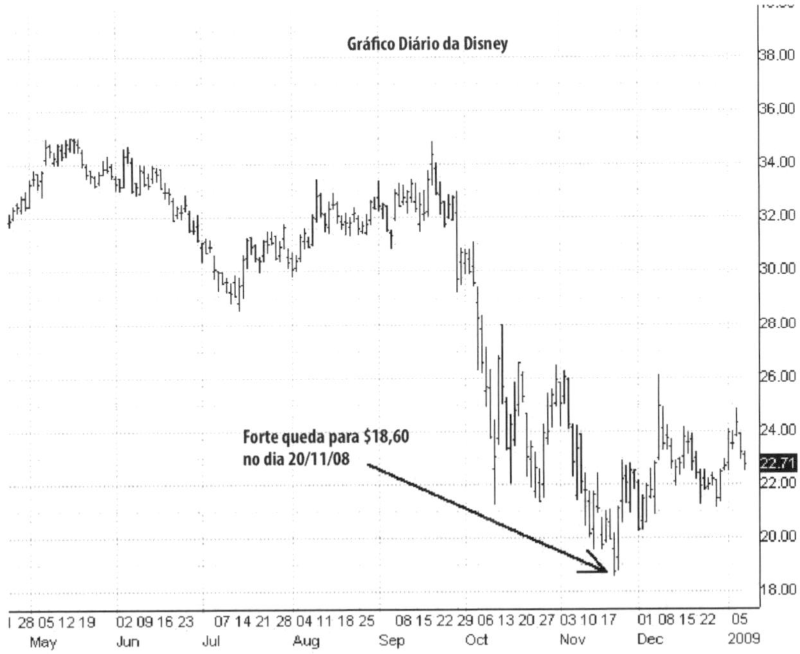

Figura 7.10 Disney
Fonte: eSignal.com

Symbol	Date/Time	Exchange	Quantity	T. Price
Equity and Index Options				
USD				
C DEC08 2.5 P	2008-11-21, 10:26:23	-	-1	0.7000
DIS APR09 12.5 P	2008-11-17, 10:17:49	-	-1	0.7500

Figura 7.11 Confirmação de venda de put
Fonte: Cortesia Interaction Brokers LLC All Rights Reserved

FUNCIONA SEMPRE?

Não há garantias, no entanto, que mesmo se você vender opções de put de ações de alta qualidade elas não cairão. Todas as ações caem em algum ponto, como foi demonstrado ao longo da queda do mercado no final de 2008. Foi difícil para todos. A queda no mercado financeiro trouxe sofrimento para muitas pessoas, que viram o declínio do valor de seu portfólio. Alguns dos maiores movimentos no mercado de ações naquele momento foram as ações financeiras e de automóveis. Muitos dos maiores e melhores bancos, alguns considerados principais para qualquer portfólio de sucesso, viram os preços de suas ações serem massacradas em até 90%. Companhias como Citigroup, Bear Stearns, Lehman Brothers, Morgan Stanley e até a Goldman Sachs, todas sofreram fortes quedas nos preços de suas ações. As três maiores fabricantes de automóveis — Ford, General Motors e Chrysler estavam sendo negociadas nos seus menores níveis da história e, no momento em que estava atualizando este livro (janeiro 2009), haviam acabado de receber um grande resgate financeiro do governo dos EUA.

Mesmo uma ótima estratégia de opções como a venda de puts a seco precisa ser utilizada com cautela, especialmente em um mercado em declínio, porque, no final das contas, você pode acabar possuindo ações enquanto elas ainda estão caindo em preço. Mas, isso pode não ser tão ruim quanto parece porque se você vender opções de put OTM o suficiente, o nível de preço das ações designadas a você (algumas que não foram vistas em 10 a 15 anos) pode ser fantástico. Eu sei que se me forem atribuídas opções de put da Disney a $12,50, eu estarei em êxtase de possuir ações da Disney a este nível.

Veja alguns exemplos INTC que usei algumas páginas atrás. Em janeiro de 2009, a INTC estava sendo negociada a $14 por ação. Isto é mais baixo do que qualquer preço de exercício que havia vendido em 2006. Se isso fosse agora, as ações teriam sido atribuídas a mim e eu seria forçado a comprar a INTC entre $15 e $20 por ação. Mas, lembre-se: uma das coisas sobre as opções é que todas expiram em algum momento. Todas as opções que vendi em 2006 já expiraram, e agora eu posso vender opções de put INTC a preços ainda mais baixos — possivelmente opções de put de $7,50 ou $10. Você consegue se imaginar comprando a INTC tão barata agora?

INSTANT MONEY TRADER

Com o grande índice de sucesso que alguém pode ter com a venda de opções, recentemente eu abri um segundo serviço de assessoria, em novembro de 2008, chamado *Instant Money Trader* (em tradução livre: Negócio de dinheiro instantâneo). Este serviço é focado especificamente na venda de opções OTM em marcas de renome, alta qualidade, ações industriais S&P 500 e Dow Jones. Nós planejamos construir um portfólio diversificado dessas excelentes ações enquanto, ao mesmo tempo, recebemos em dinheiro apenas pelos nossos esforços.

A Figura 7.12 mostra um exemplo de um dos alertas reais que enviamos no que diz respeito a venda de puts.

Este foi um dos primeiros alertas IMT (*Instant Money Trader)* recebidos por nossos assinantes após nosso lançamento em novembro de 2008. Nosso primeiro trade foi uma opção de venda da Microsoft que expirou em abril de 2009, em que nós vendemos o preço de exercício de $17,50 por $1,15 por contrato.

Qualquer um que vendesse 10 desses contratos de opções coletaria $1.150 em suas contas de negócios logo no primeiro dia, enquanto estava se obrigando a comprar 1.000 ações da Microsoft por $17,50 cada na data de expiração da opção em abril de 2009. No momento do trade, a MSFT estava sendo negociada a $21,75 por ação, então, estávamos tentando comprá-la em outros 20% abaixo do seu valor atual. Se a ação não fosse negociada abaixo de $17,50 até a data de expiração, então nós não poderíamos comprar nenhuma ação — mas, ao menos, seríamos compensados com o dinheiro vivo que arrecadamos de início. Nós não tínhamos como saber como o trade se desenvolveria no momento em que escrevia esta seção em janeiro de 2009.

IN$TANT MONEY TRADER

O Instant Money Trader
Rua W. Monument 105
Baltimore, MD 21201

Terça-feira, dia 06 de novembro de 2008

E-mail n° 3

Olá, Negociadores de Dinheiro Instantâneo,

Ontem, nós fomos bem-sucedidos ao implementar nosso primeiro negócio de venda de opções nas ações da Microsoft. Nós conseguimos vender opções de put de abril de 2009 de $17,50 por um preço de $1,15 por opção. Alguns de vocês podem ter conseguido mais desta opção dependendo de quando receberam este alerta.

Se você vender 10 opções, você receberá $1.150 em sua conta de trade e teria uma margem de requerimento baseada nos parâmetros de sua corretora. Se nós acabarmos comprando a MSFT por $17,50 por ação em abril, você estará comprando 1.000 ações da empresa e terá que pagá-las em sua totalidade naquele momento. Se você vendeu menos opções, sua obriga-ção será com menos ações, claro.

Atualmente, a MSFT está a $21,75 por ação, ainda $4,35 acima de nossa meta de preço de compra. Se você seguir os preços de opções, verá que eles flutuam mais altos ou mais baixos dependendo de onde a MFST está atualmente sendo negociada e quanto tempo ainda existe antes de sua expiração. Nosso objetivo final é possuir ações a $17,50.
Se isso não acontecer, então, pelo menos, nós poderemos ficar com o dinheiro que coletamos ontem.

Aqui está um gráfico mensal da MSFT com o nosso ponto de compra desenhado. *(Continua)*

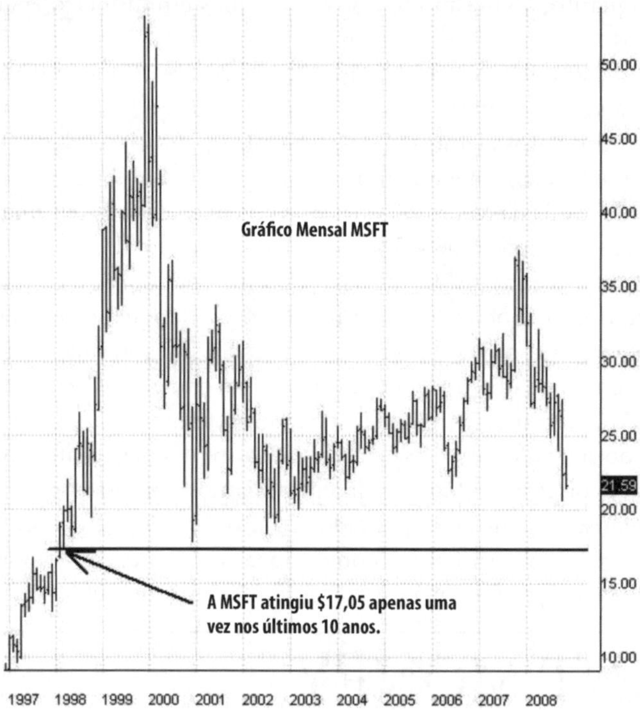

A última vez que a MSFT atingiu $17,50 foi no início de 1998. Nós estamos mirando este nível para conseguir nossas ações. Agora, tudo o que precisamos fazer é sentar e esperar. Pode-mos ver a MSFT se mover para cima ou para baixo durante este período, mas a única coisa que importa é o que acontecerá quando a data de expiração de abril de 2009 chegar.

Nós vamos atualizar essa posição ao longo de nossos próximos alertas, assim como qualquer outra posição que podemos vir a ter neste período.

Atenciosamente,

Lee Lowell

Portfólio Atual:

Microsoft, abril de 2009, opção de venda $17,50
Abriu em 05/11/2008 - put vendido por $1,15 por opção
Preço atual: $1,60

Figura 7.12 Alerta Instant Money Trader

Fonte: Mt. Vernon Research

GESTÃO DE RISCO

Mais uma vez, queremos falar sobre um plano de gestão de risco. No caso da estratégia de venda de puts, certifique-se de que não está vendendo muitas opções acima de sua zona de conforto. Se você normalmente compra ações em lotes de 500, não venda mais do que cinco lotes de puts. Se você for exercido nas opções, terá de comprar essa mesma quantidade de ações. Conforme citado anteriormente, não venda puts só para receber o prêmio, ***a não ser*** que esteja ciente dos riscos e possa acompanhar sua posição o tempo todo. Não seja apanhado. Pode doer muito.

Se você for exercido nas opções e terminar comprando as ações, tudo bem. Essa é a razão pela qual entramos na estratégia de venda a seco de puts. Mas agora você estará comprado nas ações, com exposição total no mercado. Opere essa posição da mesma forma como qualquer outra posição acionária de sua carteira de ações. Você tem um ponto de *stop-loss*[8], ou irá segurar a ação para longo prazo? Você pode reler o que escrevi no plano de gerenciamento de riscos do Capítulo 6 para pegar algumas ideias. Não importa qual seja sua escolha, tenha um plano.

RESUMO

Resumiremos tudo rapidinho. Se você quer comprar ações mais baratas do que uma empresa está negociando no momento, você pode colocar um limite de ordem de compra e esperar, torcendo para que os preços caiam — não é uma maneira muito eficiente de usar seu tempo. Ou você pode ser um trader inteligente e vender algumas opções de put com o preço de exercício abaixo do preço atual da ação (OTM) e esperar para ver o que acontece. No vencimento, ou você é designado a comprar as ações (exercido) ou a opção morrerá sem valor; nesse caso, você não terá de comprar as ações. Contudo, em qualquer um dos cenários, o prêmio das opções que o comprador pagou no início de tudo fica para você. Se você não é exercido, pode se dar ao luxo de repetir o processo no mês seguinte. Veja a estratégia como uma dupla vencedora. Você pode comprar a ação com desconto e/ou ficar com o dinheiro da venda

[8] *Nota do Tradutor*: *Stop* é o ponto determinado pelo operador em que ele venderá suas ações ou desmontará sua operação se o ativo chegar lá. Em nosso mercado usamos o termo em inglês *stop* e o verbo modificado, *estopar*.

da opção para você. Está bom ou não? Apenas mais uma maneira de ajudá-lo a ficar rico com opções.

Lembre-se de que não há qualquer garantia com essa estratégia de que você poderá comprar a ação por um preço menor. Isso só acontecerá se a ação cair abaixo de seu preço de exercício no vencimento. Não há problema, já que você determina seus pontos de compra. Se nunca chegar lá, tudo bem. Ao menos você está tendo uma atitude proativa com seu dinheiro e fazendo alguma coisa. Nenhum de nós deve ficar sentado em cima do dinheiro quando há oportunidades de fazê-lo aumentar. Por que não fazer com que alguém lhe dê dinheiro hoje, que pode ficar rendendo juros em sua conta, enquanto você espera para ver se pode comprar a ação por preços menores mais adiante? Apenas faça!

Eu realmente acredito que esta é uma estratégia que qualquer um pode aprender em pouco tempo e com pouco esforço. Aprender a operar opções não acontecerá da noite para o dia. É algo que você precisa estudar e praticar, como qualquer outra habilidade, mas é uma atividade que você pode fazer de dentro de casa, da mesma forma como faço todos os dias. Só é preciso descobrir de que ação gosta e quais puts deseja vender. Basta ter em casa um computador com conexão com a internet que você já tem todas as ferramentas necessárias. Esse pode ser um excelente trabalho para quem deseja se dedicar total ou parcialmente, você só precisa se esforçar.

Minha dica final: você deve sempre se concentrar em vender opções de venda OTM, pois isso pode permitir que você compense caso ocorram grandes quedas no preço da ação, além de potencialmente permitir que você compre ações a níveis muito atrativos e históricos.

CAPÍTULO 8

TRAVAS NO CRÉDITO: A ESTRATÉGIA CAMPEÃ[1]

Esta é minha estratégia de "venda de opções" favorita. É a estratégia nº 3 e é o trade que faço mais do que qualquer outro em minhas operações pessoais. Não há como elogiá-la o suficiente. Este método é tão forte que minha vontade é utilizá-lo em quase todos os trades. Ele não só dá um lastro em relação a erros direcionais do mercado, mas também permite recolher renda (dinheiro) devido à natureza "vendida" da estratégia; por último, possui risco limitado. As travas no crédito entram na categoria de operações que produzem renda, mas também possuem características de hedge (defesa) e especulação. A trava no crédito pode ser utilizada em, qualquer época, em qualquer cenário do mercado e para qualquer tipo de ativo. Não é interessante?

---

[1] *Nota do Tradutor*: No Brasil, costumamos usar os termos trava de alta e trava de baixa, sendo a trava de alta a operação que compra a opção mais cara e vende a mais barata, pagando para montar; a trava de baixa é o contrário, recebe para montar. A trava de alta ganha se não cair, a de baixa, se não subir. Como nos Estados Unidos as puts têm liquidez, esses termos não caem bem; para as travas, lá se usa as vendidas, ou *credit spreads,* que são as de baixa com calls e de alta com puts, e as compradas, ou *debit spreads,* que são as de alta com calls e de baixa com puts. Também chamamos as travas de alta, no Brasil, de financiamentos, e as de baixa, de reversão, ambas somente com calls (opções de compra).

As travas no crédito com opções podem oferecer o melhor dos mundos quando se entra em uma posição. Por exemplo, quantas vezes você comprou uma ação ou opção e imediatamente ela se mexeu na direção oposta ou não caminhou o suficiente na direção esperada? Aposto que muitas vezes. A venda de travas pode ajudar a aliviar o problema. Um dos grandes benefícios da trava no crédito é o lastro que ela dá no caso de previsão incorreta da direção do mercado. Isso não é maravilhoso? A forma como se consegue isso é mantendo sempre a venda nas travas em opções fora do dinheiro (OTM).

Mais uma vez, vamos nos aproveitar dos compradores de opções que arriscam seu dinheiro em opções OTM próximas do vencimento, com baixa probabilidade de serem exercidas. Estaremos vendendo essas opções para eles, mas não como uma venda descoberta de risco ilimitado. Vamos vender travas, que têm risco limitado e definido, bem como retorno limitado. Mostrarei tantos exemplos reais que sua cabeça irá girar e você ficará espantado com como essa estratégia pode ser simples e lucrativa. Quero abrir seus olhos para o fato de que a venda de opções pode ser uma de suas melhores aliadas no mercado financeiro.

OS PRIMEIROS PASSOS

Para se aproveitar da estratégia, você precisa abrir a mente para o fato de que não tentará prever para onde o mercado **irá** no período de tempo da operação (antes do vencimento), mas, sim, para onde o mercado provavelmente **não irá** durante esse período. Há uma diferença enorme entre essas duas abordagens. Na primeira (a que não queremos usar), você está fazendo uma previsão de onde pensa que o mercado estará próximo ao vencimento das opções. Conforme venho mostrando ao longo do livro, esse é o jogo mais difícil de vencer. Ninguém é tão bom em prever para onde e quando o mercado irá se movimentar. Mas, se você ao menos percebe de forma razoável para que lado o mercado está andando (para cima ou para baixo), é possível que se tenha uma boa ideia de onde ele **não** estará no vencimento das opções.

Com essa abordagem, você terá mais de uma chance de vencer. Quando você vende opções, sua única preocupação é que o mercado não ultrapasse o strike da opção OTM que você vendeu. Essa é a chave e é nisso que a estratégia irá primordialmente focar. Quando você vende uma opção OTM, ou uma trava OTM, pode vencer em três cenários diferentes do mercado, enquanto o comprador só tem um em que vence.

Assim, o primeiro passo é escolher uma ação ou commodity em que você tenha uma ideia geral de para onde está indo. Vamos ter certeza de que estamos na mesma página até aqui. Estou supondo que, quando você toma uma decisão de investimento ou se decide por um trade, antes pesquisou e analisou bastante a ação ou commodity, permitindo que faça uma previsão ao menos razoável do movimento futuro. Não queremos decidir nossos trades com base em instintos, dicas de amigos, recomendações de fóruns, chats ou qualquer outra fonte duvidosa. Quero que você tenha uma ideia concreta e bem pensada de para onde o ativo subjacente está caminhando. Isso vale para qualquer outra estratégia que eu discutir neste livro.

Depois que escolheu a ação ou commodity e a direção que acredita que ela tomará, é hora de escolher o preço de exercício e a data de vencimento. Já que estamos vendendo opções nesta estratégia, estaremos nos aproveitando do fator "decaimento pelo tempo". Se você se lembra, decaimento pelo tempo é o processo em que a opção irá perder um pouco do valor dia após dia, não importando a direção do ativo subjacente. A característica do decaimento pelo tempo que quero enfatizar é o fato de ele se acelerar mais quanto mais próximo estiver o dia do vencimento das opções. Isso significa que a opção perderá valor mais rapidamente, conforme o vencimento se aproxima. Ainda que a opção esteja perdendo valor todo dia, essa perda é maior à medida que o vencimento se aproxima.

Por exemplo, se você comprar uma opção para seis meses por $5, o valor perdido no primeiro mês pode ser somente $1, mas o valor perdido no último mês antes do vencimento pode ser $3 (se ela ainda permanecer OTM). Nesse caso, a perda de valor pela passagem do tempo foi três vezes maior no último mês, ainda que tenha acontecido no mesmo espaço de tempo (um mês). Então, quando vendermos travas, iremos preferir as opções cujo vencimento está mais próximo — não mais do que 60 dias — e preços de exercício que estejam OTM.

Dê uma parada rápida apenas para esclarecer os mecanismos do trade. Uma trava no crédito engloba a compra e a venda da mesma quantidade de opções como uma única operação por um preço único.[2] Utiliza-se opções do

[2] *Nota do Tradutor:* No Brasil, também montamos normalmente as travas de uma vez e consideramos o preço como a diferença entre os prêmios das opções (spread). Para todos os efeitos, é como se tivéssemos montado tudo de uma vez e a compra e a venda das opções fosse uma operação só, mas nosso sistema de negociação, até a data do lançamento deste livro, ainda não permite que seja feito assim, na prática. Temos de comprar uma opção e depois vender outra separadamente para montar as travas. O recomendado, entretanto, é que se faça na mesma hora.

mesmo vencimento e todas as duas calls (opções de compra) ou todas as duas puts (opções de venda).[3] É chamada de trava no crédito (trava de baixa quando usamos calls, trava vendida ou, ainda, venda de trava), porque você venderá a opção com prêmio maior dentre as duas, o que fará com que você receba dinheiro pela montagem da operação. Quando você compra a opção mais cara das duas, isto é chamado de trava no "débito" (trava de alta quando usamos calls, trava comprada ou, ainda, compra de trava), porque você paga para montar. Gostamos da ideia de ter dinheiro depositado em nossa conta.

As travas no crédito com opções podem ser:

1. Trava no crédito com calls — uma trava direcional neutra/queda feita com opções de compra — nossa trava de baixa.
2. Trava no crédito com puts — uma trava direcional neutra/alta feita com opções de venda.

Ao longo deste capítulo irei me referir a essas travas como trava de baixa com calls e trava de alta com puts.

COMO FUNCIONAM AS TRAVAS NO CRÉDITO?

A melhor forma de ver como essa estratégia funciona é com os tradicionais exemplos. Todos os exemplos que você verá neste capítulo são de trades reais que fiz na minha conta de commodities. Esses trades constituem parte de meu portfólio total de trades. Mostrarei o gráfico que me levou a entrar no trade, bem como a nota da corretora com o meu trade. Não há exemplos hipotéticos nem embromação aqui. São todos trades reais.

Antes que chegue a eles, quero lhe mostrar a mentalidade do como e do porquê das travas no crédito e por que razão funcionam tão bem. A Figura 8.1 é o tipo de gráfico que você verá neste capítulo. É um gráfico diário de contratos futuros do açúcar de setembro de 2005 a fevereiro de 2006. O painel superior é o gráfico de açúcar com três médias móveis diferentes. O painel inferior é o indicador RSI (Índice de Força Relativa — IFR) que utilizo para me ajudar nas estimativas direcionais.

[3] *Nota do Tradutor:* Aqui no Brasil, ao menos até a data de lançamento deste livro, só podemos fazer travas no crédito com calls (opções de compra), que chamamos de travas de baixa ou reversões.

Não há dúvida de que o açúcar tem estado em tendência sólida de alta. Qualquer trader mais experiente que deseje se envolver com açúcar provavelmente estaria mais bem servido se mantivesse uma atitude otimista. Mas qual é o melhor jogo com as opções? Acredito que muitos traders tentariam comprar uma call (opção de compra) a um preço de exercício acima do atual do açúcar na esperança de que ele chegue lá até o vencimento das opções. Esses traders estão tentando prever para onde o açúcar pode **ir** até a data. Com as travas no crédito, estamos tentando prever para onde o mercado provavelmente **não irá** até a data do vencimento. Explicarei isso.

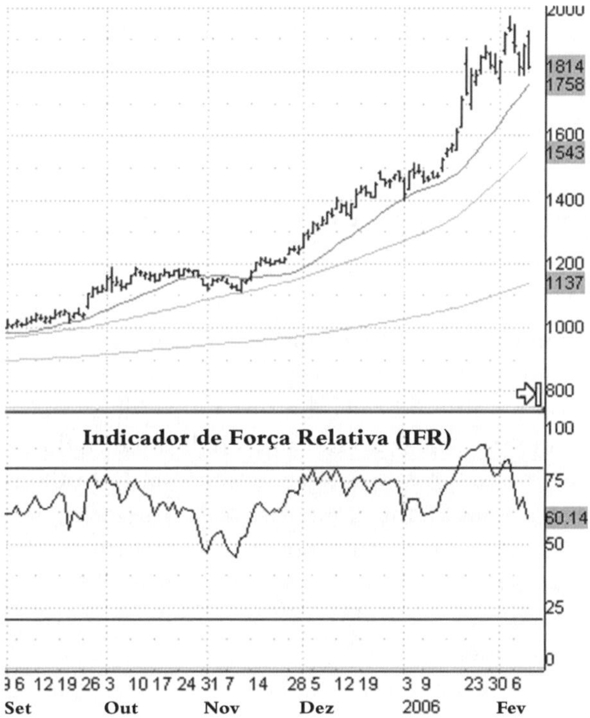

Figura 8.1 Gráfico diário do açúcar

Fonte: eSignal.com

Já que quero ir com a tendência, eu escolheria uma trava de alta com opções de compra, mas em vez de escolher uma área de preços mais alta no gráfico, escolheria uma área do gráfico mais abaixo, onde penso que o açúcar não cairá até a data do vencimento das opções. Compreende? Faço isso usando meus indicadores de análise técnica. Analisando o gráfico, consideraria fortemente que o açúcar não iria cair abaixo do nível de 1600 no curto prazo. Então, com essa previsão em mente, eu venderia uma **trava no crédito OTM com puts**. Essa é uma estratégia que ganha na alta, com risco e retorno definidos e limitados.

Eu venderia a put de strike de 1600 e, simultaneamente, compraria a put de preço de exercício de 1550 como uma transação única e receberia a diferença entre os prêmios. O nível de 1600 é menor do que o preço atual do açúcar (1814, como pode ser visto no lado direito do gráfico). Desde que o açúcar não caia abaixo do nível de 1600 no vencimento, nossa trava será vencedora porque ambas as opções irão morrer sem valor. Ficaríamos com o prêmio total que coletamos na hora em que montamos a operação. É assim que funciona. A grande coisa é que podemos utilizar as travas no crédito em qualquer situação do mercado.

EXEMPLOS DE TRADES REAIS

Continue lendo para ver como uma típica trava no crédito pode produzir operações vencedoras sem necessidade de uma avaliação exata da direção do mercado. Com base em parâmetros gráficos básicos, iniciei o trade seguinte para a commodity indicada. Eu tinha uma ideia inicial sobre a direção que o mercado iria tomar e a trava no crédito me ajudou a aproveitá-la. Todas as travas no crédito que realizei eram fora do dinheiro (OTM), ao menos na hora em que foram montadas, o que me dava um lastro e uma margem de erro no caso de eu estar errado na direção do mercado. O tempo trabalhava em meu favor, já que as opções OTM (e todas as opções) perdiam um pouco de valor todos os dias. Conto com essa perda de valor para aumentar meu lucro.

Lembre-se: a ideia por trás da venda de opções é deixar o tempo corroer o preço das opções para que possamos comprá-las mais baratas com um belo lucro, ou para que todos os strikes vençam sem valor e fiquemos com o dinheiro recebido quando montamos a operação. Não estou atrás de prever para onde o mercado irá dentro do período de tempo da operação. Só quero que o mercado não ultrapasse o preço de exercício da opção (que está longe do preço atual do ativo). Essa é a força propulsora para se ter sucesso nas táticas de venda de opções.

Trava de Opções no Crédito nº 1

A Figura 8.2 é um gráfico diário de algodão de agosto de 2003 a março de 2004. Cada barra vertical no topo representa um dia de negociações no mercado futuro de algodão. O topo de cada barra representa o preço máximo do dia, e o fundo da barra, a mínima do dia para o algodão. Cada barra tem também um pequeno traço no lado esquerdo e um no lado direito. O traço no lado esquerdo representa onde abriram as negociações do dia e o traço à direita, onde fecharam naquele dia específico. Estou explicando isso para que você tenha uma ideia do que o gráfico representa.

Minha trava no crédito com opções se iniciou em 31 de dezembro de 2003. Aqui está o que vi naquele dia, quando o algodão estava cotado por volta do valor de 7500 (os valores estão no lado direito do gráfico): o algodão parecia ter terminado sua realização[4] após a alta forte que começou em setembro. Já que senti que o algodão continuaria a subir, decidi vender uma trava com puts (de alta) que ganha se o mercado não cair. Vendi a trava 7100/7000 (venda da put de 7100 e compra da put de 7000) no dia 31 de dezembro de 2003 para 32 pontos, o que equivale a $160 no mercado de algodão[5]. Cada commodity tem um sistema diferente. No mercado de algodão, cada ponto vale $5. A venda de trava de alta com puts envolveu a venda da put de strike de 7100 e a compra da put de strike de 7000 na mesma hora, o que ocasionou um crédito de 32 pontos pela diferença dos prêmios das opções.

---

[4] *Nota do Tradutor:* Termo muito utilizado no mercado. Para um cenário em que o ativo, após uma alta forte, recua um pouco nos preços, se diz que está havendo *realização*. Ao contrário, na queda, se o mercado reage, denomina-se *repique*.

[5] *Nota do Tradutor:* Neste livro há muitos exemplos de opções de commodities. A despeito de elas existirem no Brasil e serem negociadas na Bolsa de Mercadoria e Futuros (BMF), a grande maioria dos pequenos investidores pessoas físicas só transaciona opções de ações que são negociadas na Bolsa de Valores de São Paulo (BOVESPA). Quando estudar exemplos com opções de commodities no livro, faça como se algodão, por exemplo, fosse a Petrobras ou a Vale, pois o raciocínio é o mesmo para opções de ações.

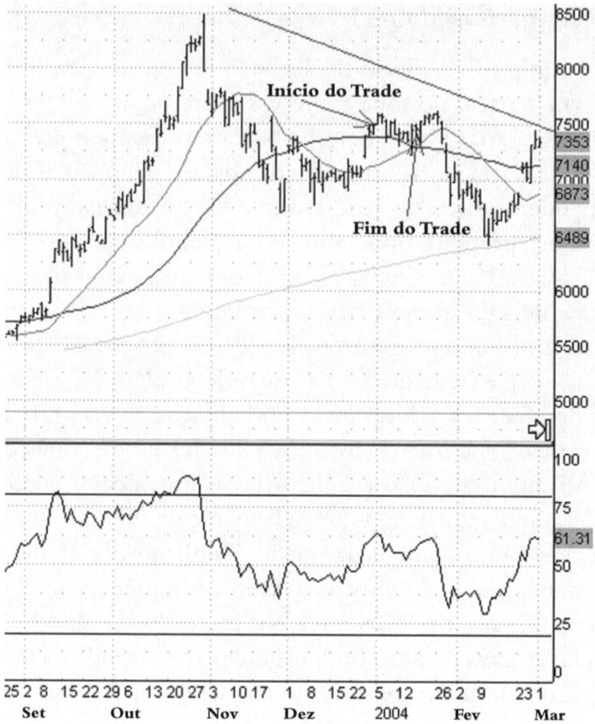

Figura 8.2 Gráfico diário do algodão
Fonte: eSignal.com

Essa foi uma trava de alta com puts no crédito com um lastro de quase 400 pontos. Isso significa que os futuros do algodão estavam 400 pontos acima do ponto em que a trava começaria a estar em perigo. O preço de exercício ao qual vendi estava no nível de 7100, bem abaixo do preço atual de 7500. Como estava com perspectivas de alta e esperando que o algodão aumentasse de preço, não considerava que caísse 400 pontos e me levasse ao prejuízo. Em vez de tentar prever quão alto e quão longe o algodão poderia subir, eu estava apostando em aonde o algodão provavelmente ***não iria***. Dezesseis dias mais tarde, no dia 16 de janeiro de 2004, recomprei a trava por 16 pontos ($80) para fechar o trade. Quando recomprei a trava, comprei a put de 7100 (que estava vendida) e vendi a put de 7000 (que estava comprada) pagando 16 pontos por essa operação. Isso fechou toda a posição e agora eu estava *zerado* no mercado. Simples e tranquilo.

Se você olhar para o gráfico, verá o maior benefício da venda de opções. O preço do algodão mal se mexeu durante o período da operação (acumulou[6] por volta dos 7500 pontos), mas devido ao decaimento pelo tempo, conseguimos fechar a trava com um lucro de $80 por lote. Este foi um retorno rápido de 23,6% em cima do capital preso como margem em 16 dias (Figura 8.3).

```
*  *  *  *  *  *  *  *  *  *   C O N F I R M A T I O N   *  *  *  *  *

THE FOLLOWING TRADES HAVE BEEN MADE THIS DAY FOR YOUR ACCOUNT AND RISK.

 TRADE   SETTL  AT      BUY            SELL        CONTRACT DESCRIPTION            EX TRADE PRICE CC
------- ------- -- -------------- ------------- ------------------------------ -- ----------- --
12/31/3         F1           1                  PUT  MAR 04 NYC COTTON    7000 13       1.10    US
                                                SPREAD
                F1           1*                 EX- 2/06/04                             COMMISSION US
                F1                                                                  CLEARING FEES US
                F1                                                                  EXCHANGE FEES US
                F1                                                                       NFA FEES US
                F1                                                                      BROKERAGE US
                F1                                                          PREMIUM / GROSS AMT US

12/31/3         F1                            1 PUT  MAR 04 NYC COTTON    7100 13       1.42    US
                                                SPREAD
                F1                            1* EX- 2/06/04                            COMMISSION US
*  *  *  *  *  *  *  *  *  *   C O N F I R M A T I O N   *  *  *  *  *

THE FOLLOWING TRADES HAVE BEEN MADE THIS DAY FOR YOUR ACCOUNT AND RISK.

 TRADE   SETTL  AT      BUY            SELL        CONTRACT DESCRIPTION            EX TRADE PRICE CC
------- ------- -- -------------- ------------- ------------------------------ -- ----------- --
 1/16/4         F1                            1 PUT  MAR 04 NYC COTTON    7000 13        .30    US
                                                SPREAD
                F1                            1* EX- 2/06/04                            COMMISSION US
                F1                                                                  CLEARING FEES US
                F1                                                                  EXCHANGE FEES US
                F1                                                                       NFA FEES US
                F1                                                                      BROKERAGE US
                F1                                                          PREMIUM / GROSS AMT US

 1/16/4         F1           1                  PUT  MAR 04 NYC COTTON    7100 13        .46    US
                                                SPREAD
                F1           1*                 EX- 2/06/04                             COMMISSION US
```

Figura 8.3 Trava de alta no crédito com puts — montagem e desmontagem

Fonte: Nota de corretagem de commodities.

Trava de Opções no Crédito n° 2

A Figura 8.4 é um gráfico diário dos contratos futuros do café do fim de 2003 até maio de 2004. Antes de nosso trade, o café fez um forte movimento de alta no início de janeiro, que criou um padrão de "mastro de bandeira"[7]. Os dias seguintes formaram o resto do padrão de alta, o que foi o sinal para

---

[6] *Nota do Tradutor:* Acumular é um termo do mercado utilizado quando um ativo se mantém em torno de uma zona de preços, durante um período de tempo, sem variações expressivas.

[7] *Nota do Tradutor:* Padrão utilizado pelos analistas gráficos que normalmente sugere alta do mercado.

que eu montasse uma operação que se beneficiasse da alta do mercado. Optei por uma trava de alta no crédito com puts. Em 8 de janeiro de 2004, o café estava sendo negociado próximo dos 6800 pontos e eu vendi a trava com puts 6500/6250, que me deu 300 pontos de lastro. Calcula-se o lastro subtraindo o strike da opção vendida da trava do preço atual da commodity (6800 - 6500 = 300). Mais uma vez, decidi vender o preço de exercício a um nível menor do que o preço do café no momento em que ia montar a operação. Já que estava com expectativa de alta para o mercado, não pensava que o café cairia abaixo de 6500 antes de eu fechar o trade.

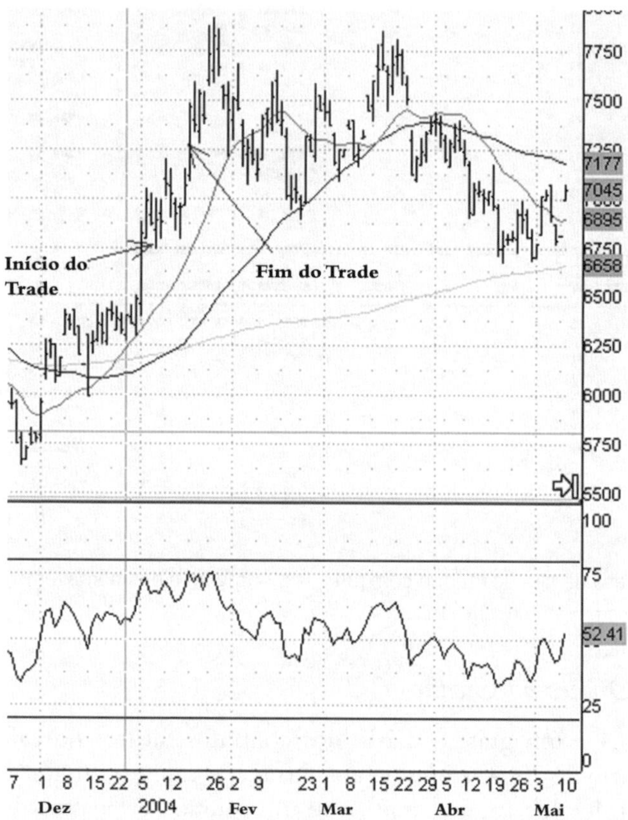

Figura 8.4 Gráfico diário do café
Fonte: eSignal.com

Vendi o spread por 70 pontos ($262,50) e depois comprei de volta por 35 pontos ($131,25), em 20 de janeiro de 2004. O café tem um multiplicador de pontos de $3,75[8] por ponto. Novamente, o mecanismo deste trade envolve a venda do preço de exercício mais caro (6500 strike) e a compra do preço de exercício mais barato (6250 strike) em apenas uma transação. Já que na trava você está vendendo uma opção mais cara (6500), você recebe este dinheiro em sua conta. Não estamos assumindo risco ilimitado aqui. A razão pela qual opero travas é manter meus potenciais prejuízos limitados e conhecidos. Lembre-se: você não precisa sempre comprar opções para ter sucesso. Nós temos lucro nas travas vendidas (no crédito) utilizando nossas habilidades de análise de gráficos e capturando o decaimento pelo tempo. O trade funcionou rapidamente não só devido ao decaimento pelo tempo, mas também porque o mercado do café subiu como eu esperava. Foi um retorno rápido de 19,4% de capital de margem em apenas 12 dias (Figura 8.5).

```
*  *  *  *  *  *  *  *  *  *   C O N F I R M A T I O N   *  *  *  *  *

THE FOLLOWING TRADES HAVE BEEN MADE THIS DAY FOR YOUR ACCOUNT AND RISK.

TRADE   SETTL  AT      BUY           SELL         CONTRACT DESCRIPTION             EX TRADE PRICE CC
------- ------- -- ------------- ------------- ------------------------------ -- ----------- --
1/08/4          F1           1                 PUT  MAR 04 CSC COFFEE C  625 06        .70    US
                                               SPREAD
                F1           1*                EX- 2/13/04                            COMMISSION US
                F1                                                                 CLEARING FEES US
                F1                                                                 EXCHANGE FEES US
                F1                                                                      NFA FEES US
                F1                                                                     BROKERAGE US
                F1                                                          PREMIUM / GROSS AMT US

1/08/4          F1                           1 PUT  MAR 04 CSC COFFEE C  650 06       1.40    US
                                               SPREAD
                F1                          1* EX- 2/13/04                            COMMISSION US
*  *  *  *  *  *  *  *  *  *   C O N F I R M A T I O N   *  *  *  *  *

THE FOLLOWING TRADES HAVE BEEN MADE THIS DAY FOR YOUR ACCOUNT AND RISK.

TRADE   SETTL  AT      BUY           SELL         CONTRACT DESCRIPTION             EX TRADE PRICE CC
------- ------- -- ------------- ------------- ------------------------------ -- ----------- --
1/20/4          F1                           1 PUT  MAR 04 CSC COFFEE C  625 06        .15    US
                                               SPREAD
                F1                          1* EX- 2/13/04                            COMMISSION US
                F1                                                                 CLEARING FEES US
                F1                                                                 EXCHANGE FEES US
                F1                                                                      NFA FEES US
                F1                                                                     BROKERAGE US
                F1                                                          PREMIUM / GROSS AMT US

1/20/4          F1           1                 PUT  MAR 04 CSC COFFEE C  650 06        .50    US
                                               SPREAD
                F1           1*                EX- 2/13/04                            COMMISSION US
```

Figura 8.5 Trava de alta no crédito com puts no café — montagem e desmontagem

Fonte: Nota de corretagem de commodities.

[8] *Nota do Tradutor:* Quem operar na BMF (Bolsa de Mercadoria e Futuros) aqui no Brasil deve consultar nossos multiplicadores, que não são necessariamente iguais aos dos Estados Unidos. Para as opções de ações aqui no Brasil, os lotes são sempre de 100, assim como o multiplicador, que também é de $100.

Trava de Opções ITM nº 1

A Figura 8.6 é um gráfico diário de contratos futuros do cacau de dezembro de 2003 a maio de 2004. O cacau estava em uma bela tendência de queda e optei por comprar uma trava com puts no débito ITM desta vez. Foi uma pequena divergência de meu método usual de travas no crédito, mas eu tinha a impressão muito forte de que o cacau iria cair ainda mais. Comprar ITM (puts) ajuda a minimizar o decaimento pelo tempo e aumenta o delta, o que ajuda a realizar lucros mais rapidamente se a expectativa direcional está correta. Para capitalizar minha previsão de que o cacau continuaria se movendo para baixo, comprei a put de 1500 e vendi a de 1450 como uma trava em 12 de fevereiro de 2004, pagando 15 pontos ($150) pelo spread, e vendi-o por 25 pontos, em 19 de fevereiro de 2004. Foi um ganho rápido de $100 por lote, ou 66% de retorno no dinheiro investido em apenas sete dias (veja a Figura 8.7).

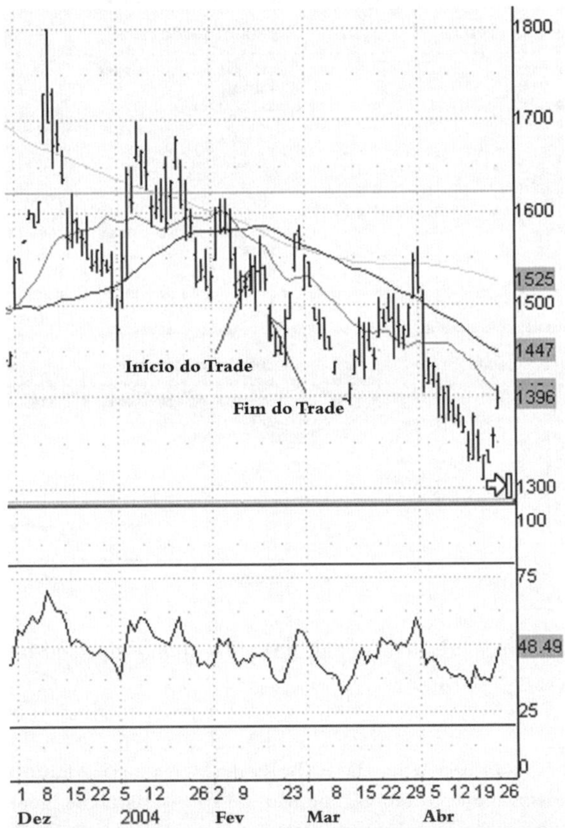

Figura 8.6 Gráfico diário do cacau

Fonte: eSignal.com

```
* * * * * * * * * *   C O N F I R M A T I O N   * * * * *

THE FOLLOWING TRADES HAVE BEEN MADE THIS DAY FOR YOUR ACCOUNT AND RISK.

TRADE   SETTL  AT     BUY           SELL        CONTRACT DESCRIPTION           EX TRADE PRICE CC
------- ------- -- -------------- ------------- ------------------------------ -- ----------- --
2/12/4         F1                         1 PUT  APR 04 CSC COCOA-MTR 1450 06       .15    US
                                            SPREAD
               F1                         1* EX- 3/05/04                      COMMISSION US
               F1                                                           CLEARING FEES US
               F1                                                           EXCHANGE FEES US
               F1                                                                NFA FEES US
               F1                                                               BROKERAGE US
               F1                                                    PREMIUM / GROSS AMT US

2/12/4         F1          1                PUT  APR 04 CSC COCOA-MTR 1500 06       .30    US
                                            SPREAD
               F1          1*               EX- 3/05/04                       COMMISSION US
* * * * * * * * * *   C O N F I R M A T I O N   * * * * *

THE FOLLOWING TRADES HAVE BEEN MADE THIS DAY FOR YOUR ACCOUNT AND RISK.

TRADE   SETTL  AT     BUY           SELL        CONTRACT DESCRIPTION           EX TRADE PRICE CC
------- ------- -- -------------- ------------- ------------------------------ -- ----------- --
2/19/4         F1          1                PUT  APR 04 CSC COCOA-MTR 1450 06       .35    US
                                            SPREAD
               F1          1*               EX- 3/05/04                       COMMISSION US
               F1                                                           CLEARING FEES US
               F1                                                           EXCHANGE FEES US
               F1                                                                NFA FEES US
               F1                                                               BROKERAGE US
               F1                                                    PREMIUM / GROSS AMT US

2/19/4         F1                         1 PUT  APR 04 CSC COCOA-MTR 1500 06       .60    US
                                            SPREAD
               F1                         1* EX- 3/05/04                      COMMISSION US
```

Figura 8.7 Trava de baixa no débito com puts no cacau — montagem e desmontagem
Fonte: Nota de corretagem de commodities.

Trava de Opções no Crédito nº 3

Continuando com minha impressão de queda para o cacau, montei uma venda de trava no crédito com calls OTM[9] 1450/1500 em 3 de maio de 2004, recebendo 14 pontos ($140), vendendo a call de 1450 e comprando a call de 1500. Depois, recomprei o spread por 7 pontos ($70) em 13 de maio de 2004, para um retorno rápido de 19,4% no capital de margem em 10 dias (veja a Figura 8.8).

Nesse caso, o strike vendido na trava estava acima do preço de mercado do cacau, então, o cacau poderia subir um pouco, em desacordo com nossa previsão, e ainda estaríamos com lucro no trade. A mecânica do trade me fez vender a call mais cara (1450) e comprar a mais barata (1500) em uma única transação por 14 pontos ($140).

Todas as travas no crédito OTM têm três formas de vencer. Tudo que precisamos fazer é observar o decaimento pelo tempo "comer" o prêmio das

---

[9] *Nota do Tradutor:* Nossa trava de baixa ou reversão.

opções e/ou ver a commodity se mover na direção correta para que possamos realizar os lucros mais rapidamente. Nesse caso, o cacau poderia cair mais e estaríamos fazendo dinheiro. O cacau poderia ficar na mesma e o decaimento pelo tempo faria o nosso lucro. A melhor parte é que o cacau poderia até subir um pouco de preço e, ainda assim, venceríamos o trade. Desde que o cacau não passasse do nível de 1450 (o preço de exercício da opção que vendemos), estaríamos em boa forma. Essa é a razão pela qual é importante vender travas OTM. Isso lhe dá o lastro. Você tem três cenários em que pode ter lucro no trade. Legal! (Veja a Figura 8.9.)

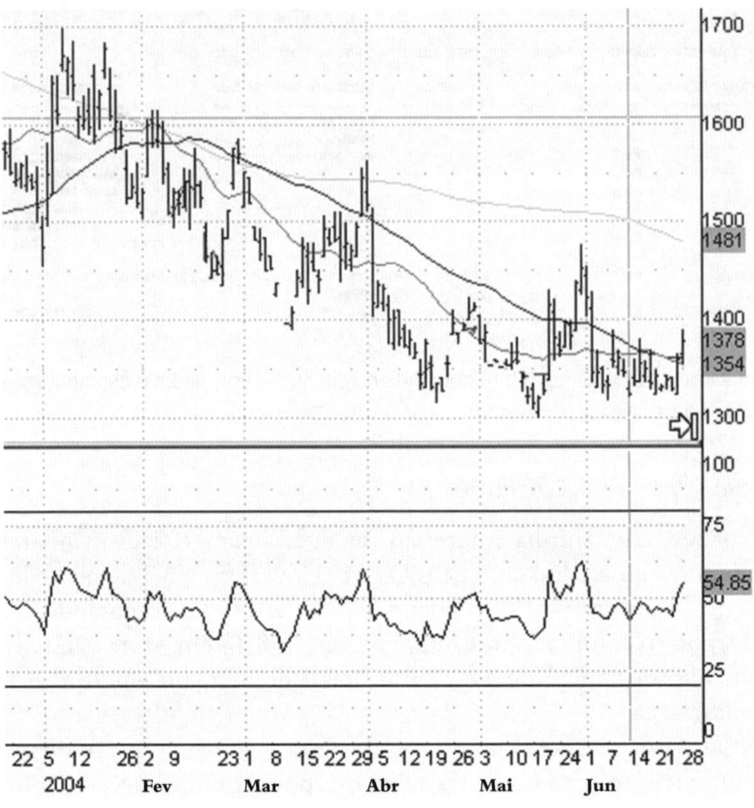

Figura 8.8 Gráfico diário do cacau

Fonte: eSignal.com

* * * * * * * * * * C O N F I R M A T I O N * * * * *

THE FOLLOWING TRADES HAVE BEEN MADE THIS DAY FOR YOUR ACCOUNT AND RISK.

TRADE	SETTL	AT	BUY	SELL	CONTRACT DESCRIPTION	EX	TRADE PRICE	CC
5/03/4		F1		1	CALL JUL 04 CSC COCOA-MTR 1450	06	.36	US
					SPREAD			
		F1		1*	EX- 6/04/04		COMMISSION	US
		F1					CLEARING FEES	US
		F1					EXCHANGE FEES	US
		F1					NFA FEES	US
		F1					BROKERAGE	US
		F1					PREMIUM / GROSS AMT	US
5/03/4		F1	1		CALL JUL 04 CSC COCOA-MTR 1500	06	.22	US
					SPREAD			
		F1	1*		EX- 6/04/04		COMMISSION	US
5/13/4		F1	1		CALL JUL 04 CSC COCOA-MTR 1450	06	.14	US
					SPREAD			
		F1	1*		EX- 6/04/04		COMMISSION	US
		F1					CLEARING FEES	US
		F1					EXCHANGE FEES	US
		F1					NFA FEES	US
		F1					BROKERAGE	US
		F1					PREMIUM / GROSS AMT	US
5/13/4		F1		1	CALL JUL 04 CSC COCOA-MTR 1500	06	.07	US
					SPREAD			
		F1		1*	EX- 6/04/04		COMMISSION	US
		F1					CLEARING FEES	US

Figura 8.9 Trava de baixa no crédito OTM com calls no cacau — montagem e desmontagem
Fonte: Nota de corretagem de commodities.

Compra Especulativa de Call nº 1

Só para provar o ponto de que a venda de opções não é minha única estratégia, aqui está um de meus trades puramente "especulativos" que realizei no mercado de suco de laranja em 2004 (Figura 8.10). Vivo na Flórida, então estou bem ciente da temporada dos furacões. Esse trade foi realizado durante o primeiro ou segundo furacão que varreu o estado naquele verão. Comprei duas calls de preço de exercício 9000 em 31 de agosto de 2004 por 90 pontos ($135) cada e as vendi em duas datas diferentes, 3 de setembro de 2004 e 10 de setembro de 2004, por 225 pontos ($337,50) e 350 pontos ($525), respectivamente. Não só a direção me ajudou a lucrar, mas a volatilidade emocional também. Quando as pessoas entram em pânico, isso adiciona mais valor às opções e seus preços aumentam mesmo que a commodity não esteja se mexendo. Tive retorno rápido de 150% e 289% sobre o dinheiro investido entre 3 e 11 dias apenas (veja a Figura 8.11).

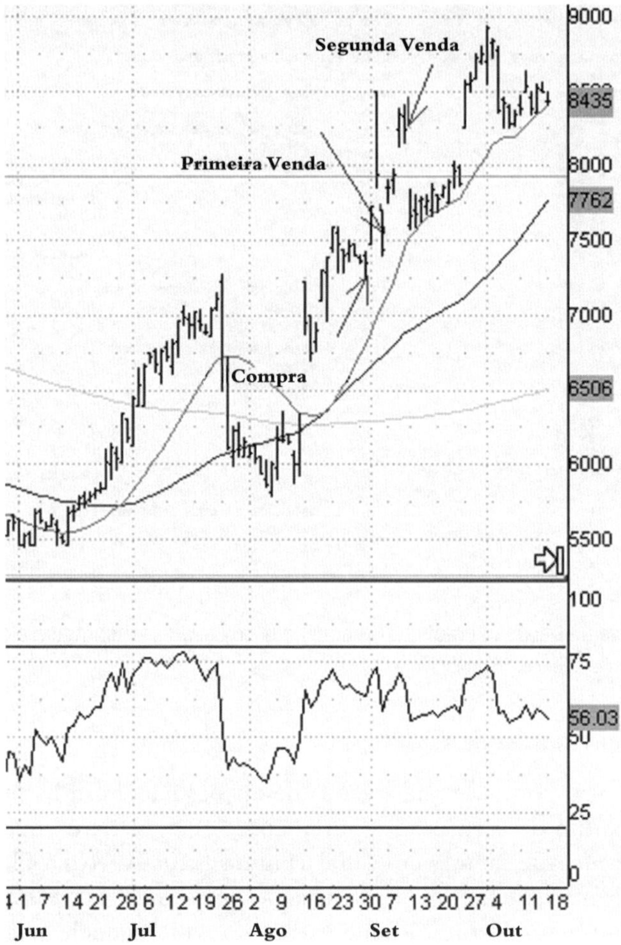

Figura 8.10 Gráfico diário do suco de laranja

Fonte: eSignal.com

```
*  *  *  *  *  *  *  *  *  *    C O N F I R M A T I O N    *  *  *  *  *

THE FOLLOWING TRADES HAVE BEEN MADE THIS DAY FOR YOUR ACCOUNT AND RISK.

TRADE   SETTL  AT      BUY           SELL        CONTRACT DESCRIPTION           EX TRADE PRICE CC
------- ------- -- ------------- ------------- ------------------------------ -- ----------- -- -
8/31/4         F1             2                CALL NOV 04 NYC FRZN O J  9000 13        .90    US
               F1             2*               EX-10/15/04                          COMMISSION US
               F1                                                         CLEARING/PRCSNG FEES US
               F1                                                          PREMIUM / GROSS AMT US

9/03/4         F1                           1  CALL NOV 04 NYC FRZN O J  9000 13       2.25    US
               F1                           1* EX-10/15/04                          COMMISSION US
               F1                                                         CLEARING/PRCSNG FEES US
               F1                                                          PREMIUM / GROSS AMT US

*  *  *  *  *  *  *  *  *  *    C O N F I R M A T I O N    *  *  *  *  *

THE FOLLOWING TRADES HAVE BEEN MADE THIS DAY FOR YOUR ACCOUNT AND RISK.

TRADE   SETTL  AT      BUY           SELL        CONTRACT DESCRIPTION           EX TRADE PRICE CC
------- ------- -- ------------- ------------- ------------------------------ -- ----------- -- -
9/10/4         F1                           1  CALL NOV 04 NYC FRZN O J  9000 13       3.50    US
                                               SPREAD
               F1                           1* EX-10/15/04                          COMMISSION US
               F1                                                         CLEARING/PRCSNG FEES US
               F1                                                          PREMIUM / GROSS AMT US
```

Figura 8.11 Compra direcional de call de suco de laranja — montagem e desmontagem

Fonte: Nota de corretagem de commodities.

Trava de Opções no Crédito nº 4

Aqui está outro trade que se beneficia bem rápido da alta no mercado do café. A Figura 8.12 mostra os contratos futuros do café de julho de 2004 a novembro de 2004. Vendi a trava de alta com puts 7250/7000 por 75 pontos ($281,25) em 20 de setembro de 2004, e recomprei a trava em 22 de setembro de 2004 por 45 pontos ($168,75). Entrei e saí rapidamente para um retorno de 17% no capital retido em margem em dois dias. O multiplicador de pontos do café é de $3,75 por ponto. Os contratos futuros do café estavam sendo negociados a aproximadamente 7850 pontos no momento do trade, o que me dava ao menos 600 pontos de lastro para estar errado na expectativa direcional do mercado. Desde que o café não estivesse abaixo de 7175 antes do vencimento das opções, eu faria dinheiro no trade (Figura 8.13).

Uma coisa que não mencionei é que o lastro para erros direcionais é ainda maior do que a diferença entre o strike da opção vendida e o preço atual do mercado futuro. Já que estamos vendendo a trava, nosso preço de corte (breakeven) é calculado pegando-se o valor que recebemos pela trava e subtraindo-o do preço de exercício da opção vendida. Como disse, o breakeven para esse trade estava no nível de 7175 (7250 strikes da opção vendida - 75 pontos recebidos pela trava = 7175). Naquele ponto, os futuros do café estavam quase 700 pontos à frente da minha área de perigo! No caso de travas de opções no crédito, o ponto de corte (breakeven) é onde iremos começar a perder dinheiro. Queremos que esse ponto esteja longe do preço atual do mercado futuro em que estamos operando opções. Você pode voltar e olhar todos os trades que mostrei aqui e verificar o grande lastro que eu tinha em todos no início. Essa é a beleza de se vender travas OTM — você pode errar a direção do mercado e, ainda assim, ganhar dinheiro.

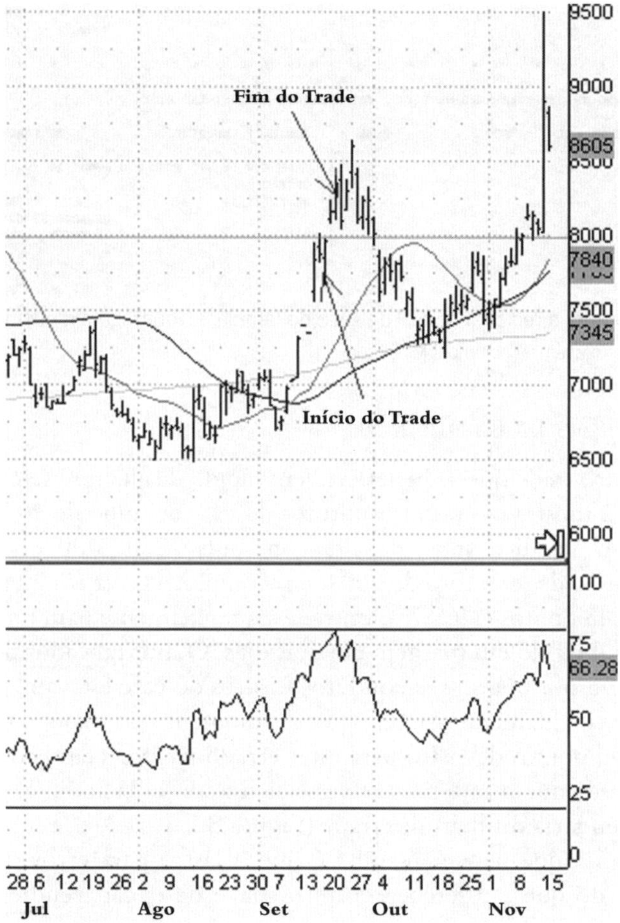

Figura 8.12 Gráfico diário do café

Fonte: eSignal.com

```
*  *  *  *  *  *  *  *  *  *   C O N F I R M A T I O N   *  *  *  *  *

THE FOLLOWING TRADES HAVE BEEN MADE THIS DAY FOR YOUR ACCOUNT AND RISK.

 TRADE   SETTL  AT     BUY          SELL       CONTRACT DESCRIPTION          EX TRADE PRICE CC
------- ------- -- ------------- ------------- ----------------------------- -- ----------- -- -
 9/20/4         F1         1                   PUT  DEC 04 CSC COFFEE C  700 06      1.00    US
                                               SPREAD
                F1         1*                  EX-11/12/04                        COMMISSION US
                F1                                                     CLEARING/PRCSNG FEES US
                F1                                                      PREMIUM / GROSS AMT US

 9/20/4         F1                           1 PUT  DEC 04 CSC COFFEE C  725 06      1.75    US
                                               SPREAD
                F1                          1* EX-11/12/04                        COMMISSION US
                F1                                                     CLEARING/PRCSNG FEES US
                F1                                                      PREMIUM / GROSS AMT US

 9/22/4         F1                           1 PUT  DEC 04 CSC COFFEE C  700 06       .40    US
                                               SPREAD
                F1                          1* EX-11/12/04                        COMMISSION US
                F1                                                     CLEARING/PRCSNG FEES US
                F1                                                      PREMIUM / GROSS AMT US

 9/22/4         F1         1                   PUT  DEC 04 CSC COFFEE C  725 06       .85    US
                                               SPREAD
                F1         1*                  EX-11/12/04                        COMMISSION US
                F1                                                     CLEARING/PRCSNG FEES US
                F1                                                      PREMIUM / GROSS AMT US
```

Figura 8.13 Trava de alta no crédito OTM com puts no café — montagem e desmontagem
Fonte: Nota de corretagem de commodities.

RETORNO EM CIMA DA MARGEM

Você deve ter percebido que, quando menciono o lucro conseguido em um trade, descrevo os resultados como "retorno sobre o capital retido como margem". Isso é devido ao fato de que, quando se vende uma opção, não se está, na verdade, pagando nem investindo dinheiro na operação. Em vez disso, alguém está lhe dando dinheiro. Para que sua corretora possa manter o seu trade, ela solicitará um depósito de capital, chamado de margem, para que tenha segurança enquanto a posição está aberta. Há uma certa fórmula utilizada para calcular quanto de margem é necessário para cada operação, e eu levei isso em consideração quando apresentei o retorno das operações aqui. Quando vender opções, seu retorno sobre a margem é calculado dividindo-se quanto se teve de lucro no trade pela margem inicial requisitada pela corretora no início da transação. No café, por exemplo, meu requerimento de margem era de $656,25. Já que tive um lucro de $112,50 na operação, meu retorno sobre a margem (ROM — Return On Margin) foi de 17% (%112,50/%656,25 = 17%).

Figura 8.14 Gráfico diário do algodão
Fonte: eSignal.com

Trava de Opções no Crédito nº 5

Seguindo a queda do algodão, vendi a trava de baixa no crédito com calls 4900/5000,[10] em 4 de outubro de 2004, por 30 pontos ($150) e comprei a trava de volta, em 29 de outubro de 2004, por 7 pontos ($35) (veja a Figura 8.14). Lucrei $115 por lote. Isso pode não parecer muito, mas se você opera diversas travas (lotes), o lucro pode ir somando-se rapidamente. Gosto de entrar e sair de muitos trades iguais a este: um retorno rápido de 32,9% sobre o capital retido em margem em apenas 25 dias.

[10] *Nota do Tradutor:* Nossa trava de baixa.

```
10/04/4        F1                       1 CALL DEC 04 NYC COTTON   4900 13     1.50   US
                                          SPREAD
               F1                       1* EX-11/12/04                    COMMISSION US
               F1                                              CLEARING/PRCSNG FEES US
               F1                                               PREMIUM / GROSS AMT US

10/04/4        F1         1               CALL DEC 04 NYC COTTON   5000 13     1.20   US
                                          SPREAD
               F1         1*              EX-11/12/04                     COMMISSION US
               F1                                              CLEARING/PRCSNG FEES US
               F1                                               PREMIUM / GROSS AMT US

*   *   *   *   *   *   *   *   *   *   C O N F I R M A T I O N   *   *   *   *   *

THE FOLLOWING TRADES HAVE BEEN MADE THIS DAY FOR YOUR ACCOUNT AND RISK.

 TRADE   SETTL  AT       BUY             SELL      CONTRACT DESCRIPTION          EX TRADE PRICE CC
------- ------- -- -------------- ------------- ---------------------------- -- ----------- --
10/29/4        F1         1               CALL DEC 04 NYC COTTON   4900 13      .08   US
                                          SPREAD
               F1         1*              EX-11/12/04                     COMMISSION US
               F1                                              CLEARING/PRCSNG FEES US
               F1                                               PREMIUM / GROSS AMT US

10/29/4        F1                       1 CALL DEC 04 NYC COTTON   5000 13      .15   US
                                          SPREAD
               F1                       1* EX-11/12/04                    COMMISSION US
               F1                                              CLEARING/PRCSNG FEES US
               F1                                               PREMIUM / GROSS AMT US
```

Figura 8.15 Trava de baixa no crédito OTM com calls no algodão — montagem e desmontagem

Fonte: Nota de corretagem de commodities.

Na época em que montei essa trava em particular, o preço dos futuros do algodão estavam no nível de aproximadamente 4750, o que me dava um mínimo lastro de 150 pontos de algodão para que o mercado se movesse contra mim antes que eu tivesse que instituir um plano de contingência. Você pode sempre respirar mais tranquilo sabendo que tem muitos cenários para estar certo quando vende opções (veja a Figura 8.15).

Figura 8.16 Gráfico diário do algodão
Fonte: eSignal.com

Trava de Opções no Crédito nº 6

Continuando no mercado de algodão (Figura 8.16), vi uma ruptura para cima próximo ao fim de dezembro de 2004. Optei por um trade de alta dessa vez e vendi a trava no crédito com puts 4100/4200 em duas ocasiões, 12 de janeiro de 2005 e 18 de janeiro de 2005, por 18 pontos ($90) e 17 pontos ($85), respectivamente. Isso significa que vendi a put de strike 4200 e comprei a de strike 4100 em uma mesma transação em cada data. O multiplicador do mercado de algodão é de $5 por ponto. O mercado se mexeu contra mim inicialmente, indo mais para baixo em janeiro de 2005, mas depois acabou por reverter e andar a meu favor. Fechei as travas em 28 de fevereiro de 2005, comprando-as de volta por 6 pontos ($30) cada. Isso significa que comprei a put de strike 4200 em que eu estava vendido e vendi a de 4100 em que eu estava comprado. Você pode ver que o *trade* anterior com algodão era de baixa, enquanto este era de alta. Essa é a grande qualidade dos mercados: você pode operar em qualquer campo (veja a Figura 8.17).

```
1/12/5      F1         1              PUT  MAY 05 NYC COTTON    4100 13      .50    US
                                      SPREAD
            F1         1*             EX- 4/15/05                          COMMISSION US
            F1                                                  CLEARING/PRCSNG FEES US
            F1                                                  PREMIUM / GROSS AMT US

1/12/5      F1                      1 PUT  MAY 05 NYC COTTON    4200 13      .68    US
                                      SPREAD
            F1                     1* EX- 4/15/05                          COMMISSION US
            F1                                                  CLEARING/PRCSNG FEES US
            F1                                                  PREMIUM / GROSS AMT US

*  *  *  *  *  *  *  *  *  *   C O N F I R M A T I O N   *  *  *  *  *

THE FOLLOWING TRADES HAVE BEEN MADE THIS DAY FOR YOUR ACCOUNT AND RISK.

 TRADE   SETTL  AT      BUY          SELL       CONTRACT DESCRIPTION        EX TRADE PRICE CC
------- ------- -- -------------- ------------- ---------------------------- -- ----------- --
 1/18/5         F1         1                    PUT  MAY 05 NYC COTTON    4100 13      .53    US
                                                SPREAD
                F1         1*                   EX- 4/15/05                          COMMISSION US
                F1                                                        CLEARING/PRCSNG FEES US
                F1                                                        PREMIUM / GROSS AMT US

 1/18/5         F1                            1 PUT  MAY 05 NYC COTTON    4200 13      .70    US
                                                SPREAD
                F1                           1* EX- 4/15/05                          COMMISSION US
                F1                                                        CLEARING/PRCSNG FEES US
                F1                                                        PREMIUM / GROSS AMT US

*  *  *  *  *  *  *  *  *  *   C O N F I R M A T I O N   *  *  *  *  *

THE FOLLOWING TRADES HAVE BEEN MADE THIS DAY FOR YOUR ACCOUNT AND RISK.

 TRADE   SETTL  AT      BUY          SELL       CONTRACT DESCRIPTION        EX TRADE PRICE CC
------- ------- -- -------------- ------------- ---------------------------- -- ----------- --
 2/28/5         F1                            2 PUT  MAY 05 NYC COTTON    4100 13      .04    US
                                                SPREAD
                F1                           2* EX- 4/15/05                          COMMISSION US
                F1                                                        CLEARING/PRCSNG FEES US
                F1                                                        PREMIUM / GROSS AMT US

 2/28/5         F1         2                    PUT  MAY 05 NYC COTTON    4200 13      .10    US
                                                SPREAD
                F1         2*                   EX- 4/15/05                          COMMISSION US
                F1                                                        CLEARING/PRCSNG FEES US
                F1                                                        PREMIUM / GROSS AMT US
```

Figura 8.17 Trava de alta no crédito OTM com puts no algodão — montagem e desmontagem

Fonte: Nota de corretagem de commodities.

Trava de Opções no Crédito nº 7

Outro trade de alta no café por meio da venda de travas com puts é demonstrado na Figura 8.18. Vendi a trava de alta com puts 9750/9500 por 55 e 77 pontos, respectivamente ($206,25 e $288,75), em 26 de outubro de 2005 e 27 de outubro de 2005, e comprei-as de volta em 3 de novembro de 2005 por 15 e 20 pontos ($56,25 e $75,00), tendo um rápido retorno de 20,6% e 33% sobre o dinheiro retido em margem em sete a oito dias apenas. Você notará que o mercado do café estava exatamente no mesmo lugar quando fechei o trade, ainda assim, tive lucro devido ao decaimento pelo tempo (Figura 8.19).

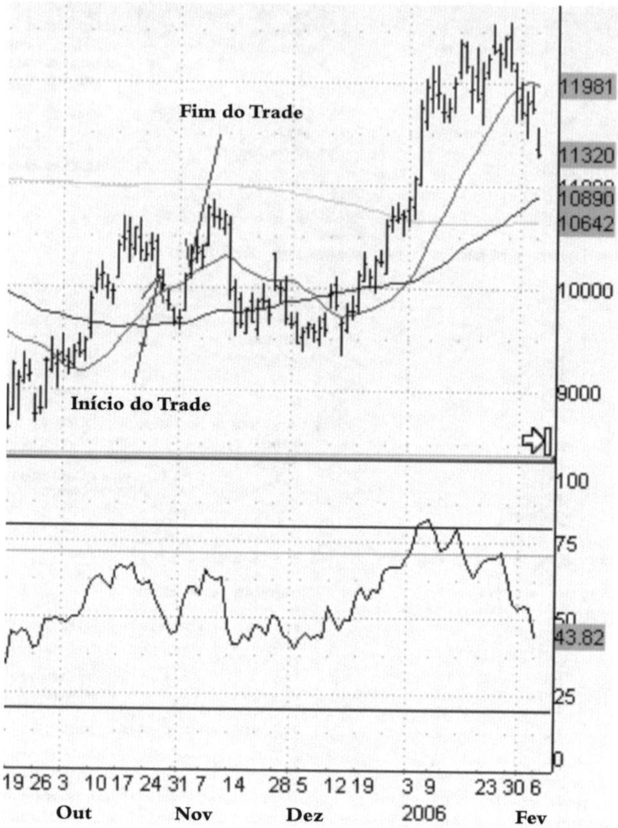

Figura 8.18 Gráfico diário do café

Fonte: eSignal.com

```
* * * * * * * * * * *   C O N F I R M A T I O N   * * * * *

THE FOLLOWING TRADES HAVE BEEN MADE THIS DAY FOR YOUR ACCOUNT AND RISK.

TRADE   SETTL  AT      BUY            SELL       CONTRACT DESCRIPTION            EX TRADE PRICE CC
------- ------- -- -------------- -------------- ------------------------------- -- ----------- --
10/26/5         F1       1                        PUT  DEC 05 CSC COFFEE C  950 06       1.35    US
                                                  SPREAD
                F1       1*                       EX-11/11/05                          COMMISSION US
                F1                                                         CLEARING/PRCSNG FEES US
                F1                                                             PREMIUM / GROSS AMT US

10/26/5         F1                      1         PUT  DEC 05 CSC COFFEE C  975 06       1.90    US
                                                  SPREAD
                F1                      1*        EX-11/11/05                          COMMISSION US
                F1                                                         CLEARING/PRCSNG FEES US
                F1                                                             PREMIUM / GROSS AMT US

* * * * * * * * * * *   C O N F I R M A T I O N   * * * * *

THE FOLLOWING TRADES HAVE BEEN MADE THIS DAY FOR YOUR ACCOUNT AND RISK.

TRADE   SETTL  AT      BUY            SELL       CONTRACT DESCRIPTION            EX TRADE PRICE CC
------- ------- -- -------------- -------------- ------------------------------- -- ----------- --
10/27/5         F1       1                        PUT  DEC 05 CSC COFFEE C  950 06       1.00    US
                                                  SPREAD
                F1       1*                       EX-11/11/05                          COMMISSION US
                F1                                                         CLEARING/PRCSNG FEES US
                F1                                                             PREMIUM / GROSS AMT US

10/27/5         F1                      1         PUT  DEC 05 CSC COFFEE C  975 06       1.77    US
                                                  SPREAD
                F1                      1*        EX-11/11/05                          COMMISSION US
                F1                                                         CLEARING/PRCSNG FEES US
                F1                                                             PREMIUM / GROSS AMT US

* * * * * * * * * * *   C O N F I R M A T I O N   * * * * *

THE FOLLOWING TRADES HAVE BEEN MADE THIS DAY FOR YOUR ACCOUNT AND RISK.

TRADE   SETTL  AT      BUY            SELL       CONTRACT DESCRIPTION            EX TRADE PRICE CC
------- ------- -- -------------- -------------- ------------------------------- -- ----------- --
11/03/5         F1                      1         PUT  DEC 05 CSC COFFEE C  950 06        .40    US
                                                  SPREAD
11/03/5         F1                      1         PUT  DEC 05 CSC COFFEE C  950 06        .70    US
                                                  SPREAD
                F1                      2*        EX-11/11/05                          COMMISSION US
                F1                                                         CLEARING/PRCSNG FEES US
                F1                                                             PREMIUM / GROSS AMT US

11/03/5         F1       1                        PUT  DEC 05 CSC COFFEE C  975 06        .60    US
                                                  SPREAD
11/03/5         F1       1                        PUT  DEC 05 CSC COFFEE C  975 06        .85    US
                                                  SPREAD
```

Figura 8.19 Trava de alta no crédito OTM com puts no café — montagem e desmontagem

Fonte: Nota de corretagem de commodities.

Trava de Opções no Crédito nº 8

Acho que você já está compreendendo o sentido da estratégia de travas no crédito. Estou pegando minha expectativa inicial e aplicando-a a uma trava de alta no crédito OTM com puts ou de baixa com calls. Esse trade foi uma oportunidade rápida de vender travas de alta com puts no mercado de cacau, em 24 de janeiro de 2006, por 12 pontos ($120) e de comprar de volta em 1º de fevereiro de 2006, por 6 pontos ($60). Os mercados não se moveram muito direcionalmente entre as datas em que comprei e vendi, mas o decaimento pelo tempo fez seu trabalho! Foi um ROM de 15,8% em oito dias (veja as Figuras 8.20 e 8.21).

Figura 8.20 Gráfico diário do cacau

Fonte: eSignal.com

```
*  *  *  *  *  *  *  *  *  *  *    C  O  N  F  I  R  M  A  T  I  O  N     *  *  *  *  *

THE FOLLOWING TRADES HAVE BEEN MADE THIS DAY FOR YOUR ACCOUNT AND RISK.

 TRADE   SETTL  AT       BUY            SELL       CONTRACT DESCRIPTION           EX TRADE PRICE CC
------- ------- -- -------------- -------------- ------------------------------- -- ----------- --
 1/24/6         F1          1                      PUT  MAR 06 CSC COCOA-MTR 1400 06       .08    US
                                                   SPREAD
                F1          1*                     EX- 2/03/06                          COMMISSION US
                F1                                                           CLEARING/PRCSNG FEES US
                F1                                                             PREMIUM / GROSS AMT US

 1/24/6         F1                             1   PUT  MAR 06 CSC COCOA-MTR 1450 06       .20    US
                                                   SPREAD
                F1                             1*  EX- 2/03/06                          COMMISSION US
                F1                                                           CLEARING/PRCSNG FEES US
                F1                                                             PREMIUM / GROSS AMT US

*  *  *  *  *  *  *  *  *  *  *    C  O  N  F  I  R  M  A  T  I  O  N     *  *  *  *  *

THE FOLLOWING TRADES HAVE BEEN MADE THIS DAY FOR YOUR ACCOUNT AND RISK.

 TRADE   SETTL  AT       BUY            SELL       CONTRACT DESCRIPTION           EX TRADE PRICE CC
------- ------- -- -------------- -------------- ------------------------------- -- ----------- --
 2/01/6         F1                             1   PUT  MAR 06 CSC COCOA-MTR 1400 06       .02    US
                                                   SPREAD
                F1                             1*  EX- 2/03/06                          COMMISSION US
                F1                                                           CLEARING/PRCSNG FEES US
                F1                                                             PREMIUM / GROSS AMT US

 2/01/6         F1          1                      PUT  MAR 06 CSC COCOA-MTR 1450 06       .08    US
                                                   SPREAD
                F1          1*                     EX- 2/03/06                          COMMISSION US
                F1                                                           CLEARING/PRCSNG FEES US
                F1                                                             PREMIUM / GROSS AMT US
```

Figura 8.21 Trava de alta no crédito OTM com puts no cacau — montagem e desmontagem

Fonte: Nota de corretagem de commodities.

Trava de Opções no Crédito nº 9

Não costumo fazer trades com boi gordo, mas este funcionou bem (veja a Figura 8.22). Eu estava inclinado a achar que a queda continuaria conforme os preços *mordiam* a média móvel. Vendi a trava de baixa com calls em 20 de março de 2006 por 50 pontos ($250,00), e comprei-a de volta em 29 de março de 2006 por 27,5 pontos ($137,50). O contrato de boi gordo tem um sistema de pontos de $5. A opção vendida da trava (1100) estava 500 pontos acima do preço do mercado na hora do trade, dando-me um belo lastro caso o mercado decidisse subir por um tempo. Saí dessa operação um pouco cedo demais; como se pode ver, o mercado desabou alguns dias depois de eu ter fechado o trade. Eu poderia ter comprado a trava de volta por menos, mas um lucro é um lucro! (Veja a Figura 8.23.)

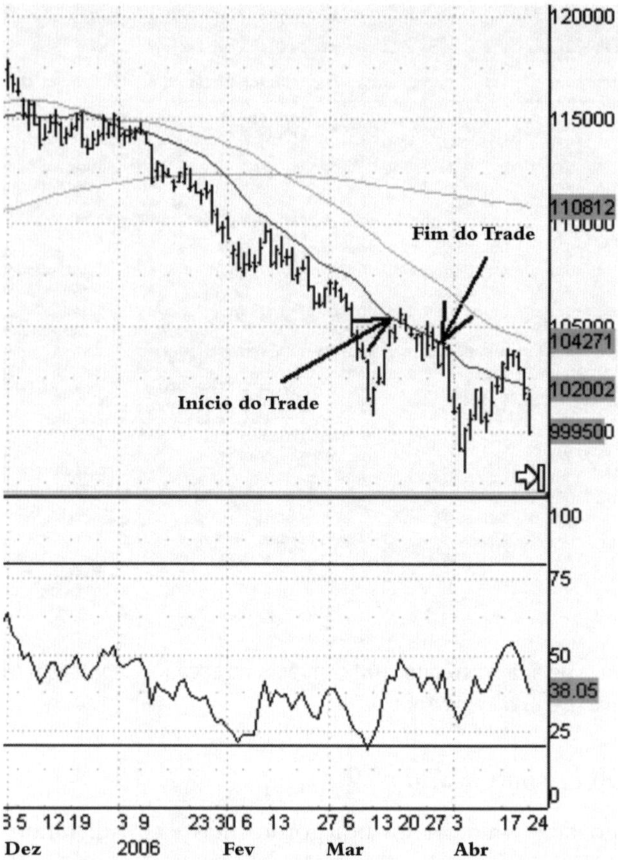

Figura 8.22 Gráfico diário do boi gordo

Fonte: eSignal.com

```
*  *  *  *  *  *  *  *  *  *    C O N F I R M A T I O N    *  *  *  *  *
THE FOLLOWING TRADES HAVE BEEN MADE THIS DAY FOR YOUR ACCOUNT AND RISK.
 TRADE   SETTL  AT     BUY            SELL       CONTRACT DESCRIPTION          EX TRADE PRICE CC
------- ------- -- ------------- ------------- ----------------------------- -- ----------- --
 3/20/6         F1                           1  CALL MAY 06 CME FD CATTLE 1100 02    1.00     US
                                                SPREAD
                F1                           1* EX- 5/25/06                              COMMISSION US
                F1                                                              CLEARING/PRCSNG FEES US
                F1                                                               PREMIUM / GROSS AMT US

 3/20/6         F1        1                     CALL MAY 06 CME FD CATTLE 1120 02     .50     US
                                                SPREAD
                F1        1*                    EX- 5/25/06                              COMMISSION US
                F1                                                              CLEARING/PRCSNG FEES US
                F1                                                               PREMIUM / GROSS AMT US

*  *  *  *  *  *  *  *  *  *    C O N F I R M A T I O N    *  *  *  *  *
THE FOLLOWING TRADES HAVE BEEN MADE THIS DAY FOR YOUR ACCOUNT AND RISK.
 TRADE   SETTL  AT     BUY            SELL       CONTRACT DESCRIPTION          EX TRADE PRICE CC
------- ------- -- ------------- ------------- ----------------------------- -- ----------- --
 3/29/6         F1        1                     CALL MAY 06 CME FD CATTLE 1100 02     .50     US
                                                SPREAD
                F1        1*                    EX- 5/25/06                              COMMISSION US
                F1                                                              CLEARING/PRCSNG FEES US
                F1                                                               PREMIUM / GROSS AMT US

 3/29/6         F1                           1  CALL MAY 06 CME FD CATTLE 1120 02     .22 1/2 US
                                                SPREAD
                F1                           1* EX- 5/25/06                              COMMISSION US
                F1                                                              CLEARING/PRCSNG FEES US
                F1                                                               PREMIUM / GROSS AMT US
```

Figura 8.23 Trava de baixa no crédito OTM com calls no boi gordo — montagem e desmontagem

Fonte: Nota de corretagem de commodities.

Trava de Opções no Crédito nº 10

A prata teve grande queda em 20 de abril de 2006, chegando a tocar uma de minhas médias móveis, como pode ser visto na Figura 8.24. Estava em tendência de alta antes dessa derrubada e senti que iria repicar (subida em recuperação após uma queda forte) e continuar subindo independentemente dessa queda. Optei por um trade que se beneficiaria da alta e vendi a trava de alta com puts 1100/1075 em 24 de abril de 2006, recebendo 5 pontos ($250). Naquela época, a prata estava sendo negociada a aproximadamente $12 por onça, o que me deu um dólar inteiro de lastro acima de meu strike vendido ($11). Você notará que as figuras que uso para cotar os preços de exercício nem sempre são iguais às que você vê no gráfico. Neste caso, os gráficos cotam os preços da prata com cinco dígitos, enquanto eu uso os números que correspondem à forma que os preços são cotados pelos traders e como eles são representados na nota da corretora, que você vê na Figura 8.25.

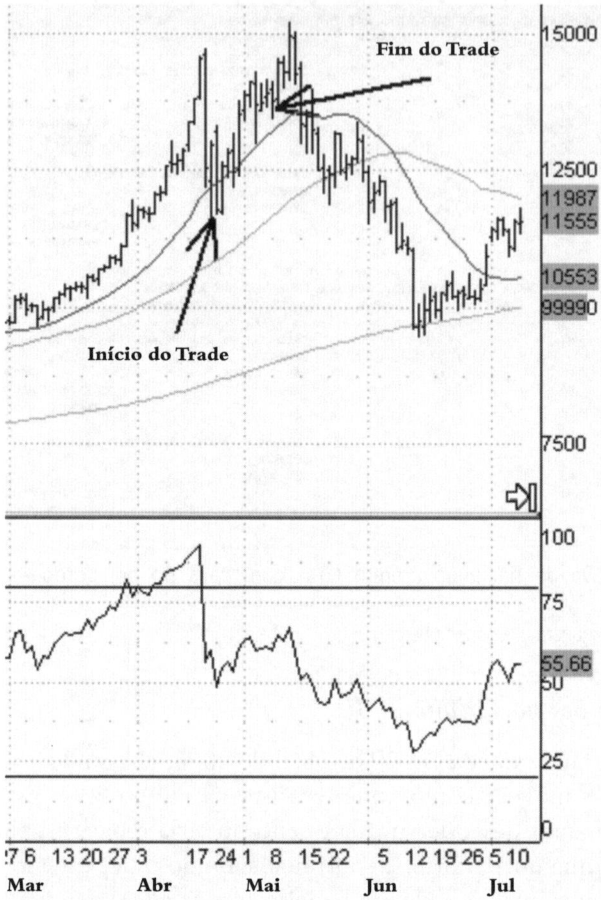

Figura 8.24 Gráfico diário da prata

Fonte: eSignal.com

```
*  *  *  *  *  *  *  *  *  *   C O N F I R M A T I O N   *  *  *  *  *
THE FOLLOWING TRADES HAVE BEEN MADE THIS DAY FOR YOUR ACCOUNT AND RISK.
 TRADE   SETTL  AT      BUY           SELL        CONTRACT DESCRIPTION             EX TRADE PRICE CC
------- ------- -- ------------- ------------- ------------------------------ -- ----------- --
 4/24/6         F1          1                   PUT  JUN 06 CMX SILVER    1075 04     15.00    US
                                                SPREAD
                F1          1*                  EX- 5/25/06                            COMMISSION US
                F1                                                          CLEARING/PRCSNG FEES US
                F1                                                           PREMIUM / GROSS AMT US

 4/24/6         F1                           1  PUT  JUN 06 CMX SILVER    1100 04     20.00    US
                                                SPREAD
                F1                           1* EX- 5/25/06                            COMMISSION US
                F1                                                          CLEARING/PRCSNG FEES US
                F1                                                           PREMIUM / GROSS AMT US

*  *  *  *  *  *  *  *  *  *   C O N F I R M A T I O N   *  *  *  *  *
THE FOLLOWING TRADES HAVE BEEN MADE THIS DAY FOR YOUR ACCOUNT AND RISK.
 TRADE   SETTL  AT      BUY           SELL        CONTRACT DESCRIPTION             EX TRADE PRICE CC
------- ------- -- ------------- ------------- ------------------------------ -- ----------- --
 5/08/6         F1                           1  PUT  JUN 06 CMX SILVER    1075 04      3.00    US
                                                SPREAD
                F1                           1* EX- 5/25/06                            COMMISSION US
                F1                                                          CLEARING/PRCSNG FEES US
                F1                                                           PREMIUM / GROSS AMT US

 5/08/6         F1          1                   PUT  JUN 06 CMX SILVER    1100 04      5.00    US
                                                SPREAD
                F1          1*                  EX- 5/25/06                            COMMISSION US
                F1                                                          CLEARING/PRCSNG FEES US
                F1                                                           PREMIUM / GROSS AMT US
```

Figura 8.25 Trava de alta no crédito OTM com puts na prata — montagem e desmontagem

Fonte: Nota de corretagem de commodities.

Nessa operação, os compradores de prata vieram rugindo de volta para o mercado assim que eu liquidei a posição, em 8 de maio de 2006, em 2 pontos ($100), tendo uma ROM de 15% em 14 dias.

Trava de Opções no Crédito nº 11

O boi gordo deu um mergulho no fim de abril de 2006 e depois começou a subir a partir do fundo (Figura 8.26). Você notará que o indicador de força relativa (RSI) no painel inferior não fez um fundo mais baixo no mesmo dia em que o boi gordo desabou. Isso é o que é chamado de "divergência de alta" entre o gráfico do ativo e o RSI (IFR — Índice de Força Relativa). Um sinal como esse é um bom indicador de que a commodity bateu em um suporte[11] e pode voltar a subir. Isso foi exatamente o que o mercado do boi fez.

[11] *Nota do Tradutor:* Quando em queda, o mercado faz um fundo, um local onde ele para de cair, chamado de suporte. Durante uma alta, ao contrário, se o mercado para de subir em determinado ponto ou área, denomina-se resistência.

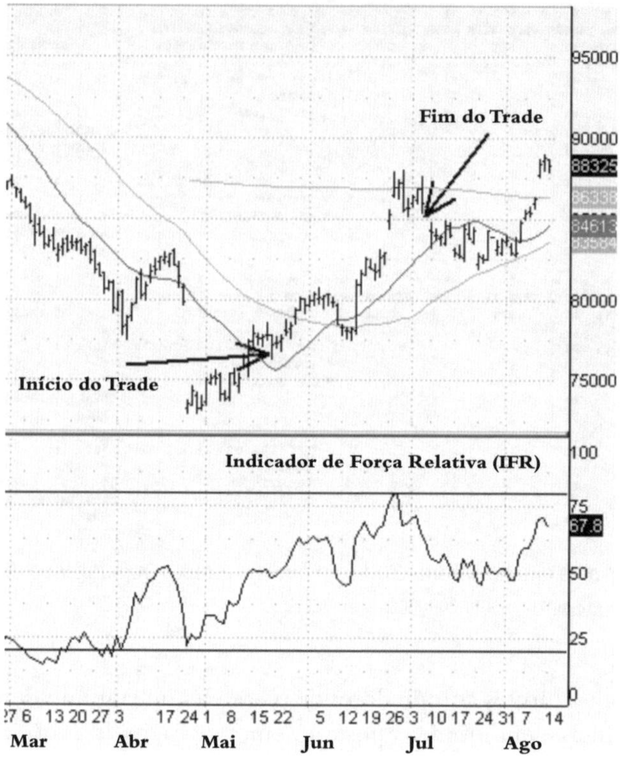

Figura 8.26 Gráfico diário do boi gordo
Fonte: eSignal.com

Entrei em uma operação de alta em 19 de maio de 2006 e vendi a trava de alta com puts 7400/7300 por 20 pontos ($80). O preço dos futuros naquele momento estava em torno de 7700, o que me dava um belo lastro de 300 pontos para os erros em relação à direção do mercado. Passou muito tempo até que eu conseguisse sair desse trade e, consequentemente, ele durou mais do que a maioria de minhas operações. Ainda que o mercado tenha se movimentado em meu favor desde o primeiro dia, tive problemas para conseguir fechar o trade. Acho que os market makers simplesmente não queriam lidar com minhas ordens. Apesar disso, acabei fechando, em 7 de julho de 2006, aos 5 pontos ($20), para um ganho de $60 por lote com uma ROM (Retorno sobre a Margem) de 18,75% em 49 dias. Não é um lucro tão grande, mas ainda assim é lucro (veja a Figura 8.27).

```
5/19/6       F1         1                  PUT  AUG 06 CME CATTLE   730 02    .80     US
                                           SPREAD
             F1         1*                 EX- 8/04/06                       COMMISSION US
             F1                                                   CLEARING/PRCSNG FEES US
             F1                                                    PREMIUM / GROSS AMT US

5/19/6       F1                          1 PUT  AUG 06 CME CATTLE   740 02   1.00     US
                                           SPREAD
             F1                         1* EX- 8/04/06                       COMMISSION US
             F1                                                   CLEARING/PRCSNG FEES US
             F1                                                    PREMIUM / GROSS AMT US

 *   *   *   *   *   *   *   *   *   *    C O N F I R M A T I O N    *   *   *   *   *
 THE FOLLOWING TRADES HAVE BEEN MADE THIS DAY FOR YOUR ACCOUNT AND RISK.
  TRADE   SETTL  AT      BUY             SELL      CONTRACT DESCRIPTION          EX TRADE PRICE CC
 ------- ------ -- ------------- ------------- ---------------------------- -- ----------- -- -
  7/07/6         F1                          1 PUT  AUG 06 CME CATTLE   730 02     .12 1/2 US
                                               SPREAD
                 F1                         1* EX- 8/04/06                       COMMISSION US
                 F1                                                   CLEARING/PRCSNG FEES US
                 F1                                                    PREMIUM / GROSS AMT US

  7/07/6         F1         1                  PUT  AUG 06 CME CATTLE   740 02     .17 1/2 US
                                               SPREAD
                 F1         1*                 EX- 8/04/06                       COMMISSION US
                 F1                                                   CLEARING/PRCSNG FEES US
                 F1                                                    PREMIUM / GROSS AMT US
```

Figura 8.27 Trava de alta no crédito OTM com puts no boi gordo — montagem e desmontagem

Fonte: Nota de corretagem de commodities.

Trava de Opções no Crédito nº 12

Este trade na Figura 8.28 foi bem parecido com o anterior feito na prata. Os preços dos metais normalmente variam de forma semelhante, e o ouro repicou logo após uma queda até umas das médias móveis. Eu estava com expectativa de alta, então, vendi a trava de alta com puts 530/525 em 19 de junho de 2006 por 100 pontos ($100). O strike da opção vendida (530) estava aproximadamente $45 abaixo da cotação do ouro naquele momento ($575 por onça). Sempre que você vende travas no crédito, vende a opção mais cara e compra a mais barata. Nesse caso, vendi a put de preço de exercício 530 e comprei a put de 525.

Optei por demonstrar esse trade usando a versão eletrônica do mercado do ouro em vez do contrato de pregão. Essa operação foi executada em uma de minhas outras corretoras. Os futuros do ouro e as opções têm sido negociados no pregão da bolsa por muitos e muitos anos, mas os mercados eletrônicos de futuros foram lançados há pouco tempo. Adoro os mercados eletrônicos porque eles colocam todos em igualdade de condições. Nada contra meus antigos colegas que ainda trabalham nos pregões, mas os mercados eletrônicos são a realidade do futuro. Comprei a trava de volta, em 7 de junho de 2006, por 10 pontos ($10), para um ROM rápido de 22,5% em 18 dias (veja a Figura 8.29).

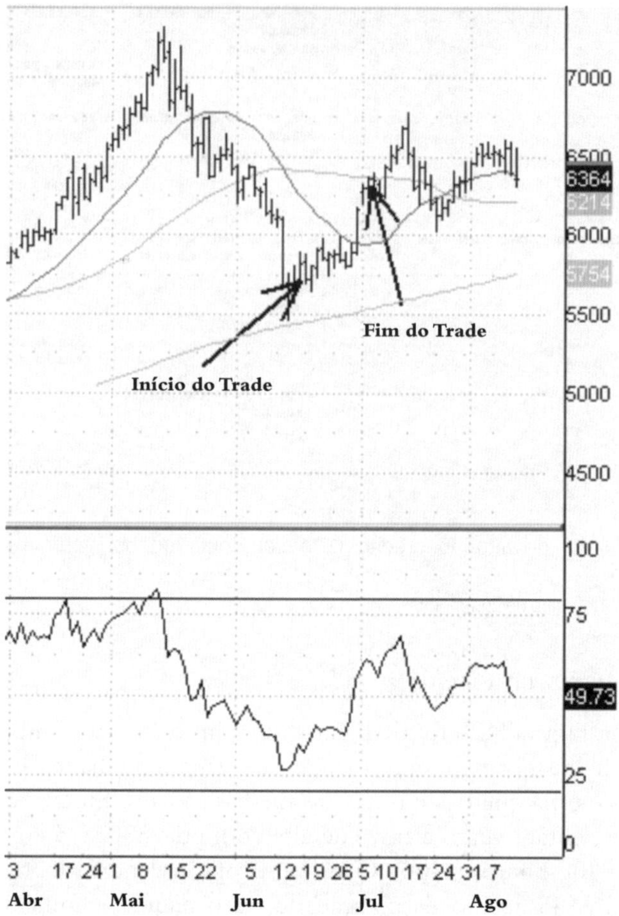

Figura 8.28 Gráfico diário do ouro

Fonte: eSignal.com

```
* * * * * * * * * *   C O N F I R M A T I O N   * * * * *
THE FOLLOWING TRADES HAVE BEEN MADE THIS DAY FOR YOUR ACCOUNT AND RISK.
 TRADE   SETTL  AT      BUY           SELL        CONTRACT DESCRIPTION             EX TRADE PRICE CC
------- ------- -- ------------- -------------- ------------------------------- -- ----------- -- -
 6/19/6         F1           1                  PUT  AUG 06 CMX GOLD        525 04      5.00    US
                                                SPREAD
                F1           1*                 EX- 7/26/06                           COMMISSION US
                F1                                                         CLEARING/PRCSNG FEES US
                F1                                                          PREMIUM / GROSS AMT US

 6/19/6         F1                            1 PUT  AUG 06 CMX GOLD        530 04      6.00    US
                                                SPREAD
                F1                           1* EX- 7/26/06                           COMMISSION US
                F1                                                         CLEARING/PRCSNG FEES US
                F1                                                          PREMIUM / GROSS AMT US
```

Options On Futures

USD

Symbol	Date Time	Exchange	Qty	Price	Amount
ZG AUG06 540 P	2006-07-06, 10:29:30	ECBOT	1	0.3000	-30.00
ZG AUG06 535 P	2006-07-06, 10:30:35	ECBOT	-1	0.2000	20.00

Figura 8.29 Trava de alta no crédito OTM com puts no ouro — montagem e desmontagem
Fonte: Nota de corretagem de commodities.

Trava ITM nº 2

Os futuros do cacau estavam fazendo um movimento de alta extremo e não podiam sustentar isso por muito mais tempo (veja a Figura 8.30). Foi um caso de força da gravidade a assumir, mais cedo ou mais tarde. Devido a minha perspectiva negativa para o futuro imediato, comprei a trava de baixa com puts ITM 1750/1700, em 7 de julho de 2006, por 27 pontos ($270). Nessa operação, comprei a put ITM mais cara, de preço de exercício 1750, e vendi a mais barata, de 1700. Veja a queda livre que aconteceu 11 dias depois, em 17 de julho de 2006. É o sonho do trader. Fechei a operação vendendo a trava por 40 pontos ($400), com um lucro de 48% (vendi a opção de put de 1750 e comprei a opção de put de 1700) (veja a Figura 8.31.)

Figura 8.30 Gráfico diário do cacau

Fonte: eSignal.com

```
7/07/6        F1                         1 PUT  SEP 06 CSC COCOA-MTR 1700 06      .50    US
                                           SPREAD
              F1                         1* EX- 8/04/06                       COMMISSION US
              F1                                                    CLEARING/PRCSNG FEES US
              F1                                                     PREMIUM / GROSS AMT US

7/07/6        F1          1                PUT  SEP 06 CSC COCOA-MTR 1750 06      .77    US
                                           SPREAD
              F1          1*               EX- 8/04/06                        COMMISSION US
              F1                                                    CLEARING/PRCSNG FEES US
              F1                                                     PREMIUM / GROSS AMT US

*   *   *   *   *   *   *   *   *   *    C  O  N  F  I  R  M  A  T  I  O  N    *   *   *   *   *
THE FOLLOWING TRADES HAVE BEEN MADE THIS DAY FOR YOUR ACCOUNT AND RISK.
 TRADE   SETTL  AT      BUY            SELL       CONTRACT DESCRIPTION            EX TRADE PRICE CC
------- ------- -- ------------- ------------- ----------------------------- -- ----------- --
 7/17/6         F1          1                 PUT  SEP 06 CSC COCOA-MTR 1700 06      1.00    US
                                              SPREAD
                F1          1*                EX- 8/04/06                        COMMISSION US
                F1                                                     CLEARING/PRCSNG FEES US
                F1                                                      PREMIUM / GROSS AMT US

 7/17/6         F1                          1 PUT  SEP 06 CSC COCOA-MTR 1750 06      1.40    US
                                              SPREAD
                F1                          1* EX- 8/04/06                       COMMISSION US
                F1                                                     CLEARING/PRCSNG FEES US
                F1                                                      PREMIUM / GROSS AMT US
```

Figura 8.31 Trava de alta no débito ITM com puts no cacau — montagem e desmontagem

Fonte: Nota de corretagem de commodities.

Trava de Opções no Crédito nº 13

Por último, mais uma trava no suco de laranja. Neste caso (Figura 8.32), eu estava apenas seguindo a tendência do mercado. O suco de laranja vinha abraçando a média móvel todo o tempo, enquanto subia de preço, e eu sentia que isso poderia continuar por mais um tempo. Vendi a trava de alta com puts 14000/13500 em 14 de julho de 2006 por 100 pontos ($150). Na hora do trade, o suco de laranja estava sendo negociado a 15900, que era bem acima da minha zona de perigo. Fechei o trade em 1º de agosto de 2006 por 25 pontos ($37,50), recebendo um ROM de 18,75% em 17 dias (veja a Figura 8.33).

Figura 8.32 Gráfico diário do suco de laranja

Fonte: eSignal.com

```
*  *  *  *  *  *  *  *  *  *    C O N F I R M A T I O N    *  *  *  *  *
THE FOLLOWING TRADES HAVE BEEN MADE THIS DAY FOR YOUR ACCOUNT AND RISK.
 TRADE   SETTL  AT      BUY            SELL       CONTRACT DESCRIPTION            EX TRADE PRICE CC
------- ------- -- ------------- ------------- ------------------------------ -- ----------- --
 7/14/6          F1        1                     PUT  NOV 06 NYC FRZN O J 13500 13      2.00    US
                                                 SPREAD
                 F1        1*                    EX-10/20/06                            COMMISSION US
                 F1                                                        CLEARING/PRCSNG FEES US
                 F1                                                         PREMIUM / GROSS AMT US

 7/14/6          F1                          1   PUT  NOV 06 NYC FRZN O J 14000 13      3.00    US
                                                 SPREAD
                 F1                          1*  EX-10/20/06                            COMMISSION US
                 F1                                                        CLEARING/PRCSNG FEES US
                 F1                                                         PREMIUM / GROSS AMT US
*  *  *  *  *  *  *  *  *  *    C O N F I R M A T I O N    *  *  *  *  *
THE FOLLOWING TRADES HAVE BEEN MADE THIS DAY FOR YOUR ACCOUNT AND RISK.
 TRADE   SETTL  AT      BUY            SELL       CONTRACT DESCRIPTION            EX TRADE PRICE CC
------- ------- -- ------------- ------------- ------------------------------ -- ----------- --
 8/01/6          F1                          1   PUT  NOV 06 NYC FRZN O J 13500 13       .50    US
                                                 SPREAD
                 F1                          1*  EX-10/20/06                            COMMISSION US
                 F1                                                        CLEARING/PRCSNG FEES US
                 F1                                                               EXCHANGE FEES US
                 F1                                                                    NFA FEES US
                 F1                                                                   BROKERAGE US
                 F1                                                         PREMIUM / GROSS AMT US

 8/01/6          F1        1                     PUT  NOV 06 NYC FRZN O J 14000 13       .25    US
                                                 SPREAD
                 F1        1*                    EX-10/20/06                            COMMISSION US
                 F1                                                        CLEARING/PRCSNG FEES US
                 F1                                                               EXCHANGE FEES US
```

Figura 8.33 Trava de alta no crédito OTM com calls no suco de laranja — montagem e desmontagem

Fonte: Nota de corretagem de commodities.

GESTÃO DE RISCO

Você viu os resultados verdadeiros das travas no crédito com opções. Vender opções é tão fácil quanto comprá-las, você só precisa abrir sua mente para estar no outro lado do trade. Mesmo a estratégia de venda de opções sendo muito boa, é importante conhecer o perfil de risco/retorno a fim de saber, na hora em que for montar as operações, o quanto se pode ganhar e o quanto se está arriscando. Não se iluda: nenhuma estratégia irá ganhar sempre, mas, para mim, as travas no crédito são muito boas.

Toda vez que você monta uma trava com opções, em que você compra e vende a mesma quantidade de opções na mesma operação, há risco e retorno limitados na posição. Você não irá se expor a um risco de perda ilimitada nem terá a oportunidade de retorno ilimitado. Essa é a natureza de qualquer trava com opções. Mas, quando feita corretamente, os retornos limitados que podemos conseguir da trava no crédito podem se somar significativamente com o tempo.

Mostrei exemplos de trades vencedores, mas nem todas as operações que você fizer terminarão com lucro. Você pode dormir tranquilamente sabendo que seus prejuízos estão limitados, mas isso não o força a carregar uma operação potencialmente perdedora até o final. Não há regras aqui. Você pode desmontar a trava a qualquer momento que desejar. Se o trade não está se movendo em seu favor e você sente que não irá reverter, então, simplesmente, pule fora. Não fique rezando para que ele mude de direção. Seja decisivo. É melhor assumir uma pequena perda na hora do que uma grande amanhã.

Como falei na maioria desses exemplos de trade, cada commodity tem um ponto diferente e um valor em dólar. É prudente ter uma folha de consulta de commodity para que você não se surpreenda ao ver os números em sua conta. Com as travas no crédito você recebe dinheiro assim que monta a operação, e é o máximo que terá de lucro na operação se carregá-la até o vencimento das opções. Se você desmontar o trade antes do vencimento, como eu fiz muitas vezes, seu lucro será menor do que o máximo, mas, mesmo assim, está bom: lucro é sempre lucro.

Do outro lado, há um risco máximo definido se o trade se movimentar contra você e você carregá-lo até o vencimento. Como saberá desde a hora em que monta a operação a quantidade exata máxima de dinheiro que pode perder, você pode se planejar adequadamente. Alguns traders arriscam todo o valor, enquanto outros estabelecem níveis de stop em pontos predeterminados. Alguns traders também fecharão o negócio caso o mercado se mova na direção do preço mais baixo da trava, enquanto outros fecharão o trade se o custo da trava dobrar em preço. Não importa que método escolha, fique com ele até o fim da operação.

Por último, quero mostrar a fórmula para se chegar ao risco máximo nas travas no crédito (vendidas). Já que estamos vendendo a trava, sabemos o seu ganho máximo: o valor pelo qual vendemos a trava. Para chegar ao risco máximo, você precisa subtrair o valor recebido da diferença entre os strikes das opções da trava.

Exemplo: na última trava no crédito com suco de laranja, vendemos a trava com puts 1400/1350 por 100 pontos. A diferença entre os strikes é de 50 pontos, o que multiplicado pelos 100 pontos da venda da trava equivale a 500 pontos: ((1400 - 1350) * 100 = 500). Já que recebemos 100 pontos pela venda da trava, o máximo que podemos perder são 400 pontos (500 pontos - 100 pontos = 400 pontos). O ganho máximo é de 100 pontos e a perda máxima é de 400 pontos. O suco de laranja tem um multiplicador de $1,50, então, o retorno máximo é de $150 e o risco máximo é de $600.

Sei que alguns de vocês podem estar pensando: "Espere um minuto, vou arriscar 400 pontos para ganhar apenas 100? Por que iria querer fazer isso? É uma relação risco-retorno de 4:1. Quem em sã consciência aceitaria um trade assim?" Nós! E todos os outros vendedores de opções espertos. Deixe-me afirmar novamente o ponto que venho tecendo neste livro: a probabilidade de um trade de venda de opções ter sucesso é maior do que a relação risco-retorno apresentada, que acaba por compensar esses números. Apenas dê uma olhada nos resultados que mostrei.

Todas as minhas travas no crédito se aproveitaram dos strikes próximos do vencimento, fora do dinheiro, de baixa probabilidade de exercício,[12] que tinham poucas chances de serem lucrativos. No mundo dos investimentos, quando suas chances de vencer são altas, normalmente você tem de entregar algo em troca. Esse algo, nesse caso, vem a ser a relação risco-retorno.

Na maioria dos casos, nossas chances de obter lucro estariam em torno de 80% a 90% (voltem e vejam todas as calculadoras de probabilidades apresentadas anteriormente neste livro). Ou você tem uma chance muito baixa de ganhar muito dinheiro ou tem uma chance bem alta de ganhar pouco dinheiro. Meus 17 anos de experiência me mostraram qual lado escolher. E você? Claro que meu objetivo é oferecer a estratégia e mostrar como esta funciona. Cada pessoa deve tomar suas próprias decisões e fazer o que considera certo. Ninguém cuidará de seu dinheiro melhor do que você. Tenha certeza de estar ciente de cada nuance do trade antes de iniciá-lo.

Como nossa trava no crédito no suco de laranja, o preço de corte (breakeven) ocorria ao nível de 13900. Na hora da execução da estratégia, novembro de 2006, os futuros do suco de laranja estavam sendo negociados em torno de 15900 (Figura 8.34). Você pode verificar isso em qualquer um dos gráficos de suco de laranja apresentados aqui. A volatilidade estava em torno de 30% e faltavam 98 dias para o vencimento das opções. Dados esses parâmetros, tínhamos a probabilidade de 80,7% de que o suco de laranja se manteria acima do breakeven durante o trade. É uma boa probabilidade. As chances se tornaram ainda maiores ao sabermos que provavelmente desmontaríamos o trade antes do vencimento das opções. Menos tempo no trade significa menos tempo para vermos um movimento adverso.

---

[12] *Nota do Tradutor*: Diz-se que uma opção foi exercida se, no dia do vencimento, o ativo subjacente estiver custando mais do que o preço de exercício (strike) da opção.

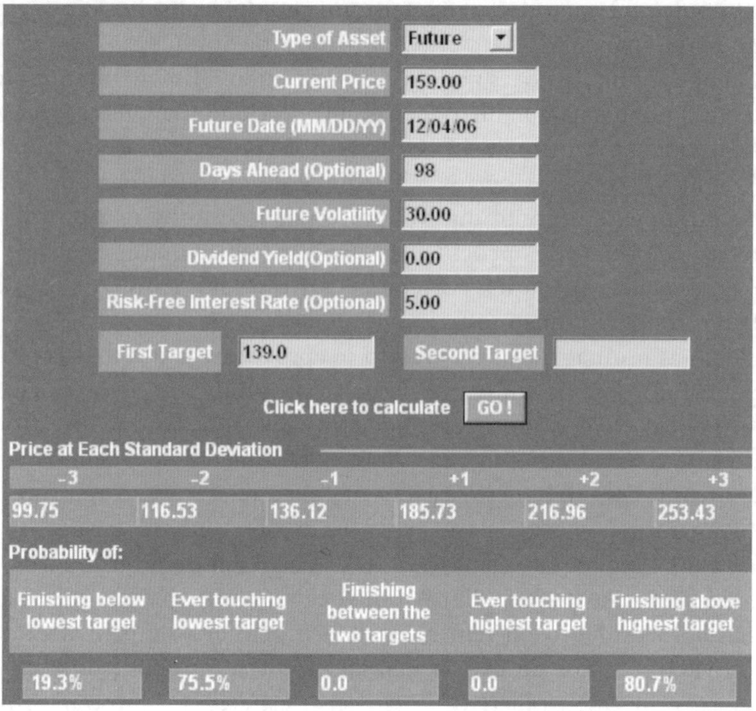

Figura 8.34 Trade com suco de laranja — calculadora de probabilidades

Fonte: © Copyright Optionvue Systems International, Inc.

ATUALIZAÇÃO DAS TRAVAS DE CRÉDITO 2007 E 2008

Mais uma vez, ao revisar este livro em 2009, estou oferecendo recomendações de trades mais atuais, que foram feitos em 2007 e 2008, porque a maioria dos exemplos anteriores com travas de crédito era de 2006. Todos esses novos exemplos vêm de minha consultoria de opções e commodity e são alertas de trades reais que os meus membros receberam por e-mail.

Trava de Opções no Crédito do Petróleo Cru

Este primeiro trade foi uma trava de opções no crédito que executamos no mercado de opções do petróleo cru. Nós fomos otimistas, então fomos em frente e iniciamos uma opção com trava de alta com puts (veja a Figura 8.35).

A Figura 8.36 mostra o deslocamento deste trade, que chegou cinco dias depois.

Trava de Opções no Crédito do Café

Este próximo exemplo é para outro trade de trava de alta no mercado do café, no qual executamos a trava no crédito com puts (veja a Figura 8.37).

A Figura 8.38 mostra o deslocamento deste trade, que chegou apenas uma semana depois.

TRAVAS DE OPÇÃO NO CRÉDITO DO OURO E DO SUCO DE LARANJA

A Figura 8.39 mostra o último alerta de e-mail que vou mostrar a vocês, porque tenho certeza de que você está ficando cansado de vê-los e aposto que agora você já consegue ver o quanto esses tipos de travas podem ser lucrativas.

Você pode ter percebido a mudança de nome no alto desse último e-mail. Nós decidimos renovar nosso serviço com um novo nome no outono de 2007. Aqui está o deslocamento desse e-mail para a trava de opção no crédito do ouro, que chegou apenas algumas semanas mais tarde. Nós gostamos de entrar e sair rapidamente e arrecadar nossos lucros rapidamente (veja a Figura 8.40).

RESUMO

Como você já deve saber, sou um **grande** fã das travas no crédito (vendidas). Sem dúvida, é a estratégia que eu mais uso. Nos mercados financeiros, em que escolher a direção correta de um investimento é a principal força propulsora por trás dos lucros, gosto do fato de que uma estratégia vendida em opções oferece o maior espaço para manobrar dentro de sua aposta direcional.

Why am I getting this?

DELTA FORCE
TRADER

A SPECIAL PUBLICATION OF MT. VERNON RESEARCH

White List Us | Mt. Vernon Research | Archives

Você está recebendo este e-mail como parte de sua inscrição no Delta Force Trader. Se tiver qualquer dúvida ou quiser mudar suas configurações de e-mail, por favor deixe seu contato no final deste e-mail.

22 de fevereiro de 2007

E-mail nº 52

Uma trava escorregadia de petróleo

Ótimo trabalho hoje, assinantes do DEFT! Nosso timing hoje foi impecável com a trava de opções no crédito do petróleo cru. Nós vendemos a trava de opções do crédito de maio de 2007 $58/$56 por 60 pontos ($600) cada, logo antes de o mercado dar uma guinada para cima. Como somos otimistas, nossa trava se tornará mais barata conforme o mercado se move para cima. É isso que queremos. Nós queremos que a trava expire sem valor, ou recomprá-la mais barata do que a vendemos.

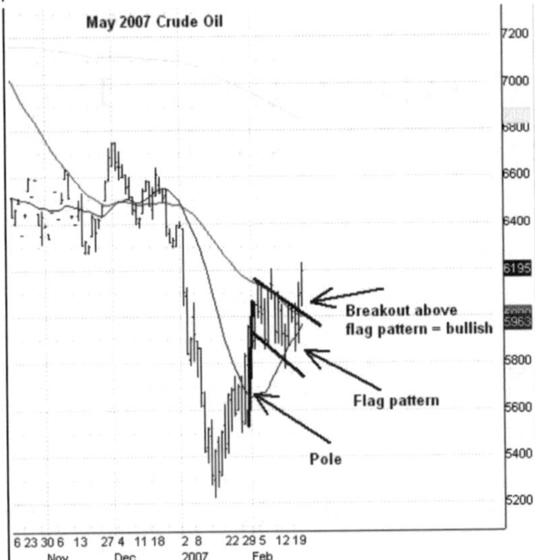

Olhe o gráfico do petróleo acima. Mesmo que tenhamos perdido que ela chegaria por volta dos $52 (ninguém é tão bom assim!), nós esperamos por sinais precisos que nos diriam o tempo certo de agir. Em minha análise de gráficos, o padrão que desenhei é chamado de "padrão bandeira". Você possui o movimento para cima em forma de "mastro" e uma pequena queda formando o padrão "bandeira". Uma vez que o mercado se move acima da porção do padrão bandeira, você deve entender como uma indicação de que deveria ir em longo prazo. Tudo o que fazemos agora é esperar e ver o que acontece.

Como vendemos a opção de put $58 e compramos a opção de put $56 como trava, nosso ganho máximo nesta trava pode ser somente o valor que a vendemos -60 pontos ($600) por trava. Enquanto o mercado do petróleo cru continuar acima de nosso nível de breakeven, nós não perderemos no trade. Neste caso, o breakeven é $57,40 (aparece como 5740 no gráfico).

A maneira de calcular o breakeven é pegar o valor do prêmio recebido e subtrair o valor do strike ($58 - $0.60 = 57.40). O mercado precisaria se retrair consideravelmente e ficar lá para que nós tenhamos problemas. O tempo dirá.

Atenciosamente,

Lee Lowell

Figura 8.35 Trava de opções no crédito do petróleo cru

Cortesia: Mt. Vernon Research

Why am I getting this?

DELTA FORCE
TRADER

A SPECIAL PUBLICATION OF MT. VERNON RESEARCH

White List Us | Mt. Vernon Research | Archives

Você está recebendo este e-mail como parte de sua inscrição no Delta Force Trader. Se tiver qualquer dúvida ou quiser mudar suas configurações de e-mail, por favor deixe seu contato no final deste e-mail.

27 de fevereiro de 2007

Alerta Urgente nº 54

Parabéns aos assinantes da DEFT!

Mais uma vez nossa sincronização (timing, em inglês) estava certa no dinheiro. Conseguimos encerrar outro trade lucrativo hoje. Nós recompramos nossa trava de alta com puts de maio de 2007 por 40 pontos assim que o mercado estava tendo sua alta do dia (o que é bom para nós).

A ordem era comprar a trava por 40 pontos ou mais barata, e alguns de vocês podem ter conseguido por 38 ou 39 pontos. Independentemente do preço de preenchimento, todos nós recebemos dinheiro novamente. Tivemos sorte de sair quando saímos, já que o mercado de ações sofreu uma queda que afetou o mercado de petróleo também, que agora está sendo negociado a $1,60 mais barato por barril em relação a quando realizamos nosso trade. O que colocaria nossa trava em mais ou menos 50 pontos agora.

Fechamos um ganho de 20 pontos ($200) por trava, o que representa um retorno de margem de 14,3% apenas nos cinco dias que estivemos envolvidos com o trade. Curtas e rápidas "facadas", assim como havia mencionado anteriormente.

E, no que diz respeito ao retorno de margem, utilizei o pior cenário para gerar nossos resultados. Como está, o requerimento de margem varia de corretora para corretora. Algumas permitem que seus clientes mantenham o mínimo estabelecido pela negociação, enquanto outras adicionam um "prêmio" ao requerimento mínimo.

O que tudo isso significa? Bem, quando vendemos uma trava de opção, nós não temos nenhum dinheiro investido na jogada. Na verdade, somos aqueles que coletam o dinheiro do comprador da opção. Portanto, como as corretoras poderiam nos controlar caso o trade começasse a se mover contra a gente? Se fôssemos os compradores da opção, nós pagaríamos todo o dinheiro logo de início, e seria tudo que poderíamos perder.

Mas, quando você vende uma opção ou uma trava, a corretora precisa que você coloque algum dinheiro como garantia de que você cobrirá o trade caso ele se torne amargo. O dinheiro colocado é chamado de "requerimento de margem". Este dinheiro não é retirado de sua conta ou qualquer coisa parecida com isso. O dinheiro fica guardado, mas a corretora vai restringir que você faça trades que podem infringir essa margem de requerimento.

Como a corretora calcula essa margem? Através de um programa de software chamado SPAN. É um software que leva em consideração todos os parâmetros do trade no momento de sua execução: preços de contratos futuros, tempo de expiração, preço de exercício e volatilidade. O SPAN vai então dizer à corretora quanto dinheiro precisa ser colocado na conta para sua trava de opção.

(Continua)

Nesse caso específico da nossa trava de opção de petróleo cru, pegamos 60 pontos na trava e tínhamos 140 pontos em risco. Calculamos o risco através da diferença entre os preços de exercício e subtraindo dela o preço do prêmio das opções. Como vendemos a trava de put de $58,00/$56,00 temos 200 pontos entre esses preços de exercício. Subtraímos deste valor os 60 pontos para igualar nossa margem de 140 (200 - 60 = 140). Então 140 (-$1400) é nosso pior cenário de margem de requerimento.

Nosso pior cenário seria perder 140 pontos ($1400) por trava. Assim calculei nosso retorno. Como fizemos 20 pontos, precisamos dividir isso pela margem de 140. (20/140 = 14.3%). Entendeu?

Mas, 140 pontos não é o valor que a corretora exige inicialmente que tenhamos em nossa conta para executar essa trava. O SPAN provavelmente calculou que precisaríamos de algo como 10-15% do pior cenário. Então, na realidade, nós precisaríamos colocar em nossa conta apenas $140-$210 por trava para executar esse trade. O que faz uma grande diferença em nossos números de retorno. Se dividirmos os $200 de lucro pelos $210 da margem de requerimento, então reservamos para nós um retorno de margem (ROM) de mais ou menos 100%. Mas, como nem todos utilizam a mesma corretora, preciso ser justo e usar um número uniforme para calcular o retorno. Por esse motivo optei por utilizar o pior cenário.

Estou em processo de conseguir colocar minhas mãos no software SPAN para que consiga sempre dizer a você uma ideia precisa de qual realmente seria sua margem. Como muitas vezes temos dinheiro investido em várias jogadas ao mesmo tempo, os números começam a ser confusos, e é difícil acompanhar quanto cada posição individual custaria em uma base de margem.

Agora, vou passar mais um pouco de informação. A maioria das corretoras de commodities não pagará juros em cima de seu saldo de caixa gratuito que está em sua conta de commodity. Aqui é diferente de suas contas comuns do banco e de sua corretora que "varrem" seu dinheiro gratuito para uma conta do mercado que paga juros em cima do seu dinheiro. Mas existe uma forma de contornar isso.

Você pode utilizar o dinheiro de sua conta de commodity para comprar um Título de Tesouro (no inglês, T-Bill) de curto prazo, o que as corretoras permitem que você utilize por 95% em relação aos requisitos de margem. Além disso, você receberá todos os juros do Título de Tesouro assim que eles amadurecerem. Bônus! Este é um segredo bem guardado que muitos investidores de commodity não sabem. Normalmente, eu invisto, através de minha conta de commodity, em Títulos de Tesouro com três meses de prazo de expiração. Isso faz com que eu trabalhe com um prazo curto e me permite aproveitar da alta de taxas de curto prazo.

Meu único conselho, no entanto, é que você precisa segurar o Título de Tesouro até sua maturidade para garantir os juros e não precisar, potencialmente, vender com perdas. Então, se você tem $25.000 em sua conta, por exemplo, talvez você devesse investir $20.000 em Títulos de Tesouro. É sempre bom ter um dinheiro líquido em mãos para casos de emergência. Apenas outra dica do editor da DEFT.

Mais uma vez, parabéns a todos.

Atenciosamente,

Figure 8.36 Trava de Opções no Crédito do Petróleo Cru

Cortesia: Mt. Vernon Research.

Why am I getting this?

DELTA FORCE
TRADER

A SPECIAL PUBLICATION OF MT. VERNON RESEARCH

White List Us | Mt. Vernon Research | Archives

Você está recebendo este e-mail como parte de sua inscrição no Delta Force Trader. Se tiver qualquer dúvida ou quiser mudar suas configurações de e-mail, por favor deixe seu contato no final deste e-mail.

Quarta-feira, dia 30 de maio de 2007

E-mail nº 94

Suas perguntas sobre a DEFT respondidas

Olá, assinantes da DEFT,

Ok, eu acabei de receber confirmação da NYBOT (Junta de Comércio de Nova York, em inglês, New York Board of Trade) e de alguns de vocês que fomos preenchidos em nossa trava de alta de put de agosto para o café por 70 pontos. Ótimo trabalho!

Isso vai trazer um valor imediato de $262,50 a nossas contas de trade para cada trava vendida. Lembrem-se, nós vendemos a trava, portanto alguém está nos pagando dinheiro. Nós não pagamos nada para ninguém. Agora tudo o que precisamos fazer é esperar que o mercado do café se mova para cima e/ou que o decaimento pelo tempo entre na jogada. Todo dia em que essa posição está aberta, ambas as opções dessa trava perderão um pouco de seu valor independentemente de qual movimento o mercado do café faça. Conforme as opções sofrem a ação do decaimento pelo tempo e o movimento do mercado nos obriga, a trava começará a se tornar cada vez mais barata, permitindo que nós a recompremos com lucro, ou que ela expire totalmente sem valor. Lembre-se, quando você vende pelo preço "x", você quer que ela fique mais barata no preço "y", para que consiga recomprá-la com lucro. É isso o que queremos fazer ao vender travas de opções. Entendeu?

Nós não necessariamente precisamos que o mercado do café se mova para cima, nós só precisamos que ele fique acima de nosso preço de breakeven de $1,0430, que é 900 pontos abaixo de onde o café está sendo negociado no momento. Então, o café pode se mover para cima, para o lado, ou até mesmo se mover para baixo contra nós (mas não mais de 900 pontos abaixo), e sairemos vencedores. Esta é a beleza das travas de alta de opções — podemos ganhar em diferentes cenários.

No que diz respeito à margem de requerimento para manter esse trade, minha corretora me deu uma margem inicial de $363 por trava para manter em minha conta. Seu risco máximo para esse trade é de $1612,50, que não é o valor que você precisa manter na conta. Se tivermos lucro com esse trade, sempre mostrarei o ganho percentual em dólar mais a porcentagem de ganho baseada no requerimento de margem. Gosto de mostrar o ganho em dólar porque, no final das contas, é realmente sobre o quanto você pode ganhar ou perder em cada trade, na minha opinião.

Por agora é isso. Obrigado por assinar.

Atenciosamente,

Lee Lowell

Figura 8.37 Trava de Opção do Café

Cortesia: Mt. Vernon Research.

Why am I getting this?

DELTA FORCE
TRADER

A SPECIAL PUBLICATION OF MT. VERNON RESEARCH

White List Us | Mt. Vernon Research | Archives

Você está recebendo este e-mail como parte de sua inscrição no Delta Force Trader. Se tiver qualquer dúvida ou quiser mudar suas configurações de e-mail, por favor deixe seu contato no final deste e-mail.

Terça-feira, dia 7 de junho de 2007

E-mail nº 97

O Rico Aroma de Nossa Trava de Café

Parabéns a todos os assinantes da DEFT. Acabamos de fechar mais uma posição lucrativa na manhã de hoje. Ótimo trabalho!

Nós fomos preenchidos em nossa trava de alta com puts de café por 20 pontos. Originalmente nós vendemos essa trava por 70 pontos no dia 30 de maio e a compramos de volta hoje por 20 pontos, fechando um ganho de 50 pontos. As opções de café valem $3,75 por ponto, o que representa um ganho de $187,50 para cada trava que você vendeu. Isso também representa um ganho na margem inicial de 55% em apenas oito dias. Então, parece que tivemos sorte três vezes no mercado do café, já que esta é nossa terceira vitória consecutiva com travas de alta de puts que executamos apenas nos últimos dois meses.

Para os assinantes novatos que podem não ter se envolvido nesse trade, não tentem entrar no trade agora já que está oficialmente encerrado.

Estou atualmente pesquisando pelo próximo trade lucrativo e, claro, vou deixá-los informados de qualquer desenvolvimento.

É isso por hoje.

Atenciosamente,

Lee Lowell

Figura 8.38 Trava de alta com puts do café

Cortesia: Mt. Vernon Research

Why am I getting this?

TRIPLE ZONE PROFIT TRADER

A SPECIAL PUBLICATION OF MT. VERNON RESEARCH

White List Us | Mt. Vernon Research | Archives

Você está recebendo este e-mail como parte de sua inscrição no Triple-Zone™. Se tiver qualquer dúvida ou quiser mudar suas configurações de e-mail, por favor deixe seu contato no final deste e-mail.

Sexta-feira, dia 14 de dezembro de 2007

Alerta nº 182

Gráficos de Probabilidade da Triple-Zone Profit Trader (TZP)

Olá, membros da TZP,

Nós tivemos um dia cheio ontem, com as duas de nossas ordens abertas sendo preenchidas. Fomos preenchidos na trava do ouro a $1,50 e na trava do suco de laranja a 100 pontos. Com ambos os mercados liquidados ontem, nós tivemos a chance que precisávamos de sermos preenchidos.

Neste momento, nós apenas observamos e esperamos. Mesmo que estabelecer uma trava com puts seja uma estratégia otimista, nós não precisamos necessariamente que o mercado se mova para cima. Apenas precisamos que ele permaneça acima de nossos níveis de breakeven.

O nível de breakeven para a trava do ouro é de $778,50 e para o suco de laranja é de $129. No momento da iniciação, o ouro estava sendo negociado ao nível de $808 e o suco de laranja ao nível de $146. Isso nos dá um espaço para respiro caso cada mercado sofra um movimento temporário para baixo. Para encontrar o nível de breakeven, tudo o que você precisa fazer é pegar o quanto você coletou para a trava de opção e subtrair do preço de exercício (strike) da trava.

Ouro: $780 strike - $1,50 = $778,50

Suco de Laranja: $130,00 strike - 1,00 pontos = $129,00

As probabilidades de lucrar em cada trade são atualmente de 80% para o suco de laranja e 70% para o ouro. Observe as calculadoras abaixo.

Aqui está o gráfico de probabilidades para o suco de laranja:

(Continua)

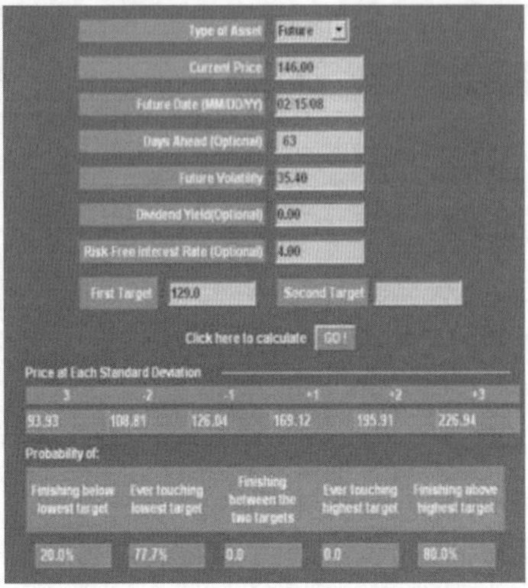

E aqui está o gráfico de probabilidades para o ouro:

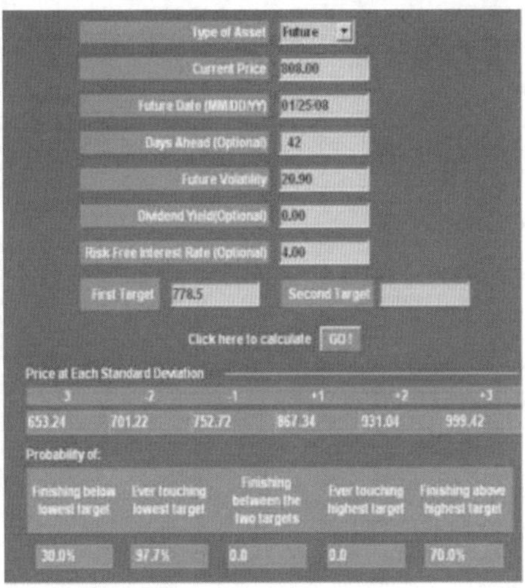

Apenas como um lembrete, o lucro máximo para a trava do ouro é de $150 por trava e a perda máxima é de $350 por trava. A trava do suco de laranja tem lucro máximo de $150 por trava e perda máxima de $600 por trava.

(Continua)

Quando dou estes cálculos, é sempre baseado em usar o número mínimo de contratos por trade. **Então esses números são baseados em apenas uma trava**. Se você fizer 5 travas de ouro, seu ganho máximo sobe para $750, mas a sua perda potencial sobe para $1750. Por favor, se planeje de acordo.

A margem inicial para a trava do ouro é de $161 por trava e $168 para o suco de laranja por trava. Mesmo que a perda máxima seja maior do que a margem de requerimento, sua corretora ainda pede para você colocar apenas um pequeno valor em sua conta para manter o trade.

Atenciosamente,

Lee Lowell

Figura 8.39 Travas de alta do ouro e do suco de laranja
Cortesia: Mt. Vernon Research.

Why am I getting this?

TRIPLE ZONE PROFIT TRADER

A SPECIAL PUBLICATION OF MT. VERNON RESEARCH

White List Us | Mt. Vernon Research | Archives

Você está recebendo este e-mail como parte de sua inscrição no Triple-ZoneTM. Se tiver qualquer dúvida ou quiser mudar suas configurações de e-mail, por favor deixe seu contato no final deste e-mail.

Quarta-feira, dia 2 de janeiro de 2008

Atualização da TZP

Parabéns aos membros da TZP.

Acabamos de fechar mais uma posição lucrativa hoje — nossa primeira de 2008. Estou recebendo relatórios da FLOOR que estão sendo preenchidos em nossa trava do ouro no preço recomendado de 30 centavos. O ouro continuou em um rali durante o dia, o que nos permitiu sermos preenchidos.

Isso representa um lucro de $120 por cada trava negociada e um retorno em relação à margem inicial de 74,5%. Ótimo trabalho!

Vamos continuar em frente.
Atenciosamente,

Lee Lowell

Figura 8.40 Trava de alta do ouro.
Cortesia: Mt. Vernon Research.

A beleza da venda de travas no crédito OTM é a margem de erro que esta permite. Sua inclinação direcional pode ser falha até certo nível e o trade, ainda assim, terminará bem. Você pode vencer se o mercado mover-se em seu favor, mover-se de lado ou até mover-se contra você. É apenas uma forma melhor de aumentar as chances de lucro. Seu objetivo é manter o crédito inicial que recebeu quando montou a operação se todas as opções da trava morrerem sem valor, ou ao menos comprar de volta a trava tendo algum lucro (como eu fiz em todos os exemplos). O máximo que você pode ganhar quando vende travas no crédito é aquele prêmio recebido no início, mas as chances são altas de que você poderá guardar boa parte dele. Não há potencial de perdas ilimitadas quando se operam travas, e isso ajuda a manter a sanidade no mercado.

Mesmo que todos os exemplos tenham sido com opções de commodity, eu sei que existem oportunidades no mercado de opções de ações também. Eu apenas concentrei em opções de commodity porque estou envolvido com este mercado há muito tempo. Também acredito que elas oferecem ótimas chances de sucesso porque você vende as travas a uma boa distância OTM.

Outra coisa a lembrar é que a maioria dos trades reais descritos neste capítulo é para opções com vencimentos próximos. A maioria das minhas travas vendidas no crédito é feita nas opções que vencem em um ou dois meses. Esse é o período ideal para se aproveitar do decaimento pelo tempo, que é tão crucial para o sucesso das estratégias vendidas em opções. Utilize-o a seu favor!

CAPÍTULO 9

UM DIA NA VIDA DO MARKET MAKER

Acho que podemos ter um capítulo de pausa antes de mergulharmos na última de minhas estratégias com opções e ter algo mais divertido para ler. Muitos amigos e conhecidos me perguntam como era minha vida no pregão da bolsa. Uma coisa é certa: a vida nunca era tediosa. Cada dia era diferente no pregão, e certamente nunca vou esquecer aqueles tempos e as pessoas que conheci. Então, para que você sinta como era minha vida, divirta-se com este capítulo.

QUEM É O MARKET MAKER?

Por muitos anos fui market maker nos mercados de opções de petróleo e gás natural no pregão da Bolsa de Mercadorias de Nova York (NYMEX). São opções de commodities, e não de ações. Sei que muitos de vocês sabem alguma coisa sobre os market makers dos mercados de ações, e acredito que eles trabalham de forma um pouco diferente dos de opções commodities. Eles têm bem mais informação na mídia, então, por isso, o público os conhece. Todas as histórias que contarei aqui se relacionam a meu tempo na NYMEX.

Normalmente há dois tipos de market makers: os que trabalham para empresas de market makers e os freelancers, que trabalham por conta própria. Trabalhei das duas formas. Uma empresa de market makers pode ser uma grande organização, um investidor muito rico ou um grupo de indivíduos que contratam traders para serem market makers para eles em diferentes mercados de commodities. Exemplos de empresas como essa são: Susquehanna Investment Group (SIG), Chicago Research & Trading (CRT), e a empresa da qual eu era empregado, First Continental Trading, Inc. (FCT). A FCT começou com um indivíduo que fez muito de seu dinheiro no mercado de negócios de Chicago. Então, ele contratou outros traders para trabalhar e ganhar dinheiro para ele.

As empresas de market makers normalmente financiavam esses traders. O que significa que os market makers precisavam ter contas de trade abertas para poder negociar na bolsa de valores, e essas contas precisavam de fundos. A empresa colocaria o dinheiro em uma conta e deixaria o market maker fazer o negócio de seu jeito. Um acordo típico seria um salário mensal pequeno para os custos normais de vida e os lucros (se existissem), divididos meio a meio. Era algo muito bom ter alguém que colocasse milhares de dólares em suas mãos para que você tentasse fazer mais dinheiro. É preciso ser alguém muito confiante (e rico) para permitir que outros usem seu dinheiro em atividade de market making.

Os market makers se espalhavam pelas várias estações no pregão da bolsa para que as empresas pudessem estar expostas a todos os mercados. Trabalhei na estação de opções, mas tínhamos agentes nas estações de mercado futuro também. A maioria dos traders de futuros estava lá para facilitar o trabalho dos traders de opções, diminuindo o risco direcional. Com isso, estou dizendo que quando um trader de opções monta uma operação com opções, tem uma posição direcional inicial. A maioria dos market makers de opções é instruída a não tomar um risco direcional, então, para balancear a posição inicial, o trader de opções fará um trade direcional utilizando contratos futuros. É aí que nossos garotos dos futuros entram. Eles pegam ordens dos traders de opções por meio de sinais manuais e fazem seus trades nos contratos futuros.

O outro tipo de market maker, como já mencionei, trabalha para si mesmo e usa seu próprio dinheiro para financiar as operações. Quando me afastei da empresa que trabalhava como market maker, em 1995, tinha experiência suficiente para trabalhar por conta própria. Tinha capital suficiente para não precisar que alguém me financiasse e poderia passar a manter 100% de meus lucros. Foi uma jornada excitante, mas assustadora, para dizer o mínimo. Não tinha ninguém para me dar um salário, nenhum seguro saúde e nada de colegas para compartilhar a carga de trabalho. Mas valeu a pena. Quando você se torna market maker por conta própria, como eu, referem-se a você, normalmente, como um "local" do pregão. Isto denota que você é um indivíduo e não está associado a uma grande empresa.

A forma como um market maker acaba sendo contratado ou vira market maker varia de empresa para empresa, mas uma coisa todos têm em comum: precisam começar como anotadores de pregão. Se você for contratado por uma das grandes empresas de market making, seu tempo como anotador de pregão pode ser de anos. A maioria fornece aos anotadores um intenso treinamento sobre suas filosofias de mercado, forma de operar e como aprender a ser market maker. A empresa para a qual trabalhei era uma das menores na época e o tempo que fiquei como anotador foi curto, mas vou lhes dizer, ser anotador de pregão foi provavelmente um dos trabalhos mais estressantes que já tive. Um sinal errado de mãos pode causar a perda de centenas ou milhões de dólares. Putz!

A SOBREVIVÊNCIA DO MARKET MAKER

Como anotador de pregão, não havia sentimento melhor do que ser promovido a market maker. Você seria movido para outro escalão. Esse era o objetivo, e eu estava feliz por estar lá. Mas quero te passar como um market maker pensa, age e opera quando uma ordem de opções atinge o posto de negociações. Isso permitirá que você compreenda quem está do outro lado de seu trade e por que essa pessoa não está sempre tentando te levar alguns centavos. Lembre-se: esses fatos e histórias se aplicam somente a minha experiência durante meus dias na NYMEX.

Primeiro, precisamos entender como funciona o posto de opções e como os market makers se encaixam nessa arena. Acredite se quiser, há um sistema de casta, ou hierarquia, que prevalece nas estações de opções e futuros. Os dias de market maker iniciante não são muito divertidos. Você é essencialmente o *bagrinho* da estação. Tem que provar seu valor não só para os outros market makers, mas também para os corretores.

Uma estação de opções ou de futuros (se nenhum de vocês já viu uma) é feita de três ou quatro círculos concêntricos, com uma borda elevada ao longo da margem externa de cada círculo. Cada círculo é mais alto e mais largo do que o anterior, então, há operadores nos degraus mais elevados e mais baixos em relação a seus vizinhos de frente e de trás. Pense na arquibancada de um estádio com todos em pé.

Esses degraus formam a base da hierarquia da estação. Os corretores ficam nos degraus mais altos; isso porque eles têm de ficar próximos aos telefones, que são instalados em pequenas tendas de madeira no degrau mais alto. Os corretores são os que têm todas as ordens. Eles recebem as ordens de clientes pessoa física (eu e você), de traders da casa que tomam posições pela empresa (Goldman Sachs, Merrill Lynch, Citibank etc.) ou de outras grandes instituições.

Não se engane: você quer estar bem com os corretores e quer estar o mais próximo possível fisicamente deles. Um market maker é bom na proporção da quantidade de ordens que consegue se envolver. Se você é um market maker e não faz nenhum trade, como fará dinheiro? Os corretores têm as ordens, então, fique próximo deles. Sua missão como market maker (além de tentar sobreviver) é ficar na estação à disposição dos corretores da forma mais acessível que puder. Isso pode parecer fácil, mas não é. Você tem que competir com outros market makers que estão no mesmo posto há anos, e eles certamente não deixarão um novato tirar o lugar deles. Eu me lembro das duas primeiras palavras que ouvi no primeiro dia em que pisei no posto como market maker: "carne fresca". É isso aí, market makers e corretores irão pilhar o novato como em um ritual de iniciação. Aconteceu comigo e provavelmente acontecerá com qualquer um que estiver começando.

A maioria dos novos market makers começa no degrau mais baixo, que é o lugar mais longe dos corretores, ou tenta se espremer e conseguir um espaço sempre que pode. Ser tímido ou envergonhado neste ponto não é bom, certamente. Você tem de se afirmar o mais rápido que puder. Acho que as bolsas com pregão viva voz são um dos últimos locais de trabalho em que ser alto, forte e falar bem alto traz muitas vantagens. Isto é o que faz com que o notem. Essa é a razão pela qual você vê tantos ex-jogadores trabalhando de corretores ou outros tipos de traders de pregão. De qualquer jeito, todos os novos market makers estarão se alimentando das ordens que não foram tomadas pelos traders maiores, mais rápidos, mais barulhentos e mais velhos na arena. Você pega o que puder no início e vai trabalhando daí. É difícil ficar lá embaixo no começo, mas, se você for bom, pode ir para cima rapidamente.

A MENTE DO TRADER

Aqui está um tópico que sei que deve estar na cabeça da maioria dos investidores e traders de fora do pregão: Fechou mal um trade? Devem ser os market makers fazendo o jogo deles. Teve um stop-loss executado bem no fundo, só para ver o mercado reverter e ir a seu favor, só que agora você está de fora? Devem ter sido os market makers praticando o jogo deles novamente. Bem, estou aqui para dizer que não são sempre os market makers que estão jogando. Sei disso porque já fui um. Por seis anos lutei nas trincheiras do pregão da NYMEX. Deixe-me contar a você agora como é a vida dos market makers.

A NYMEX é um centro global para as negociações de contratos futuros e opções de fontes de energia. Esses contratos de energia consistem em produtos como petróleo, óleo de aquecimento, gasolina e gás natural. A NYMEX comporta também a Bolsa de Mercadorias (COMEX), que negocia contratos futuros e opções de metais como ouro, prata, platina e paládio.

Então, o que o market maker faz, na verdade? Simplificando, um market maker facilita a execução de um trade, fornecendo um mercado contínuo de pagão e vendedor (melhores ofertas de compra e de venda) para contratos futuros e de opções às partes interessadas. Deseja comprar um contrato futuro de gás natural para julho? Quem você pensa que dá a seu corretor a cotação mais atual daquele contrato? Procurando entrar no mercado com a trava $78/$79 no petróleo? São os market makers de opções que dão as cotações de compra e de venda para essas opções.

Em grande contraste com a maioria dos traders de fora do pregão, os market makers normalmente não operam com uma previsão direcional de um mercado em particular. Eles estão lá puramente para tentar comprar um contrato no preço de compra deles e depois tentar ou vender os mesmos contratos por seu preço de venda ou hedgear o risco direcional imediatamente, se não conseguem fechar o trade inicial. Quando você pergunta a seu corretor por uma cotação do pregão (o que você deve sempre fazer antes de iniciar ***qualquer*** operação com opções de contratos futuros), os market makers não sabem se você quer comprar ou vender, então, eles não estão "prontos para te pegar". Eles não têm um plano secreto em que tentam roubar todo o seu dinheiro. Na verdade, os market makers se esforçam bastante para fornecer cotações boas, precisas e justas, porque, francamente, os que dão os melhores preços são os que se envolvem em mais trades.

Mas, se você é do tipo que dá cotações com spread (diferença entre o preço de compra e de venda) muito grande, ou não "honra seus mercados" se um corretor deseja comprar ou vender de você, pode ter certeza de que não ficará na área por muito tempo. Honrar seu mercado significa que o market maker irá negociar com o corretor com a cotação que ele acabou de fornecer. Algumas vezes market makers dão cotações inexatas (ou mesmo erradas) por diversas razões (mercado muito cheio, verificação da planilha errada de opções etc.) e o corretor (e o cliente do corretor) fica bastante chateado caso não consiga fechar um trade ao preço que o market maker ofereceu. Se você quer ser um bom market maker, deve ser capaz de assumir a cotação que forneceu, porque o corretor pode voltar a qualquer momento e querer negociar com você com base na cotação que deu a ele. Se você ganhar a reputação de recuar ou não honrar suas cotações, ninguém irá querer negociar com você.

É trabalho do market maker se envolver no máximo de trades e ganhar uma pequena vantagem em cada um desses trades. Quanto menor e mais justos forem os spreads, mais corretores irão querer negociar com você. Essa é a forma como os market makers ganham a vida — provendo cotações justas e com baixos spreads, continuamente. É um privilégio operar dentro de uma bolsa e, para ter esse privilégio, os market makers têm de comprar ou alugar sua vaga nas bolsas. Na última vez em que verifiquei (junho de 2006), uma vaga para market maker na NYMEX custava quase $18 mil por mês; para comprar um lugar, $3 milhões! Se você é um market maker que aluga um lugar, já abre o mês devendo $18 mil. Não é fácil pagar isso mês após mês, por isso, é do interesse dos market makers fornecer um fluxo constante de cotações boas, justas e de qualidade. Na próxima vez que não conseguir fechar sua operação como queria, pense duas vezes antes de culpar o market maker.

RISCO DO ALFINETE E POSIÇÕES DESEQUILIBRADAS

Continuando com a história dos market makers dos pregões, queria dividir com vocês algumas das dificuldades com que esses traders se deparam em suas operações do dia a dia. Tenho certeza de que isso fará muitos se sentirem melhor, já que assumimos que o market maker é nosso inimigo e a causa principal de nossas perdas. (É preciso culpar alguém, certo?)

Gostaria de dividir duas situações que podem causar transtornos aos market makers: a posição "de um lado só", e o "risco do alfinete". Durante o tempo em que eu estava nas estações de opções do pregão da NYMEX, esses dois problemas causaram os meus maiores estresses.

Quando um market maker de opções faz um trade, usualmente negocia com um corretor do pregão e, algumas vezes, com outros market makers. Essa posição inicial dará um risco direcional que depois você irá balancear com uma transação nos contratos futuros, a fim de manter seu risco direcional neutro. Além de manter o risco direcional (delta) neutro, os traders de opções também precisam balancear o risco em gama, vega e theta. Não entrarei em detalhes nesses parâmetros, mas basta dizer que eles são tão importantes como medida de risco quanto o delta.

Muitas vezes, diferentes corretores no pregão recebem ordens muito parecidas dos clientes de assumir posições nas mesmas opções. A função do market maker é tomar o outro lado desses trades. Quando muitos corretores estão fazendo os mesmos trades para seus clientes, os market makers podem terminar com posições desequilibradas, pendendo muito para um lado em termos de delta, gama, vega e theta. Isso significa que a posição de um market maker pode estar muito comprada ou vendida, e isso pode causar muitos danos a seu perfil de prejuízos/lucros. Mas os market makers não têm escolha; têm de fazer o mercado e negociar com os corretores. Se os mercados acabarem por andar na direção que os clientes dos corretores estavam esperando, os market makers acabarão por estar do outro lado desses trades, e as perdas podem ser significativas.

Então o que os market makers fazem nesse caso? Muitas vezes eles não têm escolha a não ser ir para o meio da tempestade e ver se o mercado os ajuda ou os machuca, ou esperar para ver se os corretores decidem reverter e fechar as posições que acabaram de iniciar. Outras vezes, os market makers são forçados a fazer trades que voltam a equilibrar suas posições, mas a preços pouco atrativos. Na NYMEX a gente se virava da melhor forma possível nessas situações.

O segundo causador de preocupação para um market maker de opções é o "*risco do alfinete*". Isso pode acontecer quando o market maker tem um risco de tamanho considerável em uma posição de conversão ou reversão. São trades de três lados que incluem uma posição comprada e vendida do mesmo strike, contrabalançada por um trade correspondente nos contratos futuros. O trader pode estar ou comprado em uma call e vendido em uma put do mesmo strike e vendido no mercado futuro, ou vendido em uma call e comprado em uma put no mesmo strike e comprado no mercado futuro. São trades sem risco que os market makers montam por frações de pontos; eles podem ter problemas somente quando os contratos futuros ficam no ponto exato do strike das opções no dia do vencimento. Deixe-me explicar.

Digamos que o preço atual dos contratos futuros de petróleo para novembro está em $63,77. Nosso market maker está comprado em 100 calls de strike de $64 de futuros de petróleo, vendido em 100 puts de $64 e vendido em 100 contratos futuros. No dia do vencimento, se o preço dos futuros está acima de $64, ele irá exercer sua call de $64, o que será hedge de sua venda de 100 contratos futuros, ficando com posição zerada. Se o preço dos futuros de petróleo estiver abaixo de $64 no dia do vencimento das opções, ele será exercido em suas puts vendidas, fazendo com que ele compre 100 contratos futuros. Como está vendido em 100 contratos futuros, terminará zerado.

Mas o que acontece se o preço dos contratos futuros resolve ficar exatamente em $64 no dia do vencimento das opções? Essa é a razão do nome "risco do alfinete" — porque o mercado é fixado justamente no preço de exercício de $64. O market maker exerce a sua call comprada, ou ele será exercido na put vendida? Ninguém sabe. E o problema é que há um prazo para essa decisão e não há como saber o que o outro lado irá fazer. Se o market maker decide exercer sua call comprada, mas é exercido nas puts vendidas, ele irá produzir uma posição comprada em 200 contratos futuros que, adicionada a sua posição original vendida em 100 contratos futuros, lhe deixará com uma posição aberta em 100 contratos futuros. Essa é uma situação muito perigosa. Ninguém deseja terminar com uma grande posição aberta.[1] Ninguém quer ser deixado com uma posição em aberto durante o final de semana (se a data de expiração da opção ocorrer em uma tarde de sexta-feira). Se essa situação ocorre, o market maker é obrigado a tomar uma decisão, levando em consideração quantos contratos ele pensa que serão exercidos *versus* quantos ele deve exercer. Ele só tem 100 contratos futuros nesse caso, então, ele tem que equilibrar a quantidade que acha que será exercida com a quantidade que ele deve exercer. Algumas vezes isso é feito em uma data de expiração na sexta-feira e você não descobrirá até a manhã de segunda-feira qual é a sua posição. Pode ser complicado às vezes.

Essas são duas das situações mais estressantes de gerenciamento de posições que eu tinha que resolver durante meus tempos de market maker de opções, e ainda o são para muito dos traders que trabalham na bolsa atualmente. Você pode achar que os market makers estão lá para pegar você, mas eles têm problemas bem maiores para resolver.

---

[1] *Nota do Tradutor*: No Brasil, o exercício de opções com o ativo bem próximo do preço de exercício da opção é chamado exercício português.

OS DIAS SEM MOVIMENTO

As estações de opções e futuros nos pregões são lugares normalmente barulhentos, agitados e bastante estressantes. Na maior parte do tempo, você verá traders frenéticos berrando sem parar e um monte de sinais manuais para compra e venda de ativos. Em um dia agitado, muitos não têm tempo de ir ao banheiro e nem de comer.

Bem, nos raros dias em que as coisas estão mais lentas na estação, os market makers descobrem coisas bem interessantes para fazer passar o tempo. Vou contar para vocês alguns dos momentos mais divertidos que passei nas estações de opções do pregão da NYMEX.

Não fale para eles que é seu aniversário — a não ser que você adore ser punido. Eu normalmente não trabalhava no dia do meu aniversário, que é no meio do verão, não só porque acho que todos têm esse direito, mas pelo medo que sentia do que poderia me acontecer no pregão. O garoto aniversariante distraído — um market maker ou um corretor — está lá fazendo seu trabalho preenchendo as ordens dos clientes quando, de repente, lá vem o saco plástico cheio de creme de barbear. Em volta dele todos sabem o que vai acontecer. Batem com o saco em sua cabeça e pronto: creme de barbear da cabeça aos pés. Todos berram como se fosse um gol. Feliz Aniversário!

Você já viu o tamanho de uma barata nova-iorquina na vida real? Bom, eu vi, e elas são assustadoras. Estamos falando de baratas tão grandes quanto ratos. Nunca imaginei que elas poderiam valer mais do que o prazer de esmagá-las com meus sapatos. Mas quando os traders juntam $500 em dinheiro para que alguém coma o inseto, faz com que você pense um pouco mais. Eu recusei a ideia de comer inseto, mas outra pessoa estava disposta a completar o desafio. O dinheiro foi coletado e o trader ficou em pé no meio da estação naquele dia. Três mordidas e ela havia sumido. Primeiro, ele tirou a cabeça, mastigou e engoliu. A seção do meio foi a seguinte e era possível ver coisinhas fibrosas se separando. Finalmente, a seção traseira. Ele botou para dentro com uma Coca-Cola e encerrou o dia. Um ótimo dinheiro para o almoço. Eca!

E $1.000 em dinheiro para raspar sua cabeça? Sim, essa foi outra maneira de matar o tempo nas estações dos pregões de opções. Eu adicionei $20 nesta. A vítima era um membro de muito tempo da bolsa que era conhecido por ser o tipo que gosta de correr riscos. Alguém saiu e foi comprar um barbeador elétrico, creme de barbear e alguns sacos descartáveis também, para ter certeza de que seria um trabalho limpo. E foi. O cara estava parecendo o Freddy

Krueger quando acabou, uma aparência não muito bonita para ele. Ouvi que sua esposa não ficou muito feliz quando ele chegou em casa naquela noite.

Próxima história: eu nunca entendi como havia acabado com um desenho engraçado em meus sapatos e na parte de trás de minha jaqueta, até que me tornei um trader mais experiente. Um dos corretores, que já foi mencionado em outra parte deste capítulo, desenhava nos sapatos de todos os outros. Foi engraçado por um tempo, até que acontece com você. Quando você está no calor da batalha realizando trades, você está muito focado em uma única tarefa e não está consciente do que pode estar acontecendo com outras partes do seu corpo. Quero dizer, levar uma cotovelada no olho de um trader é uma ocorrência de todos os dias no pregão, assim como ser cuspido e "esfaqueado" no braço inúmeras vezes pela caneta de seu trader vizinho. Então, todas essas distrações chamaram minha atenção, havia nosso amigo desenhando figuras nos sapatos e jaquetas de todos, e eu nunca senti nada. Gastei muitos pares de sapatos durante meu período, e não era sempre porque estavam gastos!

Esses são alguns dos momentos mais engraçados de que me lembro. Por mais enlouquecedora e estressante que seja a bolsa, todo mundo precisa de uma gargalhada de vez em quando. Isso ajuda a manter a sanidade.

CAPÍTULO 10

COLOQUE SUAS AÇÕES PARA TRABALHAR COM A VENDA COBERTA

Se você possui um mínimo de 100 ações e não está vendendo calls em cima delas, então está jogando dinheiro fora. Como é isso? Bem, há outros traders lá fora que dariam dinheiro hoje pelo direito de tirar sua ação de você caso ela atinja um nível mais alto. A venda de calls (opções de compra) cobertas é uma estratégia tão boa para aumentar sua conta corrente que eu ainda não consigo acreditar que há investidores que não se aproveitam disso. É uma das melhores maneiras de receber fluxo de caixa extra que você nunca imaginou possível. A venda coberta de calls tem esse nome pelo fato de suas ações compradas "cobrirem" qualquer movimento adverso que a opção vendida possa fazer.

Falo para todos os meus amigos e associados que possuem ações que eles **devem, devem, devem** vender calls cobertas sobre suas posições acionárias para trazer uma renda extra bem fácil. Depois de insistir por muitos anos eu, finalmente, consegui levar meus pais para a venda coberta. Agora eles estão viciados e consideram uma das grandes formas de receber remuneração extra. Isso mesmo, estamos falando de receber uma remuneração só pelo fato de você possuir a ação em seu portfólio. Por que não fazer alguma coisa para inflar seu portfólio enquanto você "espera sentado" que sua ação suba de preço? Se eu consegui convencer meus pais a fazê-lo, tenho certeza de que posso convencê-lo também. Então preste atenção: aqui está a estratégia n° 4 e a última de minhas estratégias de venda de opções principais, que entra na categoria de hedge e remuneração.

Antes de iniciar a discussão sobre as táticas, quero dizer por que acho que meus pais não vendiam calls sobre suas posições acionárias e por que muitos outros não vendem pelas mesmas razões. Simplesmente por não conhecerem, ou não entenderem a estratégia, ou talvez apenas medo de tentar. Meu objetivo neste capítulo não é só fazer com que você entenda a operação, mas também com que veja por que ela é uma forma bem simples de gerar remuneração extra. Você se surpreenderá, depois de implementar esta estratégia por alguns meses, como seu capital crescerá rapidamente.

O QUE É VENDA COBERTA?

Vamos dividir. Há duas formas de abordar a venda coberta:

1. Você pode vender um lote de call (opção de compra) sobre cada 100 ações que já tiver em seu portfólio.[1]
2. Você pode optar por comprar uma ação e vender calls, tudo ao mesmo tempo. Isso é tipicamente chamado de financiamento, já que você compra a ação e "financia" parte dessa compra com a venda da opção.

Quero tratar aqui principalmente da primeira versão da venda coberta de calls, pois é aí que os investidores estão deixando de ganhar o dinheiro. Quero que vocês todos entendam que podem ser mais ativos com seu portfólio e adicionar grande remuneração todos os meses do ano. Você precisa entender que há pessoas que querem lhe dar dinheiro hoje só porque você possui a ação. O dinheiro de que estou falando é o prêmio que o comprador da opção lhe pagará.

Quando você vende calls cobertas, está dando a alguém o direito de levar suas ações em algum dia no futuro. Agora, antes que você feche este capítulo e saia correndo porque não quer se arriscar a perder suas ações, ouça-me. Vamos focar na melhor forma de vender calls cobertas, que minimiza o risco de perder suas ações. O comprador da opção da call (você é o vendedor) paga

[1] *Nota do Tradutor*: No Brasil, somente algumas ações têm liquidez suficiente nas opções para que se possa fazer venda coberta.

hoje (o prêmio da opção) pela oportunidade de **possivelmente** tomar suas ações. Muitos desses compradores, entretanto, estão comprando calls próximas do vencimento, fora do dinheiro (OTM), de baixa probabilidade de serem exercidas, as quais venho enfatizando para você vender durante todo o livro. O decaimento pelo tempo irá devorar essas opções, então, essa é a razão de vendermos contra nossas posições acionárias.

Ainda assim, por que alguém iria querer assumir essa chance de perder sua ação e potencialmente abrir mão de lucros na alta da ação? Por duas razões:

1. Alguém está te dando um bom dinheiro por isso.
2. Como eu disse, sua chance de perder a ação será pequena com a estratégia OTM.

O que é fabuloso na venda coberta é que esta permite que você acumule renda passivamente no decorrer do tempo, tendo outra pessoa para lhe dar dinheiro. Você vira vendedor de opções. Para cada 100 ações que possui, você pode vender um lote de opções. Outro grande benefício da venda coberta é que ajuda a reduzir o preço médio de compra da ação, pois pode-se subtrair deste o prêmio das opções vendidas. Cada vez que você vende uma call coberta, o prêmio que recebe funciona como redutor do preço pago pela ação. Se você comprou a ação por $25 e a primeira call coberta que você vende traz $0,50 de prêmio, o custo da ação foi reduzido para $24,50. Muito legal. É como se alguém estivesse oferecendo um desconto na compra de suas ações. Se você vende bastante opções sobre suas ações no decorrer do tempo, seu custo médio pode eventualmente chegar a zero! Continue lendo.

COMO FAZEMOS?

Vejamos um exemplo e depois explicarei os pontos mais específicos. Digamos que você possui 500 ações da Intel (INTC) compradas em 1997 por $25,50 cada. Como você fez? Bem, se não vendeu nenhuma durante a bolha da internet que acabou em 2000, então você está quase no empate em janeiro de 2006, já que a INTC está sendo negociada a aproximadamente $26 por ação. Durante todo esse tempo, você não fez nenhum dinheiro a partir de suas ações. Você provavelmente poderia ter usado o dinheiro para investir em alguma outra coisa ou ao menos comprar algo legal para você. Quem sabia? Ninguém pode saber como será o resultado de um investimento. Mas você ainda está otimista e espera que o preço volte a subir.

Incluí um gráfico mensal da INTC junto a uma série de opções de vencimento em abril de 2006 (Figuras 10.1 e 10.2). O último preço para INTC foi de $25,97 (canto superior direito da Figura 10.2). Vamos nos concentrar principalmente na venda de opções OTM. Uma opção OTM é aquela que tem o preço de exercício mais alto do que o preço atual da ação. Nesse exemplo, usaremos as opções de strike $30. Na prática, o strike OTM escolhido é decisão sua, mas, para essa estratégia, deve ser a um nível que você ache que a ação não chegará até o vencimento das opções. Ou, ainda melhor, deve ser a um nível que você se sinta confortável em perder as ações (se elas subirem até lá). Escolher strikes OTM aumenta seu lastro para não perder a ação e lhe dá mais possibilidades de prêmios a serem recebidos.

Figura 10.1 Gráfico mensal INTC

Fonte: eSignal.com

INTEL CORP. c | Bid: 23.97 Ask: 27.00 | High: 26.15 Low: 25.88 | Last: 25.97 Change: 0.00

Bid	Ask	Last	Change	Prev	ıp Vol(E	ıp Vol(A	High	Low	OpInt	Delta	Symbol
11.00	11.20	11.60	+ 0.10	11.50	72.82	82.87	11.60	11.60	535	100	APR06 15.00
8.50	8.70	8.60	-0.20	8.80	54.44	62.98	8.60	8.60	1.46K	99	APR06 17.50
6.10	6.30	6.10	0.00	6.10	42.11	48.66	6.10	6.10	3.99K	95	APR06 20.00
3.90	4.00	4.03	+ 0.03	4.00	34.45	36.81	4.03	4.03	8.68K	82	APR06 22.50
2.00	2.10	2.00	-0.05	2.05	28.11	29.92	2.20	2.00	34.3K	61	APR06 25.00
0.80	0.85	0.80	0.00	0.80	25.35	26.28	0.90	0.80	40.1K	39	APR06 27.50
0.25	0.30	0.25	0.00	0.25	24.16	25.62	0.25	0.25	15.1K	21	APR06 30.00
0.05	0.10	0.10	0.00	0.10	22.63	25.90	0.10	0.10	3.47K	10	APR06 32.50
0.00	0.05	0.10	0.00	0.10		28.30	0.10	0.10	1.95K	4	APR06 35.00

Figura 10.2 Série de opções da INTC para abril de 2006

Fonte: eSignal.com

Vemos na coluna "Bid" (Pagão), na série de opções (Figura 10.2), que as calls de $30 estão pagando $0,25 cada. Isso significa que, para cada lote da call de strike $30 que você vender, receberá $25 ($0,25 × $100 multiplicador do lote). Como você possui 500 ações, pode vender cinco lotes e receber um pagamento de $125 pela venda. Os $125 serão depositados em sua conta na corretora, após a venda.

Vender a call OTM de $30 lhe permite um lastro maior de alta na ação, com baixa chance de ser exercido e de ter de vender as ações. Se você realmente gosta da ação e deseja mantê-la em seu portfólio, escolha as opções OTM para vender, já que a ação tem que subir bastante para chegar ao nível de sua venda e você ter de entregá-la. Compreende isso? Esse é o conceito que venho martelando neste livro. Desde que você venda opções OTM, suas chances de sucesso são maiores. No caso da venda coberta de calls, desde que o preço de sua ação não ultrapasse o preço de exercício da opção OTM vendida, você não terá de se preocupar em perder suas ações.

Ok, você está comprado em 500 ações da INTC e vende cinco lotes da call de strike $30 por $0,25 cada. Assim que o trade for executado, a corretora irá depositar $125 em sua conta.[2] O que acontece depois? Você se senta e espera. Se a INTC for negociada acima de $30 no dia do vencimento das opções, você será forçado a vender suas ações por $30 para alguém. Isso é chamado de "ser exercido em suas opções vendidas". Mas isso é ruim? Bem,

[2] *Nota do Tradutor*: No Brasil, o dinheiro da venda de opções é depositado no dia seguinte em sua conta (D+1).

considerando que a INTC não passou de $30 nos últimos dois anos, então não acho que foi má aposta. Além disso, o trade só vale até o dia do vencimento, em abril de 2006. Se a INTC não passar de $30 no vencimento em abril, o trade acabou, os $125 são seus e as ações continuarão sendo suas e intactas. Você pode agora repetir o trade em um novo vencimento de opções e coletar mais dinheiro.

EXERCÍCIO?

Não se irrite nem se preocupe demais. Se você for exercido nas calls vendidas e for obrigado a vender as ações, tudo bem. A corretora irá retirar suas ações da carteira e você não as verá mais em seu portfólio. Mas, ainda assim, você saiu com um bom lucro. Não só recebeu $125 da venda das opções, mas também ganhou na ação do preço original de compra de $25,50 ao preço de venda de $30. Isso significa um ganho de $2.250 na ação ($4,50 × 500).

A venda de calls cobertas OTM força-o algumas vezes a realizar lucro nas ações ao longo do caminho (assumindo que você está vendendo calls com preço de exercício acima do preço inicial da ação). Mesmo tendo vendido a opção, você ainda está lucrando na ação até o ponto em que ela atinge o preço de exercício da opção vendida. Como disse, você lucrou $4,50 por ação de seu preço de compra inicial de $25,50 até o preço de venda de $30. Depois que a ação atinge os $30, você não tem mais ganho de capital na ação acima desse preço. Mas isso você já sabia quando vendeu as opções. Você aceitou a condição e se sentia confortável em vender nesse ponto. Se a ação nunca atingir o preço de exercício da opção, seu preço de compra terá sido reduzido em $0,25, para $25,25 por ação. O resultado da venda coberta OTM será ou um belo lucro ou uma redução de custo nas ações.

A planilha na Figura 10.3 mostra os resultados das 500 ações compradas de seu preço inicial de $25,50 com os cinco lotes de opções vendidos nos diferentes possíveis preços da ação no vencimento das opções. As opções vendidas trouxeram um prêmio inicial de $125. Como já notamos, as calls vendidas darão uma pequena proteção contra a queda da ação e irão limitar o lucro na alta acima do preço de exercício das opções vendidas ($30). Não importa quanto a INTC suba, você terá lucro máximo garantido de $2.375 para a posição completa. Se a INTC estiver acima de $30 no vencimento das opções, você será exercido e terá de vender suas ações.

Se você vem vendendo calls cobertas, recebendo o prêmio da venda de opções a cada vencimento, pode ter feito um belo capital enquanto a ação ficava em torno do mesmo preço por anos a fio, e você pode fazer isso em todo vencimento, variando o preço de exercício da opção vendida, conforme as condições do mercado. O valor que você recebe pela venda das opções é como se fosse um prêmio de consolação enquanto espera se a ação subirá de preço algum dia. Vendendo calls cobertas, você está tendo uma atitude mais ativa com seu dinheiro (da mesma forma que eu disse nas outras estratégias) e recebendo remuneração extra em cima de suas ações. Com certeza há uma chance de sua opção ser exercida e você ter de entregar as ações, mas essa chance será pequena porque você está vendendo opções OTM. Mesmo que tenha que vender suas ações, você terá lucro na venda das ações e ainda ficará com o prêmio das opções. Essa é uma grande forma de utilizar as opções, portanto, sempre pense em formas de aumentar o retorno de seus investimentos. A venda coberta é uma delas.

Preço da Ação	Ação Comprada	Ação Vendida	Resultado
$0.00	($12,750.00)	$125.00	($12,625.00)
$5.00	($10,250.00)	$125.00	($10,125.00)
$10.00	($7,750.00)	$125.00	($7,625.00)
$15.00	($5,250.00)	$125.00	($5,125.00)
$20.00	($2,750.00)	$125.00	($2,625.00)
$25.00	($250.00)	$125.00	($125.00)
$30.00	$2,250.00	$125.00	$2,375.00
$35.00	$4,750.00	($2,375.00)	$2,375.00
$40.00	$7,250.00	($4,875.00)	$2,375.00
$45.00	$9,750.00	($7,375.00)	$2,375.00

Figura 10.3 Planilha de prejuízo/lucro da venda coberta de calls da INTC

QUEM, EU, ME PREOCUPAR?

Alguns investidores se preocuparão com duas coisas:

1. Perder o lucro da alta forte, se exercido.
2. Causar um evento que obriga pagamento de imposto de renda.

Se você está realmente preocupado em perder lucro acima do preço de exercício da opção vendida, tem quatro escolhas:

1. Pode simplesmente não se envolver com venda coberta (não é minha escolha preferida).
2. Pode vender uma opção mais OTM para lhe dar mais lastro.
3. Pode sair da venda da opção a qualquer momento comprando a opção de volta no mercado.
4. Pode comprar mais ações após ser exercido. O que o impede de fazer isso?

A outra preocupação é a dor de ter que pagar imposto de renda se você for exercido e forçado a vender as ações. É uma preocupação legítima, mas em minha opinião é melhor realizar os lucros em algum lugar e pagar os impostos devidos do que nunca lucrar. Gosto de ouvir o barulho da caixa registradora. Você preferiria não vender sua ação por um lucro apenas para evitar o imposto de renda? Observe as ações que implodiram desde o colapso de 2000 e 2008. Tenho certeza de que há muitos investidores que prefeririam ter vendido suas ações antes de a bolha estourar e ter realizado lucros. Mas, como a maioria das pessoas deseja ficar com suas ações, preferimos vender calls OTM, pois há uma chance menor de sermos exercidos.

PREÇO DE EXERCÍCIO VERSUS BASE DE CUSTOS

Um item para observar, que mencionei rapidamente na página 190, sobre escolher as ações, é vender a preços de exercício abaixo de sua base de custos. Não faça isso, porque pode prendê-lo em uma perda realizada.

Vamos voltar e examinar a compra hipotética de 500 ações da INTC a $25,50 em 1997. Na data em que este capítulo foi atualizado, em janeiro de 2009, observe o gráfico da INTC para que possamos ver onde ela está desde que escrevi este capítulo alguns anos atrás (veja a figura 10.4).

Você pode ver através do gráfico (Figura 10.4) que a INTC saiu da área de $25 (que é onde estava quando escrevi este capítulo pela primeira vez) e teve uma alta para $28 ao final de 2007, depois teve um preço mais baixo de $12 ao final de 2008 (cortesia do colapso econômico nos Estados Unidos).

Figura: 10.4 Gráfico Semanal Intel
Fonte: eSignal.com.

Se você decidiu segurar a INTC para resistir à tempestade porque ainda acredita na viabilidade em longo prazo, vender opções de call cobertas agora não seria uma boa ideia. Já que você estaria atualmente com mais ou menos $12 por ação "debaixo da água", não teria nenhum preço de exercício que você poderia escolher que lhe forneceria entrada atualmente sem que você assumisse o risco de ser exercido a preços desfavoráveis.

Deixe-me mostrar o que quero dizer. Observe a série de opções na Figura 10.5, que lista as opções de call para expiração em abril de 2009. Se você escolher vender cinco calls de $17 por $0,33 cada (dividindo o pagão/vendedor), você receberia $165 em sua conta de trade.

Se a INTC acabar sendo negociada acima de $17 por ação até a data de expiração em abril de 2009, você seria forçado a abrir mão de suas ações para o comprador de opções ao preço de $17 por ação, assim prendendo-o em uma perda de mais ou menos $8 por ação, baseado na base de custos inicial de $25,50 por ação.

Você entendeu o que aconteceu? Mesmo que você estivesse sendo proativo e vendendo opções de call cobertas para conseguir renda, o preço de exercício das opções que vendeu ($17 strike) era muito abaixo de sua base de custos inicial. Uma vez que você foi exercido em suas opções, você será forçado a vender a INTC por um preço abaixo de sua base de custos de $25,50.

INTEL CORP		c			BSize: 1	Bid: 11.75 Ask: 15.49		ASize: 3			Last: 13.74 Change: + 0.45
BSize	**Bid**	**Ask**	**ASize**	**Last**	**Change**	**Prev**	**High**	**Low**	**T**	**Time**	**Symbol**
377	8.55	8.85	392	8.90	+ 0.70	8.20	8.90	8.90	c	Jan16	APR09 5.00
633	4.75	4.90	72	5.35	0.00	5.35	5.35	5.35	c	Jan16	APR09 9.00
114	3.90	4.00	14	3.95	+ 0.42	3.53	4.00	3.95	c	Jan16	APR09 10.00
831	3.05	3.20	207	3.00	+ 0.10	2.90	3.26	2.91	c	Jan16	APR09 11.00
61	2.37	2.42	19	2.32	+ 0.07	2.25	2.41	2.21	c	Jan16	APR09 12.00
117	1.75	1.81	359	1.75	+ 0.18	1.57	1.94	1.60	c	Jan16	APR09 13.00
28	1.23	1.28	569	1.25	+ 0.15	1.10	1.39	1.10	c	Jan16	APR09 14.00
249	0.82	0.85	89	0.85	+ 0.10	0.75	0.97	0.72	c	Jan16	APR09 15.00
375	0.52	0.54	2	0.54	+ 0.06	0.48	0.64	0.46	c	Jan16	APR09 16.00
25	0.12	0.37	25	0.00	0.00	0.00	0.00	0.00	c	Nov06	APR09 17.00
91	0.32	0.34	88	0.32	0.00	0.32	0.40	0.30	c	Jan16	APR09 17.00
25	0.06	0.31	25	0.00	0.00	0.00	0.00	0.00	c	Nov06	APR09 18.00
346	0.18	0.20	61	0.20	0.00	0.20	0.25	0.19	c	Jan16	APR09 18.00
25	0.04	0.29	25	0.00	0.00	0.00	0.00	0.00	c	Nov06	APR09 19.00
225	0.10	0.12	150	0.12	0.00	0.12	0.13	0.10	c	Jan16	APR09 19.00
25	0.01	0.26	25	0.00	0.00	0.00	0.00	0.00	c	Nov06	APR09 20.00

Figura 10.5 Cadeia de Opções da Intel

Fonte: eSignal.com.

Agora, se a INTC não subir acima de $17 até a data de expiração em abril de 2009, essas opções de venda de $17 vão expirar sem valor e você não terá mais a obrigação de vendê-las por $17. Mas seja cauteloso ao seguir em frente, porque você não quer se arriscar a ser exercido e precisar vender suas ações a um preço mais baixo do que o preço original na hora da compra.

Neste momento, como você ainda possui suas ações e elas estão "debaixo da água" em relação a sua base de custos de $25,50, você precisaria esperar a INTC se mover para cima para que consiga vender opções de call com preços de exercício acima de $25,50.

LEVEI MEUS PAIS PARA A AÇÃO!

Vou lhes mostrar duas operações de venda coberta de calls verdadeiras que fiz nas contas de meus pais na corretora. Cada um possui 800 ações da IBM e 1.200 ações da Dell. Quando parei de trabalhar no pregão da Bolsa de Mercadorias de Nova York (NYMEX), pude passar a operar não só o mercado de opções de commodities, mas também o de ações. Perguntei a meus pais se eles vinham lançando opções sobre suas posições acionárias. Eles não tinham a mínima ideia do que estava falando. Durante anos eles acompanharam as ações subindo e caindo sem fazer muita coisa. Veja os gráficos de IBM e da Dell nas Figuras 10.6 e 10.7.

O grande *boom* da internet começou em 1998 e todos nós sabemos o que aconteceu com as ações naquele tempo — uma alta incrível até o ano 2000, seguida pelo colapso da bolsa (bolha da internet). Em oito anos eles viram a IBM subir até $140 por ação e depois cair tudo, até voltar a apenas $76 por ação. Olhe a Dell — subiu até $60 por ação e depois devolveu tudo. Você espera, após um investimento de oito anos, ter ao menos um retorno decente. Os dividendos ajudaram um pouco nesse período, mas não chegam nem perto do que o lançamento coberto de calls teria feito.

Vamos dissecar as operações de lançamento coberto de calls e mostrar como fizemos. A única razão de meus pais finalmente aceitarem fazer venda coberta foi porque tiveram a oportunidade de assistir a uma conferência sobre o assunto. Por alguma razão, ouvir todos aqueles traders profissionais falarem dos benefícios das opções levou-os a querer entrar no jogo.

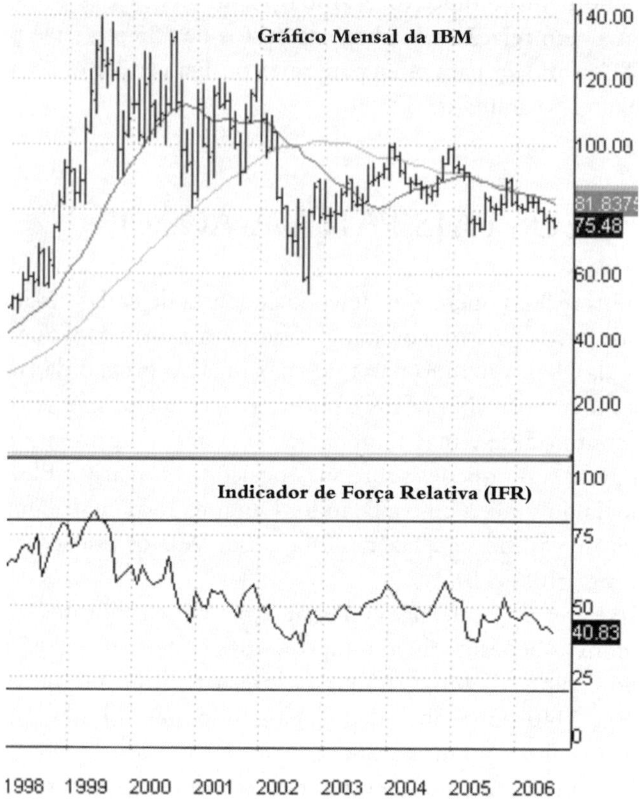

Figura 10.6 Gráfico mensal da IBM
Fonte: eSignal.com

Em março de 2006, com a IBM custando $83 por ação, vendemos oito lotes das calls de strike $95 por $1,95 cada. Isso deu $1.560 (800 × $1,95) para a conta de meu pai e de minha mãe (sem diminuir do valor as comissões). Escolhemos o preço de exercício de $95, pois era uma área de preços que meus pais se sentiam confortáveis caso fossem exercidos e tivessem de vender as ações. Lembre-se de que o trade só vale no período até o vencimento das opções (janeiro de 2007). Se a IBM não chegar a $95 no vencimento, a opção morrerá sem valor e meus pais ficarão com suas ações intactas. Estaremos prontos para possivelmente repetir o processo em outro vencimento. O prêmio total recebido nas duas contas (do meu pai e da minha mãe) foi de $3.120 — um dinheiro que nunca receberiam se não tivessem feito o trade com opções.

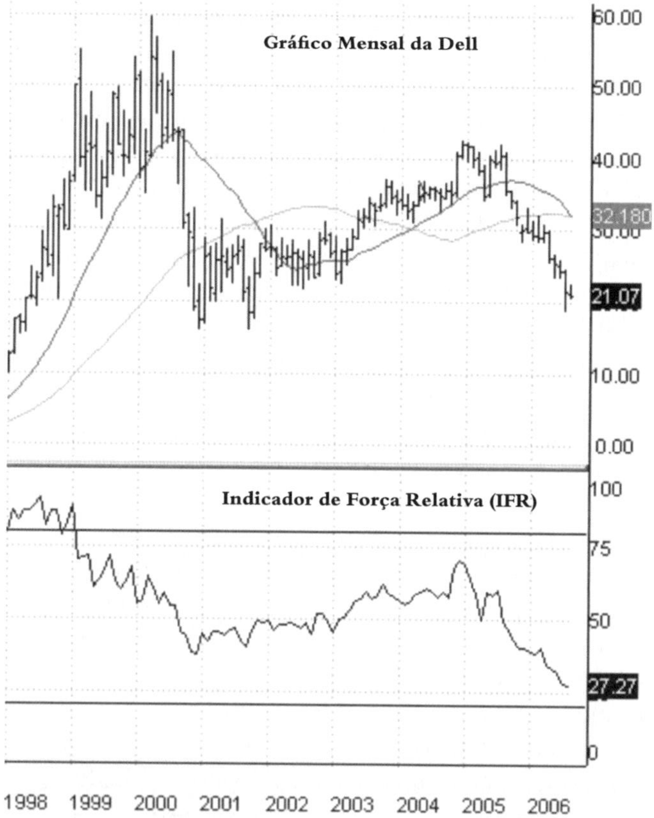

Figura 10.7 Gráfico mensal da Dell
Fonte: eSignal.com

Agora a Dell. Meus pais compraram uma parte de suas ações no meio de 1998 por aproximadamente $14 por ação (ajustado pelo split). Oito anos depois, a Dell está valendo um pouco mais do que o preço que eles compraram. O que eles ganharam por terem segurado a ação esse tempo todo durante as altas e as quedas? Não muito, com certeza. Sei que meus pais não estão felizes por eu colocar as operações deles aqui, mas é que são um belo exemplo para utilizar no livro, pois sei que há milhares, ou milhões, de outros investidores na mesma situação.

Assim, em março de 2006 também vendemos calls cobertas nas ações da Dell deles. Cada um vendeu calls de strike $35 por $1,15. Isso trouxe imediatamente $1.380 (sem as comissões) para as contas de meus pais ($1,15 × 1.200 ações da Dell que cada um tinha). Da mesma forma que com o trade na IBM, escolhemos o strike de $35 porque era uma área de preços que meus pais se sentiam confortáveis caso tivessem de vender as ações da Dell se fossem exercidos nas opções vendidas. O prêmio total recebido por meus pais foi de $2.760. Somam-se a isso os $3.120 das opções da IBM e meus pais receberam uma remuneração de $5.880 em alguns minutos. Eles ficaram tão felizes! Por favor, e a minha comissão?

Alguns meses depois levamos as operações de venda coberta a um nível adiante. Como você sabe, não está obrigado a levar a opção até o vencimento. Você pode comprar ou vender quando quiser. É uma decisão totalmente sua quando sair da operação. Você pode ficar na operação por apenas minutos ou por dias, semanas ou até meses — não importa. No nosso caso, tanto a IBM quanto a Dell começaram a cair logo após a venda das opções, o que significa que as opções estavam caindo de preço também. Nada nos impedia de realizar lucros no lado das opções do trade. As ações estavam indo para baixo e, junto com elas, os prêmios das opções. Compramos as opções de volta, *zerando* os trades nas opções por $0,15 cada.

Realizamos $1,80 por lote, ou $1.440 por conta, para as opções da IBM e $1,00 por lote, ou $1.200 por conta, nas opções da Dell. Quando vendemos as opções lá atrás, recebemos um total combinado de $5.880. Quando recompramos as opções, tivemos que pagar $300 por pessoa, o que nos deu um lucro total de $5.280. A partir do momento em que zeramos as vendas de opções, meus pais não tinham mais nenhuma obrigação de vender suas ações nos preços de exercício porque não estavam mais vendidos nas opções. Voltaram a ficar somente comprados nas ações, esperando para vender mais calls cobertas assim que eu recomendasse.

Qual a razão por trás da recompra das opções e finalização dos trades? São algumas. Quando uma operação com opções se movimenta rapidamente em seu favor como esta fez, normalmente é uma boa ideia tirar o dinheiro da mesa. Recompramos as opções por $0,15 cada. O preço mais baixo que uma opção pode ser negociada é $0,05,[3] então, levamos quase todo o dinheiro possível do trade com opções. Ainda que estivéssemos perdendo dinheiro nas ações, já que a IBM e a Dell estavam sendo negociadas a preços mais baixos, fizemos dinheiro nas opções e realizamos o lucro.

[3] *Nota do Tradutor*: No Brasil, o preço mais baixo que uma opção pode ser negociada é $0,01.

Também senti que tanto a IBM quanto a Dell poderiam chegar a um fundo quando recompramos as opções. Se as duas ações revertessem e voltassem a subir, o mesmo aconteceria com as opções e, então, não poderíamos recomprá-las por preços tão baixos. De certa forma, operamos um fundo em ambas as ações.

Não podemos desconsiderar que, com a queda da IBM e da Dell durante o período, meus pais estavam tendo perda em seus portfólios. Eles estavam perdendo dinheiro nas ações. Mas a venda das opções lhes deu mais de $5.000, o que amenizou as perdas. Viram isso? A venda coberta de calls dá um alívio e uma remuneração, fazendo com que você se sinta melhor enquanto olha suas ações caírem de preço. Pense em todas aquelas vezes que ***você*** ficou olhando sua ação cair de preço e não tinha nenhum seguro contra a queda. Aposto que agora você está interessado na venda coberta!

Quero mostrar graficamente como os números aparecem, tendo uma operação de venda coberta montada. Na planilha da Figura 10.8, adicionei os números que usamos para traçar o cenário de risco/retorno (profit/loss) para a venda coberta na Dell. Meus pais estavam comprados em 1.200 ações da Dell com um preço médio de $14 por ação. Com a venda das calls, eles receberam $1,15 por lote de opções, o que reduziu o custo básico deles para $12,85 por ação. Se o preço de exercício de $35 fosse atingido pela ação, meus pais provavelmente seriam exercidos e teriam que vender suas ações por $35 cada. Mas isso não seria um problema para eles, já que, quando montaram a operação, determinaram que este seria um valor aceitável para vender as ações.

Preço da Ação	Resultado por Ação	Resultado Geral
$0.00	($12.85)	($15,420.00)
$5.00	($7.85)	($9,420.00)
$10.00	($2.85)	($3,420.00)
$15.00	$2.15	$2,580.00
$20.00	$7.15	$8,580.00
$25.00	$12.15	$14,580.00
$30.00	$17.15	$20,580.00
$35.00	$22.15	$26,580.00
$40.00	$22.15	$26,580.00
$45.00	$22.15	$26,580.00
$50.00	$22.15	$26,580.00

Figura 10.8 Quadro de risco/retorno da Dell

ATUALIZAÇÃO DE TRADE

Vamos ver o que aconteceu com as ações da IBM e da Dell dos meus pais desde a operação original em julho de 2006. Aqui estão os gráficos semanais atuais (janeiro de 2009) das duas (veja as figuras 10.9 e 10.10).

Observando o gráfico da IBM (Figura 10.9), você pode ver que sofreu uma queda em julho de 2006 (após recomprarmos as opções de venda) e continuaram a se mover para cima após este ponto. Uma das coisas que você pode fazer é vender mais opções quando sentir que a ação pode ter atingido um ponto alto, ou alcançou um ponto que você se sentiria confortável para vendê-las, se fosse exercido.

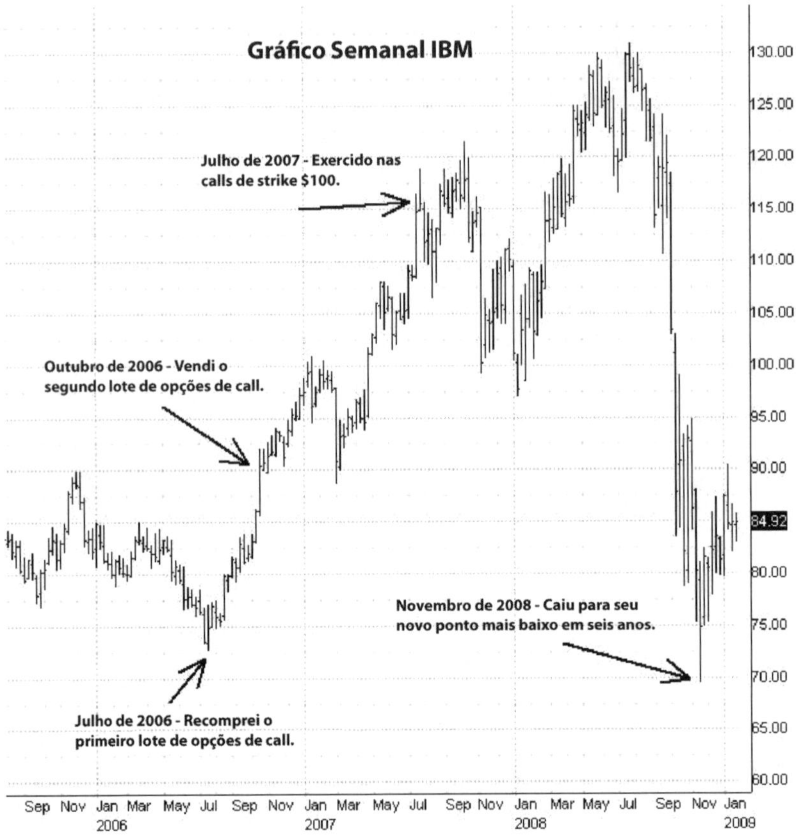

Figura 10.9 Gráfico Semanal IBM

Fonte: eSignal.com.

Acabamos vendendo mais opções de call da IBM quando ela ultrapassou $90 por ação, em outubro de 2006. Nós vendemos 16 calls (oito para cada conta na corretora) de $100 por $3 cada uma, com expiração em julho de 2007. Isso trouxe mais $4.800 para as duas contas juntas e obrigou meus pais a venderem todas as suas ações da IBM por $100 cada uma se a IBM terminasse acima daquele nível até a expiração em julho de 2007.

Como você pode ver no gráfico (Figura 10.9), a IBM se moveu para $115 por ação até a expiração em julho de 2007, assim meus pais precisaram se despedir de suas ações por $100 cada uma. Mesmo que a IBM tenha chegado a $115, meus pais ainda assim teriam que vendê-las a $100. Mesmo que eles tenham ficado um pouco desapontados ao ver as ações da IBM ultrapassarem $100, eles ainda estavam confortáveis com o ganho que tinham conseguido, porque isso foi parte de sua decisão anterior.

Eles se sentiram melhor em janeiro de 2009, porque o preço da IBM se moveu para baixo novamente, chegando a $70 em novembro de 2008 e depois para seu preço atual de $85. Eles conseguiram vender suas ações por $100 e ficaram felizes de tê-lo feito, porque a IBM começou a se mover para baixo deste nível.

No que diz respeito à Dell (Figura 10.10), a história não tem um final tão feliz. Após termos desenrolado o primeiro conjunto de opções de calls cobertas em julho de 2006, a Dell se moveu para cima, assim como a IBM, até começar a ultrapassar $30 em novembro de 2007. Estávamos examinando algumas outras calls para vender naquele momento, mas nunca puxamos o gatilho. Infelizmente, para meus pais, a Dell nunca se recuperou para o nível de $30 novamente (área em que eles queriam vender as calls) e continuou a cair de preço até chegar a $10 por ação.

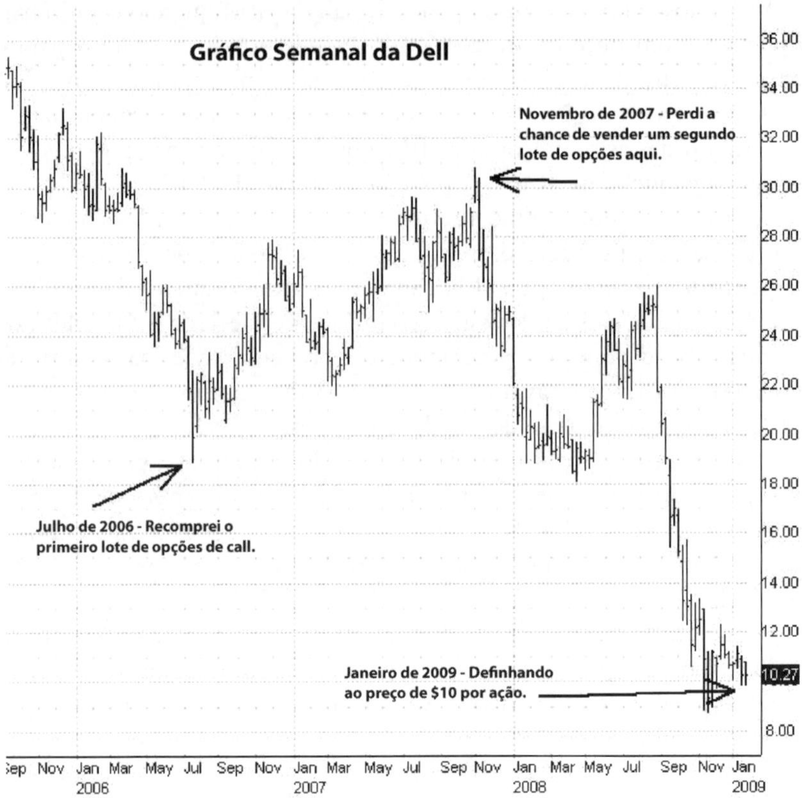

Figura 10.10 Gráfico Semanal Dell
Fonte: eSignal.com.

Isso foi um pouco desanimador, assistir a Dell se mover tanto para baixo, especialmente abaixo da base de custo de $14. Não apenas isso, mas eles perderam a chance de vender pelo menos mais dois conjuntos de opções de venda que poderiam ter trazido mais renda. Lição aprendida. No final das contas, tenha certeza de que vendeu calls contra sua ação porque você nunca sabe quando suas ações decairão em preço. A venda de call vai, pelo menos, amenizar parte do declínio se você optou por segurar as ações, como meus pais fizeram.

GESTÃO DE RISCO

O planejamento de risco com a venda coberta não é diferente de seu plano quando fica apenas comprado nas ações. Isso porque não importa o quanto as opções vendidas lhe protejam de uma queda da ação, elas não o protegerão de uma perda total se a ação cair até zero. Se você possui ações, qual é a sua estratégia? Usa um ponto de stop loss? Tem um valor em que irá realizar lucros? Acompanha níveis de suporte e resistência nos gráficos? Não importa qual seja o seu plano, siga-o. Cada um tem uma situação diferente, então, cada um deve ter um planejamento próprio.

RESUMO

A venda de calls OTM sobre uma ação comprada é uma forma de ganhar remuneração extra enquanto se espera um preço da ação em que realizaria lucro (você venderá em algum ponto, não?) Se você está determinado a manter a ação eternamente, venda opções OTM, pois isso diminui a chance de ser exercido. A venda contínua em troca de rendimento por meio dos prêmios e, esperançosamente, a perda de valor das opções o possibilitará repetir o processo muitas vezes durante o ano, diminuindo seu preço de compra da ação cada vez que fizer uma venda.

Como um mecanismo de hedge, a venda coberta de calls é uma operação prudente. Todos passaremos pelas altas e quedas enquanto possuirmos ações. É inevitável. Você pode passar a ter uma saída que dê alguma renda extra para protegê-lo de uma potencial queda das ações. Pegue o dinheiro. Ele está lá esperando.

Os exemplos reais de trades com calls cobertas da IBM e da Dell de meus pais deram uma boa ideia de como isso é feito. Mesmo que eles tenham optado por segurar as opções da Dell em função de seu compromisso em longo prazo, eles continuarão vendendo opções de call quando a Dell voltar a se mover para cima.

CAPÍTULO 11

UMA ESTRATÉGIA BÔNUS: VENDAS DE VOLATILIDADE

Na introdução deste livro prometi um bônus e decidi oferecer uma estratégia extra com opções. É uma estratégia de venda de opções que eu usava quase exclusivamente enquanto operava no pregão da Bolsa de Mercadorias de Nova York (NYMEX). Esteja prevenido: esta é uma jogada altamente especulativa que assume risco ilimitado, então, não pode ser utilizada sem preparo e acompanhamento e pode não ser adequada a todos os leitores. Para compensar o risco ilimitado, esta estratégia oferece oportunidades incríveis de retorno com margem grande de espaço para os erros e grande probabilidade de lucros.

Esta estratégia é chamada de "**trava de volatilidade**" E compreende a compra de um lote de uma opção fora do dinheiro (OTM) e a venda de múltiplos lotes de opções muito fora do dinheiro (OTM). O truque é vender opções OTM o suficiente para que o trade seja montado no crédito (recebendo dinheiro), mesmo contando as comissões. A distância entre a opção comprada e as opções vendidas deve ser grande o suficiente para compensar qualquer movimento adverso no ativo subjacente. A melhor parte das vendas de volatilidade é fazer um bom dinheiro se o mercado se movimentar a favor de sua opção comprada. Mesmo que todas as opções venham a morrer sem valor, você termina com lucro devido ao crédito recebido quando montou a operação.

No final de minha carreira como operador de pregão, eu usava esta operação quase exclusivamente com as opções de petróleo, pois eram ótimas para esse tipo de trade. Uma das razões para o lucro era a curva de volatilidade implícita das opções de petróleo. A curva de volatilidade implícita e a *volatility skew* ou *vantagem de volatilidade* ou, ainda, *distorção de volatilidade*, se você se recordar do Capítulo 3, é a discrepância entre os níveis de volatilidade implícita (VI) de cada opção individual da mesma série de vencimento de uma ação ou commodity específica. A curva de volatilidade implícita pode ter certos padrões que informem a melhor maneira de se aproveitar da situação. Durante muito tempo, o petróleo apresentava um padrão "*smile de volatilidade*", o que significava que todas as opções OTM eram negociadas a níveis mais altos de VI do que as opções no dinheiro (ATM).

O padrão de skew de smile (sorriso) ajudava nessa situação, porque significava que eu não precisaria vender uma quantidade exorbitante de opções OTM para compensar o custo da opção ATM comprada. Lembre-se: a volatilidade tem efeito distinto no preço de cada opção. Se o nível de volatilidade está alto, aquela opção estará mais cara em termos de VI do que uma opção com um nível de volatilidade mais baixo. No caso do petróleo, as opções OTM sempre tinham VIs mais altas do que as opções ATM, o que criava uma situação perfeita para esse trade.

O gráfico de smile de volatilidade na Figura 11.1 mostra a VI de cada opção de compra e seu respectivo preço de exercício. Os preços de exercício (strikes) estão no eixo horizontal e os níveis de VI no eixo vertical. Quando você junta os pontos, o padrão forma um smile (sorriso). Essa estrutura de VI reflete o fato de as opções ATM estarem mais baratas em termos de VI quando comparadas com as opções OTM ou ITM.

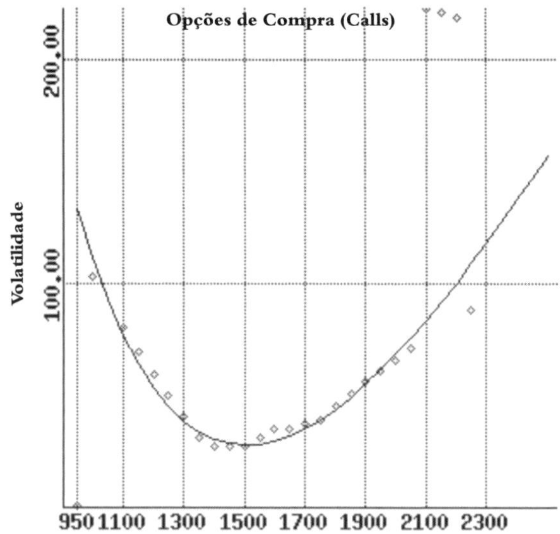

Figura 11.1 Smile de volatilidade
Fonte: Gráfico fornecido pela Optionetics, Inc.

Smile de volatilidade, entretanto, não é pré-requisito para se obter lucro nas vendas de volatilidade. Pode-se obtê-lo também em uma commodity que exiba uma curva de volatilidade frontal ou reversa. Uma curva com skew frontal acontece quando as opções de compra têm VIs maiores quanto mais OTM ficam. Com o skew reverso é o contrário, mas neste caso as puts (opções de venda) têm VIs maiores OTM. Aprendi com o tempo que a venda de volatilidade nas puts provavelmente têm relação risco/retorno melhor, porque uma ação ou commodity só pode cair até zero, enquanto as calls (opções de compra), teoricamente, podem subir para sempre. Mas isso não significa que vender volatilidade com calls não deva ser utilizado. Longe disso. Mostrarei especificamente como o mercado da soja é um dos melhores para se operar essa estratégia, especialmente durante o verão.

A série de opções da Figura 11.2 lista as opções de compra disponíveis para soja que vencem em novembro de 2006. Opções de soja são boas para operar durante o verão, especialmente com vendas de volatilidade. A temporada de crescimento ocorre nesta época e o mercado está suscetível a variações violentas de preço devidas aos fatores climáticos. O risco relacionado ao clima produz aumento frontal da VI, fazendo com que as opções OTM tenham VIs maiores do que as opções ATM. O que queremos fazer é descobrir a melhor combinação de mês de vencimento e preços de exercício que nos permita aproveitar a situação.

Último: 6046 Variação: +62 **Fechamento: 5984**

Última	Variação	Fechamento	Máxima	Mínima	T	Hora	Símbolo
3046	+62	2984	3046	3022	s	14:57	NOV06 300
							NOV06 400
							NOV06 460
							NOV06 480
							NOV06 500
54	+53	1	54	54	+	Jul22	NOV06 520
672	+52	620	672	672	s	14:57	NOV06 540
515	+44	471	515	515	s	14:57	NOV06 560
386	+35	351	386	386	s	14:57	NOV06 580
284	+26	256	290	264	s	14:57	NOV06 600
210	+17	191	214	200	s	14:57	NOV06 620
155	+14	141	164	150	s	14:57	NOV06 640
115	+10	105	124	112	s	14:57	NOV06 660
90	+7	81	94	86	s	14:57	NOV06 680
67	+5	62	74	66	s	14:57	NOV06 700
53	+3	50	54	53	s	14:57	NOV06 720
43	+3	40	50	43	s	14:57	NOV06 740
35	+3	32	40	34	s	14:57	NOV06 760
30	+1	27	30	30	s	14:57	NOV06 780
24	0	24	26	24	s	14:57	NOV06 800
21	0	21	22	21	s	14:57	NOV06 820
17	+1	16	20	17	s	14:57	NOV06 840
15	+1	14	15	13	s	14:57	NOV06 860
13	0	13	16	13	s	14:57	NOV06 880
10	0	10	10	10	s	14:57	NOV06 900

Figura 11.2 Série de opções de soja, vencimento em novembro de 2006

Fonte: eSignal.com

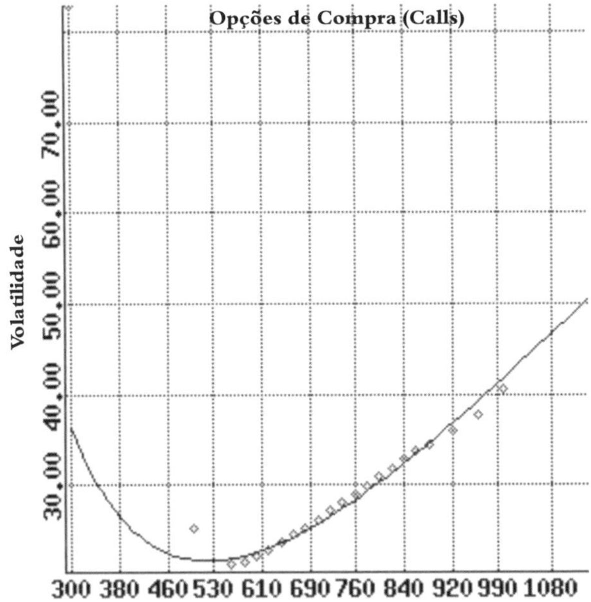

Figura 11.3 Skew de volatilidade frontal das opções de soja

Fonte: Gráfico fornecido pela Optionetics, Inc.

A Figura 11.3 é uma curva de volatilidade frontal típica que mostra como os níveis de VI de cada strike aumentam conforme fica mais OTM. Há o grande pavor de que os futuros da soja possam explodir para cima durante o verão devido à possibilidade de aridez excessiva da temporada, o que leva à diminuição expressiva da colheita de soja e ao consequente aumento dos preços. A maneira mais comum de aliviar o potencial de falta no suprimento de um produto é aumentar seu preço. É a lei de oferta e procura.

Conforme os especuladores entram no mercado de opções de soja na primavera, tendem a comprar calls OTM devido ao preço baixo e à grande alavancagem. É a mesma coisa todos os anos. Se a soja "explode", esses especuladores ficam bem felizes. Assim que o volume começa a aumentar no mercado de opções de soja, os market makers são forçados a irem aumentando os preços, o que inflaciona os níveis de VI e leva a mais aumento dos preços. É um círculo vicioso até a colheita começar.

FAZENDO O TRADE

Olhe novamente a série de opções na Figura 11.2. Os contratos futuros da soja estavam a 604 e ¾. No topo do quadro, olhe o último preço da soja e verá o número 6046, que equivale a 604 e ¾. Se você olhar as opções de compra de novembro, de 640, verá o último preço a 155. Esse preço, em termos de opções de soja, equivale a 15 e 5/8, ou 15.625 centavos, o que deve ser multiplicado por $50, levando ao preço final de $781,25.[1]

Bem, o que fazer agora? Para se aproveitar de uma expectativa otimista e executar a venda de volatilidade perfeita, precisamos achar a melhor combinação de strikes para maximizar a distorção de volatilidade e ter uma longa distância entre as opções que iremos comprar e vender. Neste exemplo, compraremos uma das calls de preço de exercício de 680 e vencimento em novembro de 2006 por $0,90 e venderemos cinco lotes das calls de 820 por $0,21, recebendo um crédito total de 1 e 5/8 que se tornará $81,25 após multiplicarmos por $50.[2] Fizemos a operação em uma relação 5:1, vendidos em cinco lotes das calls de 820 e comprados em um lote da call de 680. Isso dá uma distância de lastro de $1,40 (ou 140 pontos, na linguagem dos traders) entre os preços de exercício, o que é um movimento bem grande para o mercado da soja. Os cinco lotes vendidos pagaram o lote comprado e ainda sobrou alguma coisa. Mesmo após descontadas as comissões, ainda estaríamos montando o trade, recebendo $51,25. Notem que com a soja em 604 e 3/4, nosso strike comprado está 75 pontos OTM e nossos strikes vendidos estão 215 pontos OTM. É um belo lastro.

Agora que já montamos o ***trade***, o que fazer? Olhamos o mercado e esperamos para ver aonde a soja vai. Você descobrirá que, com esse trade, podemos vencer em três cenários diferentes do mercado. Se a soja desabar e todas as nossas opções morrerem sem valor, ainda assim saímos com nosso crédito de $51,25 recebido para montar a operação. Se a soja ficar mais ou menos no mesmo preço, acumulando, e nossas opções permanecerem OTM, sairemos com o crédito inicial recebido da mesma forma. À medida que os preços da soja começarem a subir, veremos ganhos substanciais. A operação pode ser bastante lucrativa desde que os grãos não ultrapassem o preço de exercício de nossa opção vendida, de 820. Ao subir, mas sem passar dos 820, a nossa call comprada de 680

---

[1] *Nota do Tradutor*: As contas são complexas e só interessam a quem operar opções de soja nas Bolsas de Mercadorias dos Estados Unidos, já que cada bolsa e cada país tem suas regras e multiplicadores, logo, não farei o leitor perder tempo com essas contas todas.

[2] *Nota do Tradutor*: Mais uma vez, não tomarei o tempo do leitor com as contas complexas do mercado de opções de soja dos Estados Unidos.

ganha valor, ao passo que as calls de 820 perdem valor devido à passagem do tempo. Para ver os números em ação, consulte a planilha da Figura 11.4, que nos dá o risco/retorno (P/L) em vários preços da soja no vencimento das opções.

A planilha nos dá uma ideia de quanto podemos ganhar ou perder com os diversos preços da soja no vencimento das opções. Uma queda do mercado ainda assim nos permite obter lucro, pois terminamos com nosso crédito inicial de $81,25 (sem incluir as comissões). Vejam como nosso lucro começa a aumentar após o preço de exercício da opção comprada (680) e é limitado pelo preço de exercício das opções vendidas (820). O cenário ideal seria o mercado da soja fechar no dia do vencimento exatamente nos 820.

Nosso breakeven, ou o ponto em que começaremos a ter prejuízo se a soja continuar subindo, é um pouco acima do nível de 856. Você pode ver também que as perdas começarão a aumentar rapidamente depois que passarmos esses níveis, já que nossas vendas descobertas (quatro lotes) pioram bastante a partir deste ponto. No preço atual da soja em 604 e 3/4, temos uma grande área de lucros de $0 a $855. Mesmo uma variação de 604 e 3/4 para nosso breakeven de 856 é *enorme* para o mercado de soja, o que nos deixa bastante confortáveis com a zona de lucro.

Preço da Soja	Call de 680 P/L	Call de 820 P/L	P/L Total
500	($450.00)	$531.25	$81.25
550	($450.00)	$531.25	$81.25
600	($450.00)	$531.25	$81.25
650	($450.00)	$531.25	$81.25
680	($450.00)	$531.25	$81.25
700	$550.00	$531.25	$1,081.25
750	$3,050.00	$531.25	$3,581.25
800	$5,550.00	$531.25	$6,081.25
820	$6,550.00	$531.25	$7,081.25
850	$8,050.00	($6,968.75)	$1,081.25
855	$8,300.00	($8,218.75)	$81.25
860	$8,550.00	($9,468.75)	($918.75)
900	$10,550.00	($19,468.75)	($8,918.75)
950	$13,050.00	($31,968.75)	($18,918.75)

Figura 11.4 Quadro de risco/retorno da venda de volatilidade na soja (P/L)

Queremos que o mercado suba devido a nossa inclinação otimista na operação, mas não muito, nem muito rápido. De nossas análises do histórico, fundamentos e gráficos da ação, estimamos que o preço de $850 seja uma resistência forte no momento e um provável topo do mercado. Novamente, nosso melhor cenário é o mercado da soja subir gradualmente até $820 durante o período da operação, que vence em outubro de 2006, mais ou menos três meses após montarmos o trade. O gráfico na Figura 11.5 mostra o mercado de soja de dois anos. Podemos ver no gráfico que a soja não esteve acima de $815 durante esse período e temos o sentimento muito forte de que não ultrapassará esse limite durante o período de nosso trade.

Por último, outra razão pela qual escolhemos esses preços de exercício foi devida à distorção de VI entre as duas opções. Quanto maior a distorção, melhor pode ser o trade. Este ano os preços da soja variaram menos, então a discrepância de VI OTM/ATM é menor do que o que já se viu no passado, mas, mesmo assim, ainda existe. A planilha na Figura 11.6 mostra a VI de cada strike (preço de exercício). Há uma diferença de 11 pontos nos níveis de VI (Volatilidade Implícita), o que não é ruim, mas vi verões em que strikes como esses teriam ao menos uma diferença de 40 pontos entre os níveis de VI. Para um caso como esse ocorrer, o mercado de soja precisa estar explodindo com um potencial maior para condições climáticas ruins. Neste ano, a colheita de soja está indo bem e os contratos futuros para novembro não estão com preços muito altos. Quando o mercado começa a cair (o que significa que o mercado está se movendo para baixo), a volatilidade implícita vai junto e as distorções desaparecem.

Figura 11.5 Gráfico semanal da soja

Fonte: eSignal.com

Preço de Exercício	Preço da Opção	Valor Financeiro	Nível de VI
Comprado 1 Lote call 680	9 Cents	($450)	25.11%
Vendido 5 lotes call 820	2⅛ Cents	$531.25	36.26%

Figura 11.6 Distorção de VI entre as opções de soja

A venda de volatilidade com calls é uma forma incrível de se beneficiar de um direcional otimista sem pagar para montar a operação. Se estivermos corretos e o mercado começar a subir, veremos o lucro aumentar significativamente. Como nossas opções vendidas são bem fora do dinheiro, temos um grande lastro de alta antes de começarmos a entrar na área de perigo. E se o mercado realmente começar a subir com força, desde que tenha passado algum tempo, já estaremos no lucro. Isso poderia nos permitir liquidar as opções vendidas e, ainda assim, sair com lucro da operação.

ATUALIZAÇÃO DO MERCADO DE SOJA EM 2009

Vamos ver como a venda de volatilidade nas opções da soja estariam nesse momento, em 2009. Baseado no preço atual de $2,50 por alqueire, a soja se moveu para cima no último mês e meio (o que é um grande movimento em pouco tempo); aposto que conseguimos entrar em uma venda de volatilidade melhor em função do maior nível de volatilidade absoluta dos novos preços de exercício. Como havia mencionado anteriormente, uma vez que os futuros da soja começam a fazer um bom movimento para cima, os níveis de VI realmente começam a agir.

Veja o gráfico a seguir (Figura 11.07) dos contratos futuros de soja em julho de 2009. Você pode ver a grande queda que a soja sofreu em julho de 2008, porque este foi um momento em que a maioria dos mercados de commodities e ações tinham acabado de começar sua queda com a crise de crédito nos EUA. A soja se moveu para baixo no início de dezembro de 2008 e teve uma boa recuperação para o preço de $2,50 por alqueire em mais ou menos seis semanas.

Figura 11.7 Gráfico Diário da Soja em Julho de 2009
Fonte: eSignal.com.

Vamos ver os preços de opções que estão nos dando. Veja o gráfico da série de opções (Figura 11.08), que é para as opções de venda da soja em julho de 2009. Atualmente, os contratos futuros de soja de julho de 2009 estavam sendo negociados a 1038,5 por alqueire (10384 ou 1038 4/8) como visto na parte de cima da série de opções.

Podemos comprar umas das calls de 1.120 de julho, o que significa que teríamos que pagar 89.375 centavos ($4.468,75) e vender três calls de 1.400 de julho, que receberíamos 33,5 centavos ($5.025). Nesse caso, nós estaríamos arrecadando aproximadamente $560 de crédito pelo trade (sem as comissões) enquanto teríamos uma volatilidade ainda menor do que o trade de soja anterior — o que significa que precisávamos vender apenas três contratos de opções para compensar nosso contrato de opção comprado. Quando vendemos com volatilidade, quanto menos contratos precisarmos para compensar o contrato mais longo, melhor. E, para levar mais um passo à frente, a diferença entre os preços de exercício é de 280 pontos ($2,80 por alqueire), enquanto no exemplo anterior tínhamos apenas 140 pontos de amortecimento. Este soa como um ótimo candidato para a venda de volatilidade.

BSize: Bid: Last: 10384
Ask: ASize: Change: +252

Last	Change	Prev	High	Low	T	Time	Symbol
1276	+167	1276	1150	1150	s	Jan16	JUL09 1020
1192	+160	1192	1100	1100	s	Jan16	JUL09 1040
1112	+152	1112	990	985	s	Jan16	JUL09 1060
1033	+141	1033	1033	1033	s	Jan16	JUL09 1080
960	+130	960	865	960	s	Jan16	JUL09 1100
893	+125	893	801	893	s	Jan16	JUL09 1120
832	+123	832	742	832	s	Jan16	JUL09 1140
774	+120	774	686	774	s	Jan16	JUL09 1160
722	+117	722	635	722	s	Jan16	JUL09 1180
672	+114	672	587	672	s	Jan16	JUL09 1200
625	+110	625	543	625	s	Jan16	JUL09 1220
582	+104	582	503	582	s	Jan16	JUL09 1240
542	+100	542	465	542	s	Jan16	JUL09 1260
504	+94	504	431	504	s	Jan16	JUL09 1280
470	+90	470	397	470	s	Jan16	JUL09 1300
437	+85	437	370	437	s	Jan16	JUL09 1320
410	+81	410	342	410	s	Jan16	JUL09 1340
382	+76	382	315	382	s	Jan16	JUL09 1360
356	+73	356	293	356	s	Jan16	JUL09 1380
334	+70	334	271	334	s	Jan16	JUL09 1400
					c	Jan16	JUL09 1420
293	+62	293	233	293	s	Jan16	JUL09 1440
					c	Jan16	JUL09 1460
257	+55	257	257	257	s	Jan16	JUL09 1480
242	+52	242	242	242	s	Jan16	JUL09 1500

Figura 11.8 Gráfico de opções da soja em julho de 2009
Fonte: eSignal.com.

Para entender por que esta seria uma ótima operação, precisaríamos ter níveis altos de VI das opções ou uma diferença maior na distorção de VI entre os preços de exercício do que nosso exemplo anterior. Vocês podem observar a Figura 11.09.

Strike Price	Option Price	Dollar Amount	IV Level
Long 1 1120 Call	89 3/8 Cents	($4,468.75)	44.50%
Short 3 1400 Calls	33 1/2 Cents	$5,025.00	47%

Figura 11.9 VI distorção de skew em julho de 2009 das opções de soja

Acontece que a distorção de volatilidade era menor que a anterior (apenas uma diferença de 2,5% entre os preços de exercício), mas foi o nível absoluto de volatilidade implícita que fez com que as opções fossem uma melhor operação. Os níveis atuais de volatilidade de 44,5% e 47% são sólidos 9% a 19% mais altos do que em nosso exemplo anterior. Esse salto em volatilidade implícita pode ter um grande efeito no preço de cada opção.

Enquanto observamos a tabela de P&L a seguir (Figura 11.10), nosso potencial de lucro máximo ocorre, mais uma vez, se o mercado da soja chegar a expiração exatamente no nível de strike de 1400. Isso nos daria um lucro de mais de $14.000.

Soybean Price	*1120 Call P/L*	*1400 Call P/L*	*Total P/L*
900.00	($4,468.75)	$5,025.00	$556.25
950.00	($4,468.75)	$5,025.00	$556.25
1000.00	($4,468.75)	$5,025.00	$556.25
1050.00	($4,468.75)	$5,025.00	$556.25
1100.00	($4,468.75)	$5,025.00	$556.25
1120.00	($4,468.75)	$5,025.00	$556.25
1150.00	($2,968.75)	$5,025.00	$2,056.25
1200.00	($468.75)	$5,025.00	$4,556.25
1250.00	$2,031.25	$5,025.00	$7,056.25
1300.00	$4,531.25	$5,025.00	$9,556.25
1350.00	$7,031.25	$5,025.00	$12,056.25
1400.00	$9,531.25	$5,025.00	$14,556.25
1450.00	$12,031.25	($2,475.00)	$9,556.25
1500.00	$14,531.25	($15,000.00)	($468.75)
1550.00	$17,031.25	($22,500.00)	($5,468.75)
1600.00	$19,531.25	($30,000.00)	($10,468.75)
Strike Price	**Option Price**	**Dollar Amount**	**IV Level**
Long 1 1120 Call	89 3/8 Cents	($4,468.75)	44.50%
Short 3 1400 Calls	33 1/2 Cents	$5,025.00	47%

Figura 11.10 Venda de volatilidade da soja P&L

Começaríamos a perder dinheiro em algum lugar logo abaixo do nível de 1500, que é solidamente 460 pontos ($4,60 por alqueire) acima do nível atual dos contratos futuros de 1038,5 de julho. Este é um ótimo amortecedor e margem para erro direcional. Um movimento de 460 pontos ($4,60 por alqueire) é um movimento enorme para a soja fazer nos cinco meses anteriores à expiração, que era a quantidade de tempo quando escrevi este capítulo em janeiro de 2009.

Compare esse amortecimento de 460 pontos com nossa venda de volatilidade anterior da soja, quando o amortecimento era de apenas 250 pontos. Essa diferença de 210 pontos é importante e pode realmente ter grande impacto na quantidade de lucros.

Algumas razões pelas quais a nova venda de volatilidade é mais desejável:

1. Os maiores níveis de VI atuais comparados com o exemplo anterior.
2. Os futuros da soja acabaram de se movimentar 250 pontos para cima, o que tende a aumentar os níveis de VI.
3. Os futuros de soja estavam sendo negociados mais abaixo no trade anterior, o que tende a diminuir os níveis de VI.

Observando o gráfico de P&L anterior (Figura 11.10) podemos ver que, com a maior diferença de preços de exercício atual ($2,80 versus $1,40), nossa configuração P&L nos dará uma margem potencial de lucro muito maior, além de um amortecimento muito maior em caso de erro direcional. Esta é uma venda de volatilidade muito mais atrativa.

GESTÃO DE RISCO

Assim como em todas as estratégias de venda de opções, você deve ter um plano de contingência caso o trade comece a *azedar*, especialmente os que têm risco ilimitado (venda descoberta). Ainda que estejamos, de preferência, sempre vendendo opções bem OTM e com vencimento mais próximo, que são as que perdem valor pela passagem do tempo mais rapidamente, temos de estar sempre preparados para movimentos adversos. Em um trade como esse, você tem que ter um stop loss caso o mercado atinja determinado nível. Esse nível depende de sua tolerância ao risco e tem de estar planejado *a priori* na montagem da operação. Você pode fechar a operação se a soja atingir determinado nível ou se a operação chegar ao prejuízo máximo predeterminado. Não importa qual escolher, siga e execute o stop se ele for atingido.

Alguns traders basearão suas decisões em um nível técnico específico, rompido (uma média móvel de 50 dias, por exemplo) ou se o trade chegou a um prejuízo de $1.000. Tudo depende de onde é o seu nível pessoal de conforto. Utilizei esse trade com sucesso durante anos nos mercados de petróleo, mas com a versão de **venda de volatilidade com puts**. Nunca tive que fechar o trade precocemente, mas isso não quer dizer que não possa acontecer no futuro. As perdas podem aumentar de forma extremamente rápida em um trade como esse, então você tem que ter um acompanhamento ativo e tomar as atitudes necessárias. O pior cenário é um *gap*[3] acompanhado de uma explosão dos níveis de volatilidade. Isso tornaria a compra das opções vendidas bem mais difícil e custosa. Ainda que a opção comprada venha tendo lucro, a velocidade do movimento nos contratos futuros de soja faria com que o prejuízo nas opções vendidas fosse bem maior, causando um grande prejuízo. Se você planeja montar trades como esse, tem que estar alerta o tempo todo!

MEU MERCADO FAVORITO PARA AS VENDAS DE VOLATILIDADE

Mostrarei agora outro mercado, que é um de meus favoritos para as vendas de volatilidade. Ele apresenta uma curva de volatilidade reversa que parece nunca ir embora. Estou falando dos índices de ações, é claro. Desde o *crash*[4] do mercado de 1987, as opções de venda (puts) OTM no Dow Jones, Standard & Poor's (S&P) e na NASDAQ[5] exibem skew reverso, fazendo com que a venda de puts bem OTM junto com a compra de puts não tão OTM seja uma operação vencedora.

Adoro executar esse trade nas opções do Mini Dow e do Mini S&P.[6] Você pode vender algumas puts bem OTM por alguns pontos e comprar as

---

[3] *Nota do Tradutor*: Gaps, ou janelas, ocorrem quando o mercado abre com uma diferença grande em relação ao fechamento do dia anterior, seja em alta, seja em queda. Isso pode levar a grandes prejuízos, pois o gap pode pular os stops.

[4] *Nota do Tradutor: Crash* são os períodos de queda intensa das bolsas, normalmente acompanhados de recessão econômica nos países atingidos.

[5] *Nota do Tradutor:* Os três principais índices da bolsa de valores dos Estados Unidos.

[6] *Nota do Tradutor:* Opções sobre esses dois índices, muito utilizadas nos Estados Unidos. Temos no Brasil opções do Índice Bovespa, mas, até este momento, não apresentam liquidez razoável para que o pequeno investidor pessoa física possa operar.

puts[7] mais ATM como hedge e ainda montar a operação no crédito, recebendo dinheiro. Estamos falando de vender as puts tão OTM que será muito difícil que o DOW ou o S&P caiam até os níveis que causem algum dano à posição. Aqui estão alguns trades e suas notas.

Em 16 de março de 2006, vendi 56 contratos (lotes) das puts de strike 7.000 do Mini Dow por dois pontos cada (Figura 11.11). O símbolo do Mini Dow é YM. Cada ponto vale $5, então, recebi $560 (56 × 2 × 5 = 560). Agora, para compreender a alta probabilidade de lucro desse trade, você tem que olhar para o nível de preço de exercício a que eu vendi. Essas opções são baseadas nos contratos futuros do Índice Dow Jones, que se movem em proximidade com o próprio Dow Jones. Assim, com o Dow próximo aos 11.000 pontos em março de 2006, vendi opções que não estariam em perigo, a não ser que o Dow caísse até os 7.000 pontos. São 4.000 pontos de queda! E é preciso fazer esse movimento em menos de 90 dias! Você acha que isso algum dia acontecerá? São 4.000 pontos do Dow Jones, pessoal!

Como não assumo risco ilimitado nunca, mesmo tão improvável quanto o DOW cair para 7.000 pontos, comprei uma quantidade menor de puts não tão OTM de strike 10.400 para junho, como cobertura (Figura 11.12). Isso foi feito apenas alguns dias antes de elas vencerem. Optei por deixar o tempo corroer as puts de strike 7.000 antes de comprar as outras opções (o que fiz pelo mesmo preço). Gastei apenas $30 nessas opções como hedge para as opções vendidas. Ainda que a relação seja 3:56, o risco é bem pequeno. Dê uma olhada nas notas de corretagem nas Figuras 11.12 e 11.13, que mostram a quantidade de dinheiro que eu poderia ter feito se o Dow caísse até os 7.000 pontos próximo do vencimento, em junho de 2006.

---

[7] *Nota do Tradutor:* Lembrando sempre que, ao contrário das calls (opção de compra), que ficam mais OTM conforme o preço de exercício da opção é maior do que o preço da ação ou ativo subjacente, nas puts (opções de venda) elas são mais OTM quanto menor o preço de exercício.

Opções de Contratos Futuros						
USD						
Símbolo	Data	Bolsa	Quantidade	Preço	Valor	Corretagem
YM JUN06 7000 P	2006-03-16, 10:42:56	ECBOT	-14	2.0000	140.00	-29.82
YM JUN06 7000 P	2006-03-16, 10:42:58	ECBOT	-14	2.0000	140.00	-29.82
YM JUN06 7000 P	2006-03-16, 10:43:00	ECBOT	-14	2.0000	140.00	-29.82
YM JUN06 7000 P	2006-03-16, 10:43:01	ECBOT	-14	2.0000	140.00	-29.82

Figura 11.11 Nota de corretagem de operações com opções do Mini Dow

Fonte: Cortesia de Interactive Brokers LLC. Todos os direitos reservados.

Opções de Contratos Futuros						
USD						
Símbolo	Data	Bolsa	Quantidade	Preço	Valor	Corretagem
YM JUN06 10400 P	2006-06-14, 14:09:23	ECBOT	1	2.0000	-10.00	-2.13
YM JUN06 10400 P	2006-06-14, 14:09:23	ECBOT	1	2.0000	-10.00	-2.13
YM JUN06 10400 P	2006-06-14, 14:09:23	ECBOT	1	2.0000	-10.00	-2.13

Figura 11.12 Nota de corretagem de operações com opções do Mini Dow

Fonte: Cortesia de Interactive Brokers LLC. Todos os direitos reservados.

Olhe para os números. Com o Dow a 11.000 pontos em junho de 2006, eu tinha margem imensa de lucro. Se acontecesse de o Dow cair para 7.000 pontos nos dias seguintes antes do vencimento das opções de junho de 2006, eu teria um lucro de aproximadamente $51.000 do trade quando eu tivesse que recomprar as opções vendidas para me cobrir. Meu único risco real, conforme vi neste caso, seria se o Dow fizesse um enorme gap devido a algum evento geopolítico, como outro ataque terrorista. Com enorme, quero dizer de, ao menos, 1.000 pontos de queda. Quando terminei este capítulo, em agosto de 2006, todas as opções acabaram por morrer sem valor, então, fiquei com o prêmio total de $530, que foi creditado em minha conta proveniente desses dois trades.

O que você tem que lembrar, qualquer que seja a razão, é que as pessoas comprarão opções OTM porque pensam que a ação ou commodity pode chegar àquele nível no vencimento. Se alguém deseja comprar opções em cima de um movimento de 4.000 pontos no Dow, pode ficar tranquilo que as venderei, especialmente quando posso me proteger facilmente com as opções apropriadas. Você acha mesmo que o Dow cairá 4.000 pontos em 90 dias? Levou anos para que ele subisse essa mesma quantidade (Figura 11.14). Pode acreditar em mim, se o Dow caísse isso tudo em tão pouco tempo, teríamos bem mais com que se preocupar em termos de finanças mundiais do que com minha pequena posição com opções. Com certeza, haveria sangue nas ruas.

Preço do Dow	Put de 10.400 P/L	Put de 7.000 P/L	P/L Total
7000	$51,000.00	$560.00	$51,560.00
7500	$43,500.00	$560.00	$44,060.00
8000	$36,000.00	$560.00	$36,560.00
8500	$28,500.00	$560.00	$29,060.00
9000	$21,000.00	$560.00	$21,560.00
9500	$13,500.00	$560.00	$14,060.00
10000	$6,000.00	$560.00	$6,560.00
10500	($30.00)	$560.00	$530.00
11000	($30.00)	$560.00	$530.00
11500	($30.00)	$560.00	$530.00

Figura 11.13 Quadro de risco/retorno da venda de volatilidade no Mini Dow (P/L)

O mesmo cenário existe nas opções do E-mini S&P 500, onde posso e vou continuar a vender as puts bem OTM em maior quantidade e comprar uma menor quantidade de puts não muito OTM como proteção. Fiz isso tantas vezes que seria difícil listar todos os trades aqui. Assim como nas opções de soja, o skew de volatilidade que existe nas opções do Dow e S&P é bem grande, fazendo com que esses dois produtos sejam excelentes para as vendas de volatilidade.

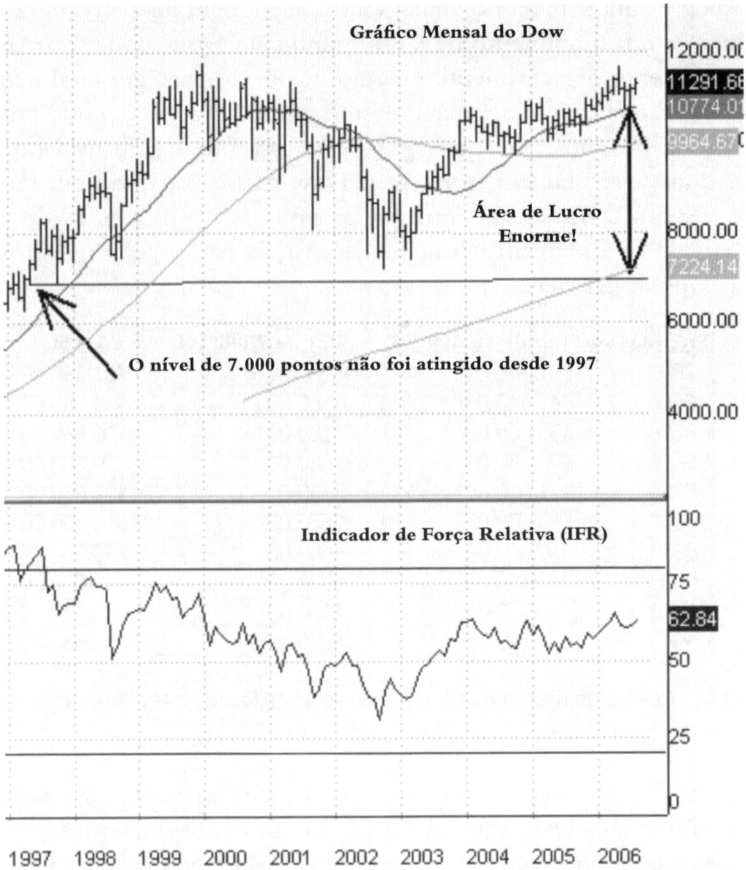

Figura 11.14 Gráfico mensal do Dow

Fonte: eSignal.com

Apenas para provar um ponto, nossa calculadora de probabilidades (Figura 11.15) nos dá uma chance de 0,1% de o Dow cair até os 7.000 pontos até a data de vencimento das opções em 90 dias. Nem acredito que ela deu tanta chance de isso acontecer. Está aí porque compro opções para me proteger; ainda que a chance seja pequena, ela existe.

Ah, quase esqueci. Acabei de achar algumas notas de corretagem em que consegui vender opções do Mini Dow de preço de exercício 6.000! Isso é totalmente insano, mas existe gente comprando essas opções. Vejam minha nota de setembro de 2005 na Figura 11.16.

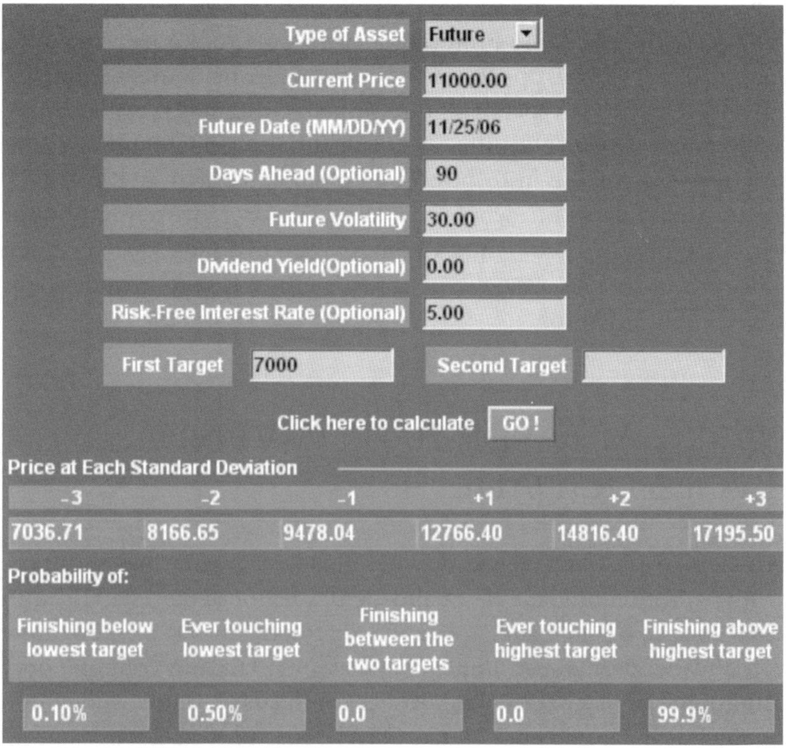

Figura 11.15 Calculadora de probabilidades
Fonte: © Copyright Optionvue Systems International, Inc.

Opções de Contratos Futuros				
USD				
Símbolo	**Identidade**	**Descrição**	**Quantidade**	**Preço**
P OYM OCT 05 6000	–	YM OCT05 6000 P	-83	1.0000
P OYM OCT 05 9300	–	YM OCT05 9300 P	5	1.0000
Total				

Figura 11.16 Nota de corretagem mensal
Fonte: Cortesia de Interactive Brokers LLC. Todos os direitos reservados.

Nesse caso, pude vender 83 lotes de puts de strike 6.000 e comprei 5 lotes da put de 9.300 como proteção. Recebi um crédito para montar a operação, então, se todas as opções morressem sem valor (o que realmente aconteceu), eu ao menos sairia com algum dinheiro. Estamos falando de um lastro de 3.300 pontos, o que permitiria que eu ganhasse $82.500 no vencimento se o Dow fechasse o trade justo nos 6.000 pontos (3.300 × 5 × 5 - 82.500 — lembrem-se de que os minicontratos de opções do Dow têm um multiplicador de cinco pontos). Isso é muito bom, mas eu não me esqueço do alerta: *há risco ilimitado, então fique atento!* E nem pense em roubar minha ideia aqui. Isto é parte do meu sustento!

ATUALIZAÇÃO DE 2009 DA VENDA DE VOLATILIDADE

Apesar de não ter outra venda de volatilidade real para lhes mostrar, posso dizer que a disponibilidade da qualidade das negociações está lá. Em função do atual colapso do mercado, a volatilidade implícita (VI) da skew (distorções de volatilidade) permanece ampla como sempre, fazendo com que opções de put muito fora do dinheiro sejam ótimas candidatas à venda, enquanto podemos comprar opções de put não tão OTM como proteção.

Quando observei as opções de março de 2009 para a Mini Down YM (no dia 19 de janeiro de 2009), pude ver que você poderia vender 50 das opções de put de preço de exercício 4000 por 10 pontos cada, o que traria $2.500 para sua conta. A Dow em si estava no nível 8300 no dia 19 de janeiro de 2009, o que significa que as opções de put de preço de exercício 4000 estavam mais de 4.300 prontos OTM! Esta é uma enorme distância que a Dow teria que se mover para baixo nos próximos 60 dias, na data de expiração.

Enquanto vende essas opções, você deveria comprar outras opções como cobertura, e essa poderia ser 5 das opções de put de preço de exercício 6250 por 97 pontos. Isso custaria $2.425, o deixando com pouco crédito após as comissões.

Com um amortecimento de 2250 pontos entre os preços de exercício, você teria um lucro de $56.250 (2250 pontos X $5 do multiplicador X 5 contratos) se a Dow em si se movesse para baixo na marca de 4000 em março de 2009, sua data de expiração (que estava dois meses no futuro em relação a minha análise, feita em janeiro de 2009) — outro negócio com lucro potencial.

Mesmo que a ideia de a Down cair mais de 4300 pontos no espaço de tempo de dois meses pareça absurda, você ainda precisa se proteger e ter um ponto de stop out. Você pode criar sua própria planilha e calcular os números, permitindo que você tenha uma ideia de onde deve colocar seus limites. Utilize uma calculadora de opções para testar os cenários "e se", porque isso pode dizer a você quanto cada opção pode valer em diferentes níveis da Dow e vários pontos de VI. Utilize as ferramentas, porque esses trades possuem risco ilimitado e você precisa estar sempre preparado.

RESUMO

As vendas de volatilidade permitem que você se aproveite de uma expectativa direcional sem ter que pagar ou especular em opções OTM de baixa probabilidade. Elas possibilitam uma margem ampla de lucro em três diferentes cenários do mercado. O trade se torna mais atraente pelas distorções de volatilidade (skew) das opções envolvidas. Tente receber sempre um crédito para montar a operação, incluindo as comissões, para que, no caso de todas as opções vencerem sem valor, ao menos você acabar com algum dinheiro no bolso.

As vendas de volatilidade se tornam perigosas se o mercado faz um movimento amplo e rápido na direção adversa logo que o trade é iniciado. Tente manter uma distância bem ampla entre os preços de exercício, pois isto dará um lastro maior. Lembre-se: esse trade envolve a venda de opções descobertas, então, se você se sente desconfortável com a abordagem, pode ser que não seja para você. Certifique-se de todos os riscos antes de entrar em uma venda de volatilidade.

PARTE TRÊS

SE PREPARANDO PARA O TRADE

CAPÍTULO 12

FERRAMENTAS DO TRADE

Agora que dei a vocês cinco incríveis maneiras de lucrar no mercado de opções, quero discutir as ferramentas que podem ajudar na execução desses trades. Especificamente, gostaria de falar sobre os serviços gratuitos e pagos que você pode escolher para obter suas informações de mercado, e os softwares relacionados a opções que você pode usar para auxiliar no gerenciamento de suas posições.

Como tenho meu próprio negócio de trades, preciso ter produtos em tempo real e qualidade profissional. No presente, a maioria destes produtos é baseada em taxas, mas também uso alguns gratuitos, os quais vou dividir com vocês. Para tirar vantagem destes produtos você precisa ter um computador e uma conexão com a internet de alta velocidade. Não consigo acreditar que estou dizendo que você precisa de um computador. O quão estranho é isso? Quem não tem um computador atualmente? Internet de alta velocidade não é crucial para o investidor casual, mas se você é um trader em tempo integral, como poderia sobreviver sem? Um modem a cabo ou uma conexão DSL (digital subscriber line) de alta velocidade servem.

Agora, eu uso o eSignal.com como meu fornecedor de dados para todas as minhas cotas de ações, opções e commodities. Para isso você precisa fazer pagamentos mensais pelo serviço, além de ter que pagar pelas taxas de câmbio em tempo real. Taxas de câmbio são o custo que você precisa pagar para as bolsas de ação ou commodity se você quiser obter seus dados em tempo real. E, por qualquer razão que seja, a bolsa de commodities de Nova York e Chicago cobram preços altos para conseguir as informações em comparação com o mercado de ações. As bolsas mais populares são: a Bolsa de Futuros dos EUA (anteriormente chamada de Junta de Comércio de Nova York, na sigla original: NYBOT — New York Board of Trade). Esta é a casa para negociações de café, açúcar, cacau, suco de laranja e algodão. A taxa mensal é de $60. Adicione a esse valor a New York Mercantile Exchange (NYMEX), a Chicago Mercantile Exchange (CME), a Chicago Board of Trade (CBOT), e a New York Commodity Exchange (COMEX). Todas as quais cobram uma taxa de $60 mensais. Estamos falando de mais de $300 mensais para termos as cotações em tempo real. Compare esse valor ao que é cobrado pelos mercados de ações e opções, que é de apenas alguns dólares por seus dados em tempo real. Sempre me perguntei se os altos preços das informações de commodities são o que afasta traders em potencial destes mercados.

Estou muito satisfeito utilizando o eSignal para minhas informações de mercado. Eles me fornecem informações de ações, opções de ações, futuros e opções futuras em um pacote com preço competitivo. Existem outros, no entanto, que oferecem serviços de informações, e apesar de eu não usá-los, aqui está a pequena lista:

www.tradestation.com
www.dtniq.com
www.cqg.com
www.equis.com
www.barchart.com

Sei que muitos de vocês, provavelmente, estão interessados nestes produtos gratuitos e nos sites que disse estarem disponíveis, e quem não estaria? Eles são de graça! Passei bastante tempo pesquisando na internet um bom material de trades com opções, porque gosto de ver o que existe por lá e comparar com o que já tenho. Você sempre pode pegar uma informação ou outra, de alguém ou algum lugar, sobre um serviço ou produto que havia visto anteriormente. Então, deixe-me repassar uma lista dos melhores softwares, produtos e sites de informações gratuitos que encontrei até hoje. Estou certo de que, no momento em que estiver lendo este livro, muitos destes sites podem ter se tornado obsoletos em função da rapidez com que a internet muda atualmente. Como uma nota, não sou recompensado de forma alguma por recomendar esses sites e produtos.

Se você está procurando cotações gratuitas e uma plataforma para fazer gráficos, recomendo o produto do www.medved.net/quote tracker/. O software é chamado Quotetracker e é uma plataforma excelente para cotações, gráficos e negociações (se você utiliza o auxílio de um corretor). A plataforma em si é gratuita, mas não te dá a alimentação de dados. Você precisa escolher um dos parceiros de alimentação de dados de sua lista. A lista inclui praticamente todas as corretoras e outros fornecedores de dados disponíveis hoje. Se você negocia através de uma corretora como a optionsXpress, E*Trade.com, Schwab.com, Scottrade.com, TDAmeritrade.com, Fidelity.com, ou Interactive brokers.com, você poderia pegar suas cotações através delas utilizando o Quotetracker. Mesmo que você já tenha assinatura do eSignal ou do IQFeed, você ainda pode utilizar o Quotetracker como uma plataforma auxiliar.

Agora que você já tem algumas opções para conseguir informações, vamos passar pela lista de meus sites favoritos de negociação. Sem dúvida, um de meus sites favoritos para informações de opções é o IVolatility.com (www.ivolatility.com). Uso esse site extensivamente em minhas próprias análises de opções e o mencionei diversas vezes neste livro. O IVolatility.com é um site incrível com grande variedade de informações, mais especificamente informações de volatilidade — tanto histórica quanto implícita. Os gráficos de volatilidade me ajudam a determinar se as ações tem opções caras ou baratas, e a calculadora de opções é excelente. Este site deve ser colocado no topo da sua lista como um de seus principais recursos de opções. O serviço está disponível de forma gratuita e paga.

Sem dúvida, em minha opinião, o melhor site gratuito para informações, novidades e futuros é o www.futuresource.com. Já para informação limpa e confiável de commodity, nenhum site pode vencer o Futuresource. Eu olho esse site todo dia para qualquer tipo de informação que posso precisar no momento. Recentemente, esse site foi comprado pelo eSignal, mas o Futuresource ainda possui seus próprios produtos, tanto gratuitos quanto pagos.

Em termos de softwares de opções que podem ajudar a rastrear suas posições, fazer gráficos de suas posições, fazer cenários "e se", e prover ajuda básica com opções em geral, recomendo o www.888options.com. Este é o site do Conselho da Indústria de Opções (OIC - Options Industry Council, no original). A função do OIC é dizer para investidores que as opções são uma forma de trading viável e útil. O OIC não cobra taxas e você pode ligar gratuitamente com qualquer pergunta que possa vir a ter. Isso é ótimo, e eu mesmo já liguei para o OIC! O OIC também oferece um pacote de softwares gratuito chamado "Options Investigator" em um CD — valeu a pena seu dinheiro gratuito!

Aqui estão alguns outros sites que possuem serviços gratuitos e pagos:

www.optionistics.com
www.snowgold.com/download/downopt.html
www.option-chart.com
www.mindxpansion.com/options/index.php
www.samoasky.com

E para os que utilizam o Microsoft Excel:

www.hoadley.net/options/options.htm (Um site de opções intenso e sofisticado para quem usa o Excel. Dê uma olhada.)www.optionstar.com
www.quotein.com
www.fintools.com (Meu atual software de opções foi criado por esses caras.)

Não se esqueça dos sites para trocas de opções. Certifique-se de que você verificou as seções de educação destes sites, já que elas possuem seminários online fantásticos e gratuitos que você pode assistir no conforto de sua casa.

www.cboe.com
www.ise.com
www.amex.com
www.phlx.com
www.nymex.com
www.cbot.com
www.cme.com
www.theice.com

Se você precisar de scanners de opções e ações para ajudá-lo a encontrar trades, aqui estão alguns dos que eu testei no passado. Cada um deles possui suas vantagens:

www.poweropt.com
www.stockfetcher.com
www.tradestation.com
www.trade-ideas.com
www.marketscreen.com

Aqui estão outros sites que gosto de frequentar, em nenhuma ordem particular:

www.elitetrader.com (Uma escolha principal.)
www.optionstrategist.com (Site do Larry McMillan's.)
www.optionetics.com (Para gráficos de volatilidade de commodities, como aqueles que utilizei neste livro.)
www.optionvueresearch.com (Para a calculadora de probabilidades que utilizei neste livro.)
www.stockcharts.com
www.bigcharts.com

Você também pode ter assinatura gratuita de revistas:

www.sfomag.com
www.futuresmag.com
www.tradermonthly.com

Aqui estão eles — os sites que utilizo com maior frequência em minhas próprias negociações. De forma alguma esta é uma lista exaustiva, já que existem literalmente centenas, senão milhares, de outros sites que você pode escolher e que eu não mencionei. Espero que pelo menos alguns destes sites, produtos e softwares valham o seu tempo, especialmente os gratuitos. Passei um bom tempo os pesquisando e não os teria colocado em meu livro se não achasse que eles possuem características úteis.

CAPÍTULO 13

CORRETORAS E COMISSÕES

Agora que já dei a você as estratégias e as ferramentas, você precisa de uma forma de colocar esses trades em ação. O foco deste capítulo será corretores, plataformas de trading e comissões. O mercado eletrônico está dominando e o sistema de criptografia aberta está se tornando obsoleto. Mencionei na introdução que gostaria de compartilhar com você a importância de sair na frente na era eletrônica, porque essa é a forma que tudo será feito. Não há como voltar. O avanço tecnológico é a chave para permitir que nós, operadores menores de varejo, estejamos em piso nivelado com o restante do mercado. Nós percorremos um longo caminho em termos de tecnologia e comissões de opções mais baixas apenas nos últimos anos. Acredito que isso é proveniente de dois fatores:

1. A internet.
2. A abertura da Bolsa Internacional de Valores (ISE - International Securities Exchange, no original) totalmente eletrônica.

Tudo é sobre o mercado eletrônico, pessoal. A internet permitiu que muitos corretores tradicionais agilizassem suas operações e cortassem os gastos associados a fazer coisas manualmente. Além disso, com a introdução da ISE, vimos o surgimento de uma competição entre outras bolsas de opções no que diz respeito a tentar manter a fatia de mercado.

Em suma, isso levou a uma coisa — comissões mais baixas para nós, participantes do mercado de varejo. Eu pessoalmente passei de pagar $19,95 por contrato de opções de ação, há poucos anos, para pagar apenas $1 por contrato de opções de ação. Este é um ótimo negócio.

QUEM SÃO AS CORRETORAS?

Vamos falar sobre os vários tipos de corretoras de opções para que você possa ter uma ideia de como o campo de jogo se parece. Em minha opinião, se você está pagando mais de $20 por contrato de opções, então deve ser o momento de você encontrar outro corretor ou negociar uma nova taxa. Entendo que alguns investidores que nunca haviam negociado opções anteriormente vão precisar que seus corretores, inicialmente, "segurem suas mãos", e não há problemas nisso. Será cobrada uma taxa extra para esse serviço. Mas, mesmo assim, não acho que a comissão deveria ser maior do que $20. Quando você chegar a um patamar em que não precisa de ajuda extra, certifique-se de que as comissões reflitam essa nova mudança.

Existe uma grande diferença na estrutura da comissão entre os corretores de opções de ações e os corretores de futuros (commodities) de opções, e eu vou falar sobre este assunto.

CORRETORAS DE OPÇÕES DE AÇÕES

Em primeiro lugar, vamos nos concentrar nas opções de ações. Existem dois níveis de taxas de comissões que eu conheço. O primeiro é o corretor que irá lhe cobrar uma taxa baixa por contrato de opções, mas que irá adicionar uma taxa de "cobrança mínima por pedido". Se parece com isso: $0,75 por contrato de opções com uma cobrança mínima de $12,95 por pedido. Isso ocorre em algumas das corretoras renomadas e convencionais como optionsX-press, Schwab.com e E*Trade.com. As comissões são modificadas com frequência, então consulte os sites para os preços atuais.

Não há absolutamente nada de errado com esses caras, e eu mesmo tenho contas no Schwab e no optionsXpress (para outros propósitos), mas eles são voltados principalmente para "segurar sua mão", o que significa uma cobrança de comissões mais altas. Se você está confortável com seus corretores e gosta de como eles operam, então fique com eles. Estou aqui apenas para dizer que existem comissões mais baratas disponíveis e fazer com que você saiba dos custos. Não estou aqui para falar mal de ninguém, e a última coisa que preciso é ser excluído da comunidade de trading.

Eu particularmente gosto do optionsXpress por causa de todas as ferramentas gratuitas que oferece para os traders. Se você está apenas começando no jogo das opções, eu recomendo fortemente essas ferramentas. No que diz respeito às comissões, se você não está negociando mais de 20 contratos por pedido, então a taxa de $0,75 por opções não entra realmente na jogada. Através de conversas com muitos traders em conferências de opções, acredito que muitos não chegam ao limite de 20 contratos para tirar vantagem dessa estrutura de comissões. Além disso, a maioria destes corretores ainda opera em uma plataforma de trade baseada em um navegador (mais incômodo, em minha opinião), embora alguns ofereçam aos clientes uma versão independente com uma base de ativos maior.

O segundo tipo de corretora de opções é o que oferece trading de "acesso direto". Estes são corretores muito mais sofisticados, que atendem traders muito ativos que não precisam de ajuda com seus negócios. A plataforma de trading é muito sofisticada e tem uma conexão direta com todas as bolsas, o que permite que você direcione seus trades para qualquer bolsa que você quiser. Estas são verdadeiramente tipos de plataformas de trade "aponte e clique", que precisam de um mínimo de cliques no teclado para entrar no trade.

A maior vantagem de usar corretoras de acesso direto é o fato de que o custo reduzido para que eles administrem seu negócio diminui sua comissão. Uma corretora assim, e uma que uso para a maioria de meus trades de ações, opções e futuros eletrônicos, é a Interactivebrokers.com (www.interactivebrokers.com). É uma das candidatas de preferência neste ramo e é utilizada por muitos traders ativos. A Interactive Brokers cobra $1 por contrato de opções. Sem brincadeiras. É $1 por contrato de opções com nenhuma outra taxa. É um ótimo negócio, especialmente se você negocia em pequenas quantidades. Para proteger sua base, você precisa economizar em comissões. Esteja avisado, no entanto, que os softwares de trading possuem um período de aprendizado e que você está, basicamente, dependente de tutoriais online para descobrir como usá-los. Mas, como qualquer outra coisa, quando você já o está utilizando por algum tempo, fica fácil. E você ficará maravilhado com quantas coisas pode fazer com ele.

Meu conselho, uma vez que você estiver confortável em negociar sozinho e não precisar mais que "segurem sua mão", é avançar para uma corretora de acesso direto e recolher as recompensas de comissões mais baixas. Para não parecer que tenho um site favorito e falar apenas da Interactivebrokers, deixe-me mencionar duas outras corretoras que se encaixam na categoria de acesso direto. Estas também são muito reconhecidas pela comunidade de trading e possuem muitos seguidores: www.tradestation.com e www.thinkorswim.com.

CORRETORAS DE COMMODITIES

Vamos seguir em frente para o mercado de commodities no sistema criptografado/pregão de negociações. Infelizmente, a arena de futuros de opções ainda está anos luz atrás do mercado de ações em relação a ter se tornado totalmente eletrônico, mesmo que isso agora esteja mudando rapidamente. A maioria das bolsas de commodities ainda opera através do modelo de "interação humana", o que aumenta muito o preço das comissões. Os mercados aos quais estou me referindo são commodities como ouro, prata, petróleo, milho, soja, café, açúcar, cacau, suco de laranja, algodão, toucinhos e porcos. Você pode certamente negociar esses contratos através da internet no seu computador, mas muitas das ordens ainda são processadas por humanos nos pregões para execução.

Ao abrir uma conta para negociar essas commodities, você precisa abrir uma conta de "commodities", que é diferente de uma conta de ações. As duas podem ser na mesma corretora (se esta lida com os dois tipos), mas serão duas contas separadas e distintas. Aqui é onde as comissões ficam mais complicadas, então preste atenção. Quando você inicia um trade de opções de commodities, você pode se deparar com pelo menos cinco tipos diferentes de taxas. São elas:

1. *Taxa de comissão:* Esta é a comissão que sua corretora irá lhe cobrar.
2. *Taxa de compensação/ processamento:* Esta é a taxa que sua corretora irá lhe cobrar para compensar o trade através de seu sistema.
3. *Taxa das bolsas:* Esta é a taxa coletada pela bolsa na qual você fará o trade.

4. *Taxa de corretagem do pregão:* Esta é a comissão que o corretor que trabalha no pregão irá lhe cobrar para executar seu trade na bolsa. Alguns destes corretores trabalham como "profissionais independentes" e podem ou não ser empregados pela sua firma de corretagem. Esta é uma taxa que será eliminada se você executar seu trade eletronicamente.

5. *Taxa da Associação Nacional de Futuros (NFA — National Futures Association, no original):* Esta é a taxa cobrada pela NFA. Todo trader precisa pagá-la.

Como você pode ver, todo mundo parece ter uma mão no seu trade e você irá pagar por isso, a não ser que você saiba como trabalhar no sistema. É para isso que estou aqui. Além das taxas previamente mencionadas, a corretora irá cobrá-lo em uma **base cíclica**. O que significa que a corretora está cobrando adiantado pela abertura e fechamento das transações, independentemente de fechar sua transação. Especificamente, estou me referindo a opções que expiram sem valor. Quando você compra ou vende uma opção, esta opção pode expirar sem valor. Estas opções não precisam ser compensadas porque apenas irão expirar. Mas a corretora ainda assim irá cobrá-lo inicialmente pelos dois lados da transação, ela expirando ou não.

O que você quer fazer antes de abrir uma conta de opções de commodities é pedir para que sua corretora cobre uma **base "meia volta"**. O que significa que as taxas apropriadas serão cobradas quando você fizer o trade. Portanto, se você possui uma opção que expirou sem valor, você não será cobrado por este lado da transação. A base cíclica é muito sorrateira, e estou certo de que muitos investidores acabam não percebendo isso em suas declarações. Ainda não entendo por que a indústria de commodities opera desta forma, mas ela opera. Seja esperto e negocie pela base "meia volta" se você puder. Algumas corretoras podem obrigá-lo, mas isso pode depender do tamanho de sua conta e quantos trades você faz. Não tenha medo de perguntar. Além disso, tente negociar nas outras cinco taxas que mencionei. Algumas corretoras ficarão felizes em abdicar das taxas de compensação/processamento e a de corretagem do pregão se você fizer negócios o suficiente. E, se você estiver se perguntando, faço a maior parte de meus negócios com commodities através do site www.5perside.com. Esses caras são uma divisão do MF Global e comandam uma ótima operação. Recomento-os fortemente.

ATUALIZAÇÃO DE COMMODITY DE 2009

Quando atualizei esse capítulo em janeiro de 2009, algumas mudanças importantes, para melhor, aconteceram na arena de opções de commodities. Especialmente para investidor de fora do pregão. Terminei a primeira versão deste livro em agosto de 2006, então gostaria de atualizá-lo no que aconteceu desde então, já que diz respeito majoritariamente a avanços de tecnologia nas bolsas.

Começando em junho de 2007, a NYMEX oficialmente trouxe de volta a versão eletrônica de suas opções para negociar simultaneamente, lado a lado, com sua versão de opções no pregão. A NYMEX ofereceu este tipo de trading durante a sessão noturna no meio dos anos 90, mas a descontinuou por algum motivo no início de 1998. Isso incluía a divisão COMEX da NYMEX, na qual opções e futuros de metais são negociados. A NYMEX já havia começado a negociar seus contratos futuros eletronicamente, lado a lado com o pregão, em setembro de 2006 (o que essencialmente colocou o prego no caixão para todos os futuros negociadores de pregão), mas as opções não entraram no mesmo barco até quase um ano depois.

Este foi um grande avanço para a NYMEX porque agora permitia que traders de varejo ignorassem completamente o pregão e fizessem suas ordens de opções diretamente no sistema eletrônico. Então, você não apenas poderia usar sua corretora para fazer pedidos de opções no pregão se você quisesse, como você poderia fazer seu pedido, através da plataforma de trading de sua corretora, no mercado eletrônico. Ótimas notícias.

Apesar de as opções eletrônicas serem uma ótima maneira de negociar, elas ainda não conquistaram, já que a maior parte do volume de opções ainda é negociada nos pregões de opções da NYMEX. Mesmo que seja muito fácil negociar opções únicas eletronicamente, a tecnologia para implementar vendas de volatilidade ainda não está disponível. Neste momento, ainda aceno para os preços de opções por conseguir negociar um maior volume de opções e conseguir colocar opções de volatilidade variadas. Mas para o pequeno trader, que apenas quer comprar ou vender calls e puts, o mercado eletrônico é uma ótima alternativa. Com o tempo, acredito que as opções eletrônicas vão tomar conta como a maneira mais popular de negociar opções na NYMEX, mas, por agora, ter o pregão e o eletrônico a sua disposição é uma boa combinação.

O ICE bolsas de futuros — theice.com (anteriormente conhecida como NYBOT — Junta Comercial de Nova York) começou a negociar seus contratos de opções (café, açúcar, cacau, suco de laranja e algodão) eletronicamente em março de 2008, lado a lado com as opções do pregão.

O próprio CME ofereceu trades eletrônicos para muitos de seus produtos financeiros futuros e opções por mais tempo que qualquer outra bolsa de commodities. Eles foram pioneiros em conseguir os futuros do E-mini S&P 500 e do E-mini Nasdaq em 1997, o que foi um grande sucesso logo de cara. Eles adicionaram opções nos e-minis logo após isso. O CME, que comprou também o CBOT (Junta Comercial de Chicago), também ofereceu trades eletrônicos de seus mercados de grãos (milho, trigo e soja). Você pode encontrar tudo o que quiser sobre estes produtos apenas indo à página de cada uma de suas bolsas.

Uma das coisas boas do mercado eletrônico de opções para NYMEX, CME, CBOT e ICE é o fato de eles estarem abertos para negócios muitas horas por dia a mais do que os pregões do mercado de opções. A NYMEX utiliza o sistema CME Globex, portanto, ambas possuem a negociação de opções disponível 23h15min por dia, enquanto seus pregões de opções ainda fecham todos os dias à tarde até o próximo dia de negociações. O mercado eletrônico de opções do ICE fica aberto em média de quatro a cinco horas a mais (dependendo de que mercado está considerando) do que os pregões.

Estes são grandes avanços e um atestado de que a tecnologia está em movimento. No entanto, o lado ruim é o fato de muitos traders do pregão estarem perdendo seus empregos porque o mercado eletrônico de alguns contratos futuros os deixou sem negócios. Eu sei que quando a NIMEX ofereceu negócios de futuros por meio eletrônico, em setembro de 2006, isto essencialmente acabou com o mercado de pregão de futuros quase instantaneamente. E está acontecendo o mesmo efeito em outros mercados de pregões de futuros que eram oferecidos nos CME, CBOT e ICE.

O melhor efeito destes avanços, para nós, é que continuaremos vendo comissões com taxas baratas. Mesmo que você ainda precise de sua corretora para negociar as opções eletrônicas, cortar o intermediário (o trader dos pregões) ajudará na redução de custos. Com esta nota, vamos entender mais especificações da conta na corretora para commodities.

APROVAÇÃO DA OPÇÃO

O outro obstáculo para abrir uma conta de opções de ações são os "níveis de aprovação". Acredite ou não, as corretoras irão aprová-lo para alguns tipos de estratégias de negociação de opções baseado no nível de risco de cada trade. Quase todo mundo é aprovado logo de início para a compra de calls e puts e para executar calls cobertas. O segundo nível o coloca na categoria de travas no crédito; o terceiro nível lhe permite fazer venda de opções de put descobertas (oba!); e o nível quatro, que é reservado para os mais arriscados, é vender opções de call descobertas. Este nível é reservado para os traders mais experientes e bem capitalizados. Mesmo que eu tenha sido aprovado para todos os níveis, ainda assim não vendo opções de call descobertas.

Uma vez que você tenha preenchido sua ficha de inscrição, sua corretora irá lhe dizer para que nível você foi aprovado. Se este nível não estiver de acordo com suas necessidades de negociação, converse com seu corretor sobre isso. Ele, ou ela, poderão ser capazes de o aprovar para o próximo nível. Normalmente, as únicas coisas que podem te atrapalhar são os anos de experiência que você tem negociando opções e/ou a quantidade de dinheiro em sua conta. Mais uma vez, tente negociar estes itens e, se você precisar, tente corretoras diferentes até conseguir o nível desejado para o trade.

ÚLTIMAS PALAVRAS

Em conclusão, as comissões são determinantes em seus lucros líquidos. Você precisa estar atento a quanto está pagando por cada trade. Faça comparações e procure o melhor negócio. Não é fora do comum ter contas em diferentes corretoras ao mesmo tempo para descobrir quem o tratará melhor. Eu fiz isso e conheço muitos outros traders que fizeram o mesmo. O cenário das corretoras está mudando muito rapidamente, portanto, você pode se ver mudando de corretora de tempos em tempos. Pode parecer problemático estar se movendo, mas acredito que você eventualmente encontrará uma corretora na qual estará confortável e que a estrutura de comissões é aceitável. Lembre-se, seus trades são um negócio, portanto, trate-os de acordo. Manter custos baixos e lucros altos é vital para o sucesso em longo prazo.

Como uma nota final, aqui está uma lista de corretoras populares nos Estados Unidos:

www.interactivebrokers.com
www.optionXpress.com
www.schwab.com
www.thinkorswim.com
www.5perside.com
www.mfglobal.com
www.rcgdirect.com

CONCLUSÃO

Nossa! Falamos de muitas coisas neste livro. Estou muito agradecido por ter tido a oportunidade de escrevê-lo. Sei que pode levar um tempo para que você apreenda todas as nuances de cada *trade* que mostrei, mas é assim com qualquer assunto — a prática leva à perfeição. Meu objetivo foi traçar e explicar em detalhes as melhores estratégias com opções que me deram a oportunidade de obter sucesso neste negócio e sustentar minha família. Minha sugestão é reler o livro quantas vezes forem necessárias. Essas estratégias realmente funcionam e podem oferecer maneiras melhores de aumentar seu capital e ficar rico com opções.

Se há uma coisa que quero que você sempre se lembre após ler este livro é do fato de que é preciso estar com a mente aberta para ser um vendedor de opções, assim como é natural ser um comprador de opções. Mostrei algumas formas incríveis de gerar renda constante usando as opções pelo lado da venda. Não fique com a impressão de que escolher uma direção do mercado e estar certo nesta escolha é a única forma de ter lucro. Muito longe disso! Se você escolher preferencialmente as vendas de opções fora do dinheiro, terá uma lucratividade muito maior dos seus trades. A razão para isso é que mesmo que o mercado se mova contra sua expectativa direcional, as opções fora do dinheiro (OTM) podem, ainda assim, morrer sem valor, deixando você com um trade vencedor.

A estratégia com calls (opções de compra) **Muito Dentro Do Dinheiro (DITM)** ou muito ITM é a melhor maneira de possuir artificialmente uma ação, mas arriscando apenas metade do dinheiro. Que outra estratégia permite que você tenha os mesmos benefícios de quem possui a ação, recebendo o mesmo potencial de movimento, e dando um retorno bem maior ao seu dinheiro? Não conheço nenhuma, então uso a estratégia DITM. Escolha opções com vencimento mais distante e use o dinheiro poupado para gerar renda em aplicações mais seguras. Não se esqueça de se aproveitar do fator delta usando opções com no mínimo 90% de delta.

A estratégia de **Venda Descoberta de Puts** não só dá uma renda proveniente do comprador da opção, mas também permite a oportunidade de comprar uma ação de qualidade por um preço mais baixo. Você nunca mais vai colocar uma ordem de compra com limite abaixo do preço atual da ação e ficar esperando passivamente ela cair agora que sabe como vender *puts* descobertas. Certo? É bom que você diga "Certo!"

As **Travas no Crédito** (minhas favoritas) permitem uma expectativa direcional que dará lucro, mas com enorme margem de erro. Ainda que o mercado possa se movimentar contra a sua posição, as probabilidades estarão do seu lado porque os *strikes* das opções estão fora do dinheiro. Seu objetivo é simples e duplas. Não há como dar o melhor de si aqui porque estes trades muitas vezes podem não dar certo.

A **Venda Coberta de *Calls*** é outra excelente estratégia de venda de opções que dá a oportunidade de criar-lhe um fluxo de renda todos os meses do ano. Quem poderia pensar que, só porque você possui ações, alguém vai pagá-lo com dinheiro? É um grande conceito se você souber utilizá-lo. Lembre-se, escolha as opções fora do dinheiro (OTM) para diminuir sua chance de ser exercido.

Finalmente, a **Venda de Volatilidade** é uma das estratégias com opções mais arriscadas, ainda que altamente lucrativa. Fique alerta e pise na ponta dos pés com essa operação. Ela possui um potencial de risco ilimitado, então é bom que você pense bem antes de embarcar nesse trade. Ainda que os riscos sejam altos, o potencial de lucro pode ser bem atraente. Use sempre opções fora do dinheiro em ambas as pernas da operação e mantenha sempre grande a distância entre os strikes das opções da operação.

CORRETORAS E SOFTWARE

Preste atenção em minhas dicas sobre abrir contas para trade e não se sinta intimidado com o processo ou com as corretoras. As corretoras precisam de você tanto quanto você precisa delas. Fale com elas e negocie um acordo. O cenário está mudando o tempo todo, então se certifique de que está tentando o melhor para você. E use todos os sites e softwares gratuitos que mencionei. Antes de gastar $2.000 em um seminário de marketing, faça um favor a si mesmo e leia tudo o que existe gratuitamente na internet. Dei a você um bom ponto de partida, que deveria mantê-lo ocupado por muito tempo.

Mais uma vez, gostaria apenas de abordar os críticos de meu livro que tiveram um problema com seu título, Fique Rico Operando Opções. Não acredito que eles conseguiram entender quanto dinheiro existe para ser pego quando você vende opções corretamente.

Entre vender opções de put OTM e a venda coberta de calls, você está aumentando o valor de sua conta com dinheiro que, de outra forma, não seria seu.

Não deixe que sua posição de ação em longo prazo fique inativa — faça a venda coberta de calls! Se você quer comprar uma ação abaixo de seu preço atual no mercado, não use ordens de compras limitadas, use uma ordem de venda de put!

Por último, use a estratégia DITM para poupar 50% do preço da ação e invista o que guardou em lucro garantido. É assim que você fica rico com opções.

Estas são as operações. Espero que você tenha gostado do meu livro e que ele coloque você no caminho para se tornar um trader de sucesso. Boa sorte e bons negócios!

ÍNDICE

D

E

F

G

H

I

L

M

N

O

P

R

S

T

V

CONHEÇA OUTROS LIVROS DA ALTA BOOKS

Negócios - Nacionais - Comunicação - Guias de Viagem - Interesse Geral - Informática - Idiomas

Todas as imagens são meramente ilustrativas.

SEJA AUTOR DA ALTA BOOKS!

Envie a sua proposta para: autoria@altabooks.com.br

Visite também nosso site e nossas redes sociais para conhecer lançamentos e futuras publicações!

www.altabooks.com.br

/altabooks • /altabooks • /alta_books

ALTA BOOKS
EDITORA

Este livro foi impresso nas oficinas gráficas da Editora Vozes Ltda.,
Rua Frei Luís, 100 – Petrópolis, RJ.